ALEXANDER SCHAUB

Die Anhörung des Europäischen Parlaments im Rechtsetzungsverfahren der EWG

Schriften zum Öffentlichen Recht

Band 168

Die Anhörung des Europäischen Parlaments im Rechtsetzungsverfahren der EWG

Von

Dr. Alexander Schaub

DUNCKER & HUMBLOT / BERLIN

Gedruckt mit Unterstützung
der Kommission der Europäischen Gemeinschaften
und des Auswärtigen Amtes Bonn

Gedruckt 1971 bei Buchdruckerei Bruno Luck, Berlin 65
Printed in Germany
ISBN 3 428 02548 2

Meinen Eltern

Vorwort

Die vorliegende Untersuchung hat im Wintersemester 1970/71 der Rechts- und Staatswissenschaftlichen Fakultät der Rheinischen Friedrich-Wilhelms-Universität in Bonn als Dissertation vorgelegen.

Die Arbeit ist im Anschluß an ein Studienjahr am Brügger Europa-Colleg auf Anregung von Herrn Professor Dr. Christoph Sasse (damals Brüssel, jetzt Universität Gießen) entstanden.

Sie wäre nicht möglich gewesen ohne die verständnisvolle Haltung und die bereitwillige Unterstützung einer großen Zahl von Beamten des Europäischen Parlaments, der Kommission und des Ministerrats der Europäischen Gemeinschaften. Während eines mehrmonatigen Praktikums bei der Kommission gaben sie mir Gelegenheit, das Zusammenwirken der Institutionen im gemeinschaftlichen Rechtsetzungsverfahren aus nächster Nähe zu beobachten. Sie machten mich auf zahlreiche, in der Praxis entstandene Streitfragen aufmerksam und ließen mich auch in unveröffentlichte Dokumente der Gemeinschaften Einblick nehmen. Ihnen allen habe ich vielmals zu danken. Dabei gilt mein besonderer Dank Herrn Gérard Olivier, Stellvertretender Generaldirektor des Juristischen Dienstes der Kommission, und Herrn Dr. Claus-Dieter Ehlermann, Rechtsberater bei der Kommission.

Meinem verehrten Lehrer, Herrn Professor Dr. Ulrich Scheuner, Direktor des Instituts für Völkerrecht der Universität Bonn, bin ich für die wissenschaftliche Betreuung der Arbeit und manche kritische Anmerkung zu aufrichtigem Dank verpflichtet.

Die Untersuchung wurde gefördert durch ein Robert Schuman-Forschungsstipendium des Europäischen Parlaments und bis auf geringfügige Änderungen im Frühjahr 1970 abgeschlossen.

Bonn, im April 1971

Alexander Schaub

Inhaltsverzeichnis

Einführung

Erster Abschnitt

Sinn der Parlamentsanhörung

Zweiter Abschnitt

Adressat der Anhörungspflichten

Dritter Abschnitt

Anwendungsbereich der Parlamentsanhörung

Vierter Abschnitt

Verfahren der Parlamentsanhörung

Sechster Abschnitt

Die Befassung des Gerichtshofs mit Fragen der Parlamentsanhörung

Abkürzungsverzeichnis

Abl.	Amtsblatt
AFDI	Annuaire Français de Droit International
AJDA	Actualité Juridique de Droit Administratif
A.O.	Actes officiels du Congrès international d'études sur la Communauté Européenne du Charbon et de l'Acier, Milan-Stresa, 31. 5. — 9. 6. 1957, Mailand 1959
AöR	Archiv des öffentlichen Rechts
AWD	Außenwirtschaftsdienst des Betriebsberaters
BB	Der Betriebsberater
BFH	Bundesfinanzhof
BGBl	Bundesgesetzblatt
BT	Bundestag
BVerfG	Bundesverfassungsgericht
BVerfGE	Entscheidungen des Bundesverfassungsgerichts
Cah. dr. eur.	Cahiers de droit européen
Chron. pol. etr.	Chronique de politique étrangère
CMLR	Common Market Law Review
DÖV	Die öffentliche Verwaltung
DVBl	Deutsches Verwaltungsblatt
EA	Europa-Archiv
EAG	Europäische Atomgemeinschaft
EAGV	Vertrag zur Gründung der Europäischen Atomgemeinschaft
EG	Europäische Gemeinschaften
EGKS	Europäische Gemeinschaft für Kohle und Stahl
EGKSV	Vertrag über die Gründung der Europäischen Gemeinschaft für Kohle und Stahl
EP	Europäisches Parlament
EP-Dok	Sitzungsdokumente des Europäischen Parlaments
EP-Verh.	Verhandlungen des Europäischen Parlaments
EuGH	Gerichsthof der Europäischen Gemeinschaften
EuR	Europarecht
EWG	Europäische Wirtschaftsgemeinschaft
EWGV	Vertrag zur Gründung der Europäischen Wirtschaftsgemeinschaft
FuV	Fusionsvertrag

GA	Generalanwalt
GG	Grundgesetz
GO	Geschäftsordnung
Int. Comp. Law Quarterly	International Comparative Law Quarterly
JIR	Jahrbuch für Internationales Recht
JöR	Jahrbuch für öffentliches Recht
Kom.	Kommission
KSE	Kölner Schriften für Europarecht
MDR	Monatsschrift für Deutsches Recht
MR	Ministerrat
NJW	Neue Juristische Wochenschrift
PE	Parlement Européen
Präs.	Präsident
RabelsZ	Zeitschrift für ausländisches und internationales Privatrecht
Rec. des Cours	Recueil des Cours de l'Académie de Droit International
RMC	Revue du Marché Commun
Rs.	Rechtssache
Rev. belge dr. int.	Revue belge de droit international
Rev. trim. dr. eur.	Revue trimestrielle de droit européen
SEW	Sociaal Economische Wetgeving
VG	Verwaltungsgericht
Vizepräs.	Vizepräsident
VO	Verordnung
VVDStRL	Veröffentlichungen der Vereinigung deutscher Staatsrechtslehrer
WSA	Wirtschafts- und Sozialausschuß
ZaöRV	Zeitschrift für ausländisches öffentliches Recht und Völkerrecht
ZHR	Zeitschrift für das gesamte Handels- und Wirtschaftsrecht

Einführung

1. Befugnisse der EWG zur Rechtsetzung

Unter den Hoheitsrechten, die der Europäischen Wirtschaftsgemeinschaft im Vertrag von Rom[1] eingeräumt wurden, ist die Befugnis zur Rechtsetzung nach Umfang und Zweckbestimmung von überragender Bedeutung.

Zwar besitzt die Gemeinschaft — anders als die in ihr vereinten Mitgliedstaaten — keine allumfassende Legislativkompetenz. Nur „nach Maßgabe dieses Vertrages" — so Art. 3 EWGV[2] — kann sie tätig werden, jeder Rechtsakt bedarf also einer speziellen Ermächtigung[3]. Doch enthält der Vertrag, die „Verfassung" der Gemeinschaft[4], über die einzelnen Kapitel verstreute Kompetenznormen in großer Zahl.

Die Rechtsetzungsbefugnisse der Gemeinschaft sind das wichtigste Instrument zur Erfüllung der in den Art. 3 und 4 des Vertrages näher umrissenen Aufgaben. Die Form der Rechtsakte hängt ab vom materiellen Gehalt und der Zielsetzung im Einzelfall. Allgemeine Regelungen, die in jedem Mitgliedstaat unmittelbar gelten sollen, ergehen gem. Art. 189 Abs. 2 als „Verordnung". Daneben kann mittelbar — durch verbindliche Weisungen an die Mitgliedstaaten — auf die innerstaatlichen Rechtsordnungen eingewirkt werden. Hierzu bieten sich „Richtlinien" und „Entscheidungen" gem. Art. 189 Abs. 3 und 4 an. Ebenfalls in Form von „Entscheidungen" ergehen Einzelfallregelungen an die Adresse natürlicher und juristischer Personen. Schließlich gibt es verbindliche Rechtsakte eigener Art, die in Art. 189 nicht erwähnt sind[5]. Dabei ist vor allem zu denken an Beschlüsse im Haushaltsverfahren[6],

---

[1] Vertrag zur Gründung der Europäischen Wirtschaftsgemeinschaft v. 25. 3. 1957 (BGBl II S. 770) — Wichtig auch das Abkommen über gemeinsame Organe für die Europäischen Gemeinschaften v. 25. 3. 1957 (BGBl II S. 1165) und der Vertrag zur Einsetzung eines gemeinsamen Rates und einer gemeinsamen Kommission der Europäischen Gemeinschaften v. 8. 4. 1965 (BGBl II S. 1454).

[2] Im folgenden werden Art. des EWGV ohne Zusatz zitiert.

[3] Zum „Prinzip der begrenzten Einzelermächtigungen" vgl. *Rabe*, S. 70 ff.

[4] Näher zum Verfassungscharakter von Satzungen internationaler Gemeinschaften: *Scheuner*, Verdross-Festschrift, S. 231 f.; vgl. auch BVerfGE 22, S. 296.

[5] Vgl. *Wohlfarth*, Kom. Art. 189 Anm. 18; *Rabe*, S. 47 ff.; *Daig*, Groeben-Boeckh, Vorb. III 3 C zu Art. 189 ff.

[6] Vgl. Art. 203.

„allgemeine Programme“ für einzelne Sachgebiete[7], völkerrechtliche Verträge der Gemeinschaft[8] sowie Akte der internen Organisation[9].

2. Ausgestaltung des Rechtsetzungsverfahrens

Die Ausübung der zahlreichen Rechtsetzungskompetenzen durch die Organe der Gemeinschaft ist im Vertrag nicht einheitlich geregelt. Verschiedene Befugnisse werden vom Rat[10], andere allein von der Kommission wahrgenommen[11]. Der größte und wichtigste Teil der Gemeinschaftsrechtsetzung erfolgt jedoch im sog. „Vorschlagsverfahren“: der Rat beschließt auf Vorschlag der Kommission[12]. Diese originelle Arbeitsteilung erfordert ein enges Zusammenwirken beider Organe. Zwar liegt die Entscheidung beim Rat, der als Vertretung der Mitgliedstaaten das nationale Element verkörpert. Er ist jedoch angewiesen auf den konstitutiven Vorschlag der Kommission, die weisungsunabhängig und allein dem Gemeinschaftsinteresse verpflichtet ist. Der Einfluß der Kommission auf das Zustandekommen legislativer Gemeinschaftakte wird zusätzlich dadurch gesichert, daß ihr Vorschlag vom Rat nur einstimmig geändert werden kann[13].

3. Mitwirkung des Parlaments bei der Rechtsetzung

Das Europäische Parlament[14], das bis zur Einführung direkter Wahlen aus 142 Abgeordneten der nationalen Parlamente besteht[15], hat im Bereich der Rechtsetzung keine Entscheidungsbefugnis. Es ist jedoch in anderer Weise zur Mitwirkung und Einflußnahme berufen.

---

[7] Vgl. Art. 54 Abs. 1 (Niederlassungsfreiheit) u. Art. 63 Abs. 1 (freier Dienstleistungsverkehr); zur Rechtsnatur der Programme *Gaudet*, ZHR 1962, S. 85.

[8] Vgl. Art. 111, 113, 114, 228, 238.

[9] Geschäftsordnungen, Satzungen, Ernennungen usw.

[10] Siehe etwa Art. 8 (3), 28, 45 (3) 76, 84 (2), 93, 121, 126, 136 (2), 151, 153, 154, 157, 159, 160, 165, 166, 194, 195, 196, 200 (3), 203, 204 (2), 206, 217, 233.

[11] Siehe etwa Art. 10 (2), 13 (2), 17 (4), 22, 25 (3), 26, 33 (2) u. (7), 37 (3), 45 (2), 46 (2), 48 (3 d), 79 (4), 80 (2), 89 (1), 90 (3), 91. 93 (2), 97 (2), 107 (2), 115 (1), 125, 226 (2).

[12] Siehe etwa Art. 7 (2), 8 (5), 14 (7), 21 (1) u. (2), 25 (1), 28, 33 (8), 43 (2), 44 (3), 49, 51, 54 (1) u. (2), 55 (2), 56 (2), 57 (1) u. (2), 59 (2), 63 (1) u. (2), 69, 70 (2), 75 (1), 87 (1), 94, 99 (2), 100 (1), 101 (2), 103 (2) u. (3), 112 (1), 113 (2), 127, 128, 235.

[13] Vgl. Art. 149 Abs. 1.

[14] Diesen Namen gab sich die „Versammlung“ — so der Text des Vertrages — am 30. 3. 1962, nachdem sie bereits am 20. 3. 1958 die Bezeichnung „Europäische Parlamentarische Versammlung“ eingeführt hatte.

[15] Vgl. Art. 138; dazu die Dokumentensammlung des Europäischen Parlaments „Für allgemeine direkte Wahlen zum Europäischen Parlament“ v. Sept. 1969.

Einmal wird dem Parlament in zahlreichen Kompetenznormen des Vertrages ein Anhörungsrecht („pouvoir de consultation") eingeräumt[16]. Bestimmte Rechtsakte des Rates, die fast ausnahmslos im Vorschlagsverfahren ergehen, können nur nach Konsultation des Parlaments verabschiedet werden. Die Anhörung ist also ein notwendiger Bestandteil des Rechtsetzungsverfahrens. Zwar bewirkt die parlamentarische Stellungnahme zum Vorschlag der Kommission keine rechtliche Bindung des Rates. Sie ermöglicht jedoch in besonders ausgeprägter Form eine beratende Mitwirkung.

Darüber hinaus beansprucht das Parlament ein allgemeines Beratungsrecht („pouvoir de délibération"), das sich nicht auf die förmliche Anhörung in den vertraglich aufgezählten Fällen beschränkt[17]. Diese weitergehende Einschaltung in den Willenbildungsprozeß der Gemeinschaft kann einem parlamentarischen Gremium kaum verwehrt werden[18]. Die Abgeordneten äußern sich also — oft aus eigener Initiative — nicht nur zu konkreten Vorschlägen der Kommission, sondern zu grundsätzlich allen Fragen der Gemeinschaftsrechtsetzung.

Schließlich besitzt das Parlament Kontrollbefugnisse, die ebenfalls die Mitwirkung im Rechtsetzungsverfahren berühren. Der parlamentarischen Kontrolle unterliegt zwar nicht der entscheidungsbefugte Rat, sondern allein die Kommission, die im äußersten — ziemlich theoretischen — Falle zum Rücktritt gezwungen werden kann[19]. Der Vorschlag, zu dem die Anhörung erfolgt, stammt aber von eben dieser, dem Parlament verantwortlichen Kommission. Da letztere bis zum Beschluß des Rates Änderungen vornehmen kann[20], erhält das Parlament zusätzlichen Einfluß auf die endgültige Vorschlagsfassung: sein Anhörungsrecht wird durch das politische Kontrollrecht gegenüber der Kommission verstärkt[21].

---

[16] Der EGKS-Vertrag hatte eine derartige Befugnis der Versammlung noch nicht vorgesehen.

[17] Vgl. *Furler* — Bericht, EP-Dok 31/63—64, Ziff. 90 f. sowie die Erwägung c der EP-Entschließung v. 17. 10. 1967 (Abl. 1967 Nr. 268/7); darauf ist auch wohl die Unterscheidung zwischen „Ersuchen um Stellungnahmen" und „Konsultationen" in Art. 22 EP-GO zurückzuführen.

[18] Der Wortlaut von Art. 137 schließt eine allgemeine Beratungsfunktion des Parlaments nicht aus, so auch *Wohlfarth*, Kom. Art. 137 Anm. 3 u. *Draetta*, Commentario, Art. 137 Anm. 6. — Der WSA besitzt dagegen kein Initiativrecht, vgl. Art. 196 S. 3, 198 Abs. 1 S. 2; dazu *Thiesing*, Groeben-Boeckh, Art. 196 Anm. 5.

[19] Vgl. Art. 144.

[20] Vgl. Art. 149 Abs. 2.

[21] *Renard-Payen*, Rev. trim dr. eur. 1965, S. 528, spricht von einem „phénomène naturel d'osmose"; vgl. auch *Legrand-Lane/Bubba*, RMC 1961, S. 314, die zu Recht die auch insofern schwächere Stellung des WSA unterstreichen; zur Mitwirkung des WSA bei der Rechtsetzung im 4. Abschnitt, B IV; ferner *Fischer*, S. 88 ff.

Trotz alledem ist die Stellung des Parlaments im Rechtsetzungsverfahren mit der Rolle von Rat und Kommission auch nicht entfernt zu vergleichen. Das Zusammentreffen verschiedener Einwirkungsmöglichkeiten enthält allenfalls den bescheidenen Ansatz zu einem künftigen Gesetzgebungsrecht[22].

4. Gegenstand der Arbeit

Die vorliegende Untersuchung zur Rolle des Europäischen Parlaments ist allein der Anhörung gewidmet. Neben deren Sinn und Ausmaß sollen insbesondere der genaue Ablauf des Verfahrens, das Wiederaufleben von Konsultationspflichten und die Möglichkeit einer gerichtlichen Kontrolle erörtert werden. Die übrigen Parlamentsfunktionen, vor allem das Kontroll- und das allgemeine Beratungsrecht, werden nur behandelt, soweit sie die Anhörungsbefugnisse unmittelbar ergänzen oder besser verständlich machen.

Weiter beschränkt sich die Arbeit auf die Anhörung zur Gemeinschaftsrechtsetzung im engeren Sinn. Ausgeklammert wird also die abweichend geregelte Mitwirkung des Parlaments im Haushaltsverfahren[23], das man üblicherweise von der Gesetzgebung unterscheidet. Mit der Ersetzung der einzelstaatlichen Finanzbeiträge durch eigene Einnahmen der Gemeinschaft kommt im übrigen eine Entwicklung in Gang, die das Parlament in diesem Bereich über die bloße Anhörung hinaus zum Entscheidungsorgan werden läßt[24]. Auch die Mitwirkung des Parlaments beim Abschluß völkerrechtlicher Verträge der Gemeinschaft und deren besondere Verfahrensprobleme werden nicht behandelt[25]. Das gleiche gilt schließlich für Anhörungsgebote in Verfahren, die nicht den Erlaß verbindlicher Gemeinschaftsakte, sondern Vertragsänderungen durch die Mitgliedstaaten einleiten[26].

Die Beschäftigung mit der Anhörung des Parlaments im Legislativverfahren erfolgt nicht unter politischen Gesichtspunkten, sondern allein im Hinblick auf die zahlreichen institutionellen Rechtsprobleme. Dieser Aspekt der Parlamentsbefugnisse hat im reichen Schrifttum zum Gemeinschaftsrecht bisher nur spärliche Beachtung gefunden.

---

[22] *Manzanarès*, Parlement, S. 182, bejaht ein „embryon de pouvoir législatif"; vgl. auch *Vinci*, S. 122.

[23] Vgl. Art. 203; dazu *J.-M. Dehousse*. Gothot-Festschrift, S. 155 ff., und *Druker*, CMLR 1964, S. 168 ff.

[24] Vgl. EG-Bulletin 5-1970, S. 14 f.

[25] Vgl. Art. 228, 238; aus der umfangreichen Literatur zu dieser Frage vgl. *Lassalle*, Rapp. institutionels, S. 39 ff.; *Melchior*, Rev. belge dr. int. 1966, S. 187 ff. (198 ff.); *Costonis*, CMLR 1967/68, S. 421 ff. (438 ff.).

[26] Vgl. Art. 236 (Vertragsrevision) u. Art. 201 (Schaffung von Eigenmitteln).

Allerdings sind der Anhörung im Vertrag selbst nur wenige Worte gewidmet, und auch die Geschäftsordnungen der beteiligten Organe geben nicht viel mehr Aufschluß über den tatsächlichen Geschehensablauf. Der rechtlichen Erörterung hat daher — mehr noch als in anderen Bereichen der dynamischem Wandel unterworfenen Gemeinschaft — eine Ermittlung der Praxis vorauszugehen. Diese „induktive Methode" ist für den außenstehenden Beobachter der Gemeinschaftsorgane mit offensichtlichen Schwierigkeiten verbunden.

Die rechtliche Würdigung der Konsultativfunktion wirft ebenfalls besondere Probleme auf[27]. Zwar liefert das Parlamentsrecht der Mitgliedstaaten für Organisation und Arbeitsweise des Europäischen Parlaments wertvolle Anhaltspunkte[28]. Zur Lösung von Rechtsfragen der Anhörung erscheint es jedoch — mangels vergleichbarer Regelungen — kaum brauchbar. Daher ist im Zweifel stets zurückzugehen auf die eigenartige Struktur der Gemeinschaftsverfassung, in deren größeren Zusammenhang die Parlamentsanhörung eingeordnet werden muß. Ein wichtiger Auslegungsgrundsatz ist dabei das „Effektivitätsprinzip"[29]: zwar hat die vorgeschriebene Stellungnahme keine Bindungswirkung; die Anhörung darf aber nicht durch eine rein formale Betrachtungsweise völlig entwertet werden.

Der tatsächliche Einfluß des Europäischen Parlaments ist nicht Gegenstand der folgenden Untersuchung[30]. Doch könnte die Klärung rechtlicher Streitfragen zwischen den Organen dazu beitragen, bedenkliche Tendenzen im Bereich der Rechtsetzung zu bremsen und das parlamentarische Gewicht auf Gemeinschaftsebene zu stärken[31]. Zugleich mag die Arbeit als Bestandsaufnahme dienen vor dem unvermeidlichen Ausbau der legislativen Parlamentsbefugnisse — eine Frage, die bei der Erweiterung der Gemeinschaft ebenso wie bei der Fusion der Gemeinschaftsverträge auf der Tagesordnung stehen wird.

---

[27] Allgemein zur Auslegung des Gemeinschaftsrechts *Ophüls*, Müller-Armack-Festgabe, S. 279 ff.; *Zuleeg*, EuR 1969, S. 97 ff.

[28] Vgl. *de Soto*, Novelles Nr. 766; *Prélot*, Rec. des Cours 1961, III, S. 490 f.

[29] Dazu *Auby*, AJDA 1956 I, S. 61 f., der sich unter Berücksichtigung der Rechtsprechung des Conseil d'Etat zu den Anforderungen an das verwaltungsrechtliche Anhörungsverfahren äußert.

[30] An gründlichen Fallstudien dieser Art fehlt es bisher; vgl. aber die weitergefaßte Untersuchung von *Lindberg*, The Political Dynamics of European Economic Integration, sowie neuerdings die Arbeiten von *Delorme*, *Vergès*, *Dierickx* und *N. Bernard*, in Gerbet-Pépy, Décision S. 269 ff., 297 ff., 323 ff. u. 343 ff.

[31] Wie *Scheuner*, Verdross-Festschrift, S. 242, hervorhebt, bedeutet die derzeitige Zuständigkeitsverteilung eine Schmälerung des parlamentarischen Einflusses gegenüber der Macht der Exekutive.

Erster Abschnitt

Sinn der Parlamentsanhörung

Die beratende Mitwirkung des Europäischen Parlaments bei der Rechtsetzung hat einen doppelten Sinn. Einmal verkörpert sie ein — bisher nur schwach entwickeltes — demokratisches Element im Willensbildungsprozeß der Gemeinschaft. Zum anderen dient sie — wenn auch in bescheidenem Maße — der Hemmung von Rechtsetzungsgewalt, die auf überstaatlicher Ebene neu errichtet wurde.

I. Demokratisches Element im Rechtsetzungsverfahren

Das Parlament besteht gem. Art. 137 „aus Vertretern der in der Gemeinschaft zusammengeschlossenen Staaten". Die Angehörigen der Mitgliedstaaten sind also beim Aufbau der europäischen Wirtschafts- und Zollunion nicht bloße Objekte. Sie sollen ihre künftigen Lebens- und Arbeitsbedingungen mitgestalten und sind — wie es der Gerichtshof ausgedrückt hat — „dazu berufen, durch das Europäische Parlament ... zum Funktionieren dieser Gemeinschaft beizutragen"[1].

Wichtigstes Mittel, die Völker der Gemeinschaft an der Ausarbeitung gemeinschaftlicher Rechtsakte zu beteiligen, ist gegenwärtig die parlamentarische Anhörungsbefugnis[2].

Die daraus resultierende enge Zusammenarbeit mit der vorschlagsberechtigten Kommission garantiert zunächst eine frühzeitige Information der europäischen Abgeordneten, die wiederum Bindeglieder zu den Parlamenten und Parteien der Mitgliedstaaten sind. So wird für weite Kreise die Entwicklung in den Tätigkeitsbereichen der Gemeinschaft — zumindest in gewissem Umfang — voraussehbar, und die politischen Kräftegruppen können sich frühzeitig zu den erkennbaren Tendenzen äußern. Diese Information über Rechtsetzungsvorhaben ist nur die notwendige Vorstufe zur eigentlichen Mitwirkung.

Anläßlich der Konsultation zu konkreten Vorschlägen treffen die unterschiedlichen politischen Strömungen im Rahmen des Parlaments

---

[1] EuGH IX, S. 25 (Rs 26/62); vgl. auch *Renard-Payen*, Rev. trim. dr. eur. 1965, S. 552.

[2] So EP-Entschließung v. 17. 10. 1967, Erwägung c (Abl. 1967 Nr. 268/7); vgl. auch *Legrand-Lane/Bubba*, RMC 1961, S. 315, u. *Louis*, Règlements, S. 9.

aufeinander. Doch beginnen schon bei der vorbereitenden Arbeit die Bemühungen, über nationale und politische Grenzen hinweg einen gemeinsamen Standpunkt zu formulieren. Sie setzen sich fort bis zur endgültigen Verabschiedung der Stellungnahme in öffentlicher Debatte, die einen doppelten Zweck erfüllt. Indem sie die Haltung der politischen Kräfte in der Gemeinschaft für Rat und Kommission erkennbar macht, gibt sie beiden Organen die Möglichkeit, durch entsprechende Vorschlagsänderungen den parlamentarischen Forderungen Rechnung zu tragen. Die Anteilnahme von Presse, Rundfunk und Fernsehen sorgt zugleich für Widerhall in den Mitgliedstaaten, wo die anstehenden Probleme der Bevölkerung und vor allem den betroffenen Kreisen erneut ins Bewußtsein gerufen werden. So trägt das Parlament dazu bei, den großen Abstand zwischen den Entscheidungsorganen der Gemeinschaft und den ihren Rechtsakten unterworfenen „Marktbürgern" zu überbrücken und die europäischen Völker in den fortschreitenden Integrationsprozeß hineinzuziehen[3].

Schon aufgrund der Zusammensetzung des Parlaments sind seine Stellungnahmen politischer Natur[4]. Die Abgeordneten haben bei den innerstaatlichen Wahlen ein politisches Mandat erhalten, aus der Mitte der nationalen Parlamente wurden sie als Vertreter ihrer politischen Gruppen delegiert[5], und eines Tages sollen sie durch Wahlen auf Gemeinschaftsebene unmittelbar legitimiert werden[6]. Damit unterscheiden sich die parlamentarischen Stellungnahmen wesentlich von denen des Wirtschafts- und Sozialausschusses, in dem die beratende Mitwirkung der Interessengruppen institutionalisiert wurde. Schließlich kann es auch nicht die Aufgabe des Parlaments sein, Expertengutachten zu rein technischen Fragen zu liefern. Es wäre daher sinnvoll, wenn sich die Abgeordneten bei überwiegend technischen Vorschlägen mehr als bisher auf die politischen Aspekte konzentrieren würden[7].

Daß der Rat über die Stellungnahme der Völkervertretung ohne weiteres hinweggehen kann, bedeutet eine erhebliche Schwächung des demokratischen Elements. Sie stößt auch außerhalb des Parlaments auf wachsende Kritik[8]. Das Parlament selbst ist der Meinung, „daß die Verlagerung legislativer Zuständigkeiten aus dem nationalen in den Gemeinschaftsbereich mit einer entsprechenden Stärkung der parla-

---

[3] Ähnliches gilt auch für die institutionalisierte Vertretung der Verbände; dazu *Fischer*, S. 135 f., 188 f.

[4] *Illerhaus* — Bericht, EP-Dok 118/66—67, Ziff. 25; *Louis*, S. 9.

[5] Dazu *Misch*, DÖV 1969, S. 478.

[6] Art. 138 Abs. 2.

[7] Vgl. etwa die Kritik von *Neunreither*, EA 1966, S. 814 f.

[8] So hält *Jaenicke*, KSE 10, S. 127, die demokratische Legitimation der wichtigsten Agrarbeschlüsse für nicht ausreichend.

mentarischen Befugnisse innerhalb der Gemeinschaft verbunden sein muß"[9]. Diese Betrachtungsweise weckt jedoch — zumindest beim derzeitigen Stand der Integration — gewisse Bedenken. Einmal können demokratische Strukturelemente staatlicher Verfassungen nicht mechanisch auf die abweichend organisierte öffentliche Gewalt der Gemeinschaft übertragen werden[10]. Sie bedürfen einer Anpassung an die neuen Gegebenheiten, wobei andere Lösungen als die Errichtung einer parlamentarischen Demokratie auf Gemeinschaftsebene nicht von vornherein auszuschließen sind[11]. Im übrigen befindet sich die Gemeinschaft trotz Beendigung der Übergangszeit[12] immer noch in der Aufbauphase, was hinsichtlich der demokratischen Legitimation der Rechtsetzung weniger strenge Maßstäbe rechtfertigt[13].

II. Beitrag zur Gewaltenhemmung

Das Prinzip der Gewaltenteilung ist in seiner überkommenen Ausprägung auf staatliche Verhältnisse zugeschnitten. Es läßt sich daher nicht ohne weiteres auf anders strukturierte und nur mit begrenzten Hoheitsrechten ausgestattete Organisationen übertragen[14]. Der Grundgedanke der Gewaltenteilung gilt jedoch auch für die Europäische Gemeinschaft: um die Gewaltunterworfenen vor Mißbrauch zu schützen, bedarf es eines Kräfteausgleichs zwischen mehreren Herrschaftsträgern[15]. Diesem Bedürfnis entspricht auf der überstaatlichen Ebene der EWG ein spezifisches System wechselseitiger Abhängigkeiten, Einflußnahmen und Kontrollen mit dem Ziel der gegenseitigen Gewaltenhemmung[16]. Dabei fällt die grundsätzliche Trennung hoheitlicher Funktionen weniger stark ins Gewicht als die vielfältige Verflechtung der Gemeinschaftsorgane.

Auch die obligatorische Mitwirkung des Parlaments bei der Rechtsetzung enthält einen Beitrag zur Gewaltenhemmung[17]. Die Pflicht zu

---

[9] EP-Entschließung v. 27. 6. 1963 (Abl. 1963, S. 1916).

[10] *Badura*, VVDStRL 23, S. 38.

[11] So plädiert *Kaiser*, VVDStRL 23, S. 33 (Leitsatz III 2), für ein demokratisches Fundament, „das breiter gebaut und — der Struktur der Gemeinschaften entsprechend — reicher gegliedert sein muß als eine einzelne, sei es parlamentarische, sei es den Wirtschaftsräten nachgebildete Institution".

[12] Vgl. Art. 8.

[13] Ähnlich BFH, EuR 1967, S. 244, unter Hinweis auf BVerfGE 4, S. 157, 168.

[14] In diesem Sinne *Scheuner*, Verdross-Festschrift, S. 238.

[15] Vgl. *Badura*, VVDStRL 23, S. 71; *Petzold*, S. 14 f.

[16] Näher dazu *Rabe*, S. 122 f.; vgl. auch *Ophüls*, AWD 1964, S. 68; *Kaiser*, VVDStRL 23, S. 25 f.; BFH, EuR 1967, S. 245.

[17] So ausdrücklich *Bebr*, Judicial Control, S. 33; *Rabe*, S. 122; vgl. auch *Druker*, CMLR 1964/65, S. 168; *de Soto*, Novelles Nr. 765.

vorheriger Parlamentsanhörung wirkt überstürzten Ratsbeschlüssen entgegen und setzt weitgehenden Vorschlagsumgestaltungen eine Grenze, die nur bei neuer Konsultation überschritten werden darf[18]. Das Rechtsetzungsverfahren erhält durch die öffentliche Plenardebatte eine Publizität, die für Kommission wie Rat auch ein politisches Risiko bedeutet. Die Aussprache im Parlament kann nämlich auf Gemeinschaftsebene oder in besonders betroffenen Mitgliedstaaten organisierten Widerstand auslösen und zu erheblichen Pressionen auf einzelne Ratsmitglieder führen. Jedenfalls ist die Stellungnahme der Abgeordneten im weiteren Willensbildungsprozeß ein beachtliches Faktum. Das Gewicht der Kommission bei den Verhandlungen im Rat wird durch nachhaltige Unterstützung oder entschiedene Ablehnung ihres Vorschlags seitens der Volksvertreter nicht unwesentlich beeinflußt. Auch die Ratsmitglieder können nicht bedenkenlos über die Ansicht der Parlamentsmehrheit hinweggehen, ohne sich heftigen Reaktionen — nicht zuletzt im innerstaatlichen Bereich — auszusetzen.

Die gewaltenhemmende Rolle des Parlaments im Rechtsetzungsverfahren darf andererseits nicht überschätzt werden. Rechtlich ist ein wirksamer Einfluß der europäischen Abgeordneten nicht gesichert: er besteht nur als faktischer Ausfluß einer Verfahrensgarantie[19].

---

[18] Dazu im 5. Abschnitt, B I—V.

[19] Vgl. auch *Achterberg*, EuR 1968, S. 244.

Zweiter Abschnitt

Adressat der Anhörungspflichten

Die vertraglich vorgeschriebenen Stellungnahmen des Parlaments hat bisher stets der Rat eingeholt. Wer Adressat der Anhörungspflichten ist, erschien jedoch anfangs durchaus offen.

I. Anhörungspflicht der Kommission?

Für die Einleitung des Konsultationsverfahrens durch die Kommission wurden verschiedene Gründe angeführt.

Da dem Wortlaut des Vertrages eine völlig eindeutige Regelung nicht zu entnehmen sei[1], müsse auf institutionelle Gesichtspunkte allgemeiner Natur abgestellt werden.

Das Parlament beurteile in seiner Stellungnahme einen Vorschlag der Kommission, die deshalb sinnvollerweise Antragstellerin und Adressat dieser Beurteilung sein solle. Außerdem sei die Kommission — im Gegensatz zum Rat — dem Parlament politisch verantwortlich. Ein Anhörungsverfahren im Verhältnis zwischen Parlament und Kommission entspreche daher besser „der Logik des parlamentarischen Systems“[2]. Zudem garantiere es dem Parlament einen Einfluß auf den Vorschlagsinhalt, der von der Anhörung durch den Rat nicht zu erwarten sei. Die Konsultation noch vor der Befassung des Rates könne sogar zu einem gemeinsamen Vorschlag von Kommission und Parlament führen, der gegenüber dem Rat besonderes Gewicht hätte[3].

II. Obligatorische Anhörung durch den Rat

Die Befürworter der Parlamentsanhörung durch die Kommission müssen sich jedoch schwerwiegende Einwände entgegenhalten lassen.

In den einschlägigen Kompetenznormen des Vertrages[4] heißt es bei geringfügigen Unterschieden regelmäßig: „Der Rat erläßt ... auf Vorschlag der Kommission und nach Anhörung der Versammlung ...“. Die

---

[1] Vgl. etwa Kom.-Präs. *Hallstein*, EP-Verh. v. 23. 6. 1958, S. 106.

[2] So *Hallstein*, a.a.O.; *van Kauvenbergh* — Bericht, EP-Dok 17/58, S. 23.

[3] *van Kauvenbergh* — Bericht, a.a.O.

[4] Dazu im 3. Abschnitt, I 2.

zwei mit „und" verbundenen Ergänzungen beziehen sich auf das Prädikat „erlassen", dessen Subjekt „der Rat" ist. Wie dieser grammatikalische Aufbau deutlich erkennen läßt, trifft die Konsultationspflicht den Rat[5]. Die abweichende Fassung von Art. 100 Abs. 2 kann dieses Ergebnis nicht widerlegen, da sie beide Auslegungsmöglichkeiten zuläßt, die Anhörung durch den Rat also keineswegs ausschließt.

Auch institutionelle Überlegungen sprechen bei der gegenwärtigen Struktur der Gemeinschaft eher für ein Ersuchen des Rates.

Wenig überzeugend klingt zwar das angebliche Motiv der Vertragsparteien: die Anhörung durch den Rat solle verhindern, daß letzterer durch ein mögliches Einverständnis zwischen Kommission und Parlament in seiner politischen Handlungsfreiheit beengt werde[6]. Bei der gegenwärtigen Verfahrensweise — Antrag des Rates, Übermittlung der Stellungnahme an Rat *und* Kommission — ist nämlich eine gemeinsame Haltung von Kommission und Parlament gegenüber dem Rat — wenn auch in einem späteren Zeitpunkt — keineswegs ausgeschlossen[7].

Vielmehr soll die Kommission mit dieser Lösung bis zur Vorschlagsübermittlung an den Rat dem unmittelbaren Druck des Parlaments nach Möglichkeit entzogen werden[8]. Sie bedarf nämlich als Hüterin des Gemeinschaftsinteresses bei der Wahrnehmung ihres Initiativrechts besonderer Gestaltungsfreiheit.

Andererseits könnte sich die parlamentarische Mitwirkung in ein bloßes Anhängsel des Vorschlagsrechts verwandeln, wenn die Parlamentsanhörung noch vor Befassung des Rates durch die Kommission erfolgte. Der selbständige Charakter der Anhörungsphase im Rechtsetzungsverfahren wäre damit gefährdet[9].

Schließlich liegt die Entscheidung über den Kommissionsvorschlag beim Rat, dessen Beschluß vom Parlament ohne direkten Kontakt besonders schwer zu beeinflussen ist. Während aber der Vertrag allgemein nur wenig über die Beziehungen zwischen beiden Organen aussagt, bietet das Anhörungsersuchen des Rates zumindest den Ansatz zu einem unmittelbaren Dialog[10]. Eine Konsultation allein durch die Kommission

---

[5] Ebenso *Hoffmann*, S. 94.

[6] So aber *Reuter*, RMC 1958, S. 313; vgl. auch *Draetta*, Commentario, Art. 137 Anm. 5 (S. 1057).

[7] Ebenso *Houben*, S. 100 f.

[8] *Bebr*, Judicial Control, S. 34; zum Einfluß des Parlaments auf die Vorschlagsausarbeitung im 4. Abschnitt, A IV.

[9] Dies befürchtet *van Miert*, Chron. pol. etr. 1969, S. 224 Anm. 8.

[10] Der Rat kann seinem Ersuchen ggf. schon Bemerkungen zum Kommissionsvorschlag beifügen; dazu im 4. Abschnitt, A I 4 d.

würde das Parlament dagegen noch mehr vom Rat isolieren. Ursprünglich scheint insbesondere dieser Gesichtspunkt das Parlament veranlaßt zu haben, auf einer Anhörung durch den Rat zu bestehen[11].

Allerdings gibt es seither Bestrebungen, die auch im Schrifttum als vertragsgemäß betrachtete Praxis[12] zu ändern und die obligatorischen Anhörungen durch die Kommission vornehmen zu lassen[13]. Ohne gleichzeitige Vertragsänderung erscheint dies nur vertretbar, wenn man annimmt, der Vertrag habe offengelassen, von wem das Parlament zu hören sei. Ein Grundprinzip der Gemeinschaftsverfassung ist jedoch gerade die eindeutige Zuständigkeitsverteilung zwischen den Organen[14]. Selbst wenn man hinsichtlich des Adressaten der Anhörungspflichten eine Ausnahme bejahen wollte, so spräche die mehr als zehnjährige Gemeinschaftspraxis der Parlamentsanhörung durch den Rat für eine gewohnheitsrechtliche Verfestigung[15].

---

[11] Vgl. *Legrand-Lane/Bubba*, RMC 1961, S. 314.

[12] Vgl. etwa *Bebr*, Judical Control, S. 33 f.; *Wohlfarth*, JIR Bd. 9 (1959/60), S. 23; *Hoffmann*, S. 94.

[13] Dazu *Vinci*, S. 126; auch im EP-Rechtsausschuß wurde diese Frage mehrfach erörtert; vgl. schließlich die Änderungsanträge in den EP-Entschließungen v. 3. 10. 1968 (Abl. 1968, Nr. C 108/44), v. 24. 11. 1969 (Abl. 1969, Nr. C 160/9) u. v. 26. 11. 1969 (Abl. 1969, Nr. C 160/31); dazu der Abg. *Burger*, EP-Verh. v. 3. 10. 1968, S. 187.

[14] Vgl. etwa Art. 4: „Jedes Organ handelt nach Maßgabe der ihm in diesem Vertrag zugewiesenen Befugnisse."

[15] Zum gleichen Problem bei der Anhörung des WSA vgl. *Zellentin*, S. 144 f.

Dritter Abschnitt

Anwendungsbereich der Parlamentsanhörung

I. Obligatorische Anhörungen

Eine ausdrückliche Generalklausel, die für jedes Rechtsetzungsverfahren die Konsultation des Parlaments vorschriebe, ist im Vertrag nicht enthalten. Falls sich eine allgemeine Anhörungspflicht auch im Wege der Vertragsauslegung nicht ermitteln läßt, müssen die Abgeordneten nur in den einzeln aufgezählten Fällen konsultiert werden.

1. Institutionelle Theorie

Das Parlament selbst hat zum Anwendungsbereich der obligatorischen Anhörung eine „institutionelle Theorie" entwickelt. Danach muß es nicht nur aufgrund der ausdrücklichen Vertragsgebote konsultiert werden, sondern darüber hinaus „zu den Entwürfen sämtlicher Texte, in denen eine politische Entscheidung für die Gemeinschaft festgelegt wird, d. h. zu allen Akten zur Anwendung der Verträge, die die Tätigkeit der Gemeinschaft in einem bestimmten Sinn ausrichten und somit die Erfüllung der in den Verträgen festgelegten Aufgaben der Gemeinschaft beeinflussen"[1].

Rechtlich wird diese Forderung begründet mit der besonderen Funktion des Parlaments, nämlich der Beteiligung der europäischen Völker an der Ausarbeitung der Gemeinschaftspolitik. Zwar sei die Konsultation der Volksvertreter nur in Einzelermächtigungen zum Erlaß politisch bedeutsamer Rechtsnormen erwähnt. Dieser vertragliche Anhörungskatalog enthalte jedoch keine abschließende Regelung. Vielmehr sei er Ausdruck eines allgemeinen Grundsatzes, wonach das Parlament vor *jeder* politischen Entscheidung gehört werden müsse.

Die Ausweitung der Parlamentsbefugnisse über die im Vertrag ausdrücklich genannten Anhörungsrechte hinaus weckt jedoch schwerwiegende Bedenken.

Zunächst ist hervorzuheben, daß die Abgeordneten nicht allein im Wege förmlicher Konsultationen auf die Rechtsetzung der Gemeinschaft

---

[1] EP-Entschließung v. 17. 10. 1967, Ziff. 1 a (Abl. 1967, Nr. 268/8); dazu *Jozeau-Marigné*-Bericht, EP-Dok 110/67—68, Ziff. 4.

einwirken können. Auch ihr allgemeines Beratungsrecht und die parlamentarische Kontrolle über die Kommission geben — allerdings begrenzte — Möglichkeiten der Einflußnahme.

Im übrigen sind der extensiven Auslegung von Organkompetenzen im Gemeinschaftsrecht enge Grenzen gesetzt. Das Kräfteverhältnis zwischen den Institutionen sollte durch eine klare Kompetenzzuteilung schon im Vertrag möglichst weitgehend festgelegt werden[2]. Angesichts der erheblichen Einschränkung nationaler Hoheitsrechte zugunsten der neuen Organisation ist dieses Bestreben der Vertragspartner durchaus verständlich. Es kommt in mehreren Bestimmungen deutlich zum Ausdruck. So handelt jedes Organ gem. Art. 4 „nach Maßgabe der ihm in diesem Vertrag zugewiesenen Befugnisse“, und gem. Art. 137 übt die Versammlung die Beratungs- und Kontrollbefugnisse aus, „die ihr nach diesem Vertrag zustehen“. Da der Anwendungsbereich der obligatorischen Parlamentsanhörung in den verschiedenen Einzelermächtigungen eindeutig umrissen wurde, kann die gebotene einschränkende Vertragsauslegung nur dazu führen, weitergehende ungeschriebene Anhörungsrechte zu verneinen[3]. Daß außerdem die Unterscheidung zwischen „politischen“ und anderen Entscheidungen bei der Ermittlung von Konsultationspflichten erhebliche Rechtsunsicherheit zur Folge hätte, bedarf keiner besonderen Hervorhebung.

2. Grundsatz der Einzelaufzählung

Es gilt also der Grundsatz der Einzelaufzählung. Eine Rechtspflicht des Rates zur Parlamentsanhörung besteht demnach nur in den folgenden, vom Vertrag ausdrücklich geregelten Fällen:

Art. 7 Abs. 2	Regelungen über Diskriminierungsverbote aus Gründen der Staatsangehörigkeit
Art. 14 Abs. 7	Änderung der Bestimmungen über die stufenweise Herabsetzung der Zölle zwischen den Mitgliedstaaten[4]
Art. 42 Abs. 1 i. V. m. Art. 43 Abs. 2 UAbs. 3	Anwendung der Wettbewerbsregeln auf die Produktion landwirtschaftlicher Erzeugnisse und den Handel mit ihnen

[2] Vgl. auch EuGH V, S. 582 (Stellungnahme gem. Art. 95 Abs. 4 EGKSV).

[3] Ebenso *Mühlenhöver*, Groeben-Boeckh, Art. 137 Anm. 3 a; *Hoffmann*, S. 93; in diesem Sinne auch MR-Präs. *Medici*, EP-Verh. v. 26. 11. 1968, S. 21. — Zur fakultativen Anhörung in diesem Abschnitt unter IV.

[4] Mit der Vollendung der Zollunion am 1. 7. 1968 hat diese Vorschrift ihre praktische Bedeutung weitgehend verloren; vgl. allerdings die Rechtsgrundlage der VO Nr. 1059/69 (Abl. 1969, Nr. L 141/1).

Art. 43 Abs. 2 UAbs. 3	Erlaß von Verordnungen, Richtlinien und Entscheidungen über die gemeinsame Agrarpolitik
Art. 54 Abs. 1 UAbs. 1	Aufstellung eines allgemeinen Programms zur Aufhebung der Beschränkungen der Niederlassungsfreiheit[5]
Art. 54 Abs. 2	Erlaß von Richtlinien zur Verwirklichung des allgemeinen Programms der Niederlassungsfreiheit oder zur Durchführung einer Stufe der Niederlassungsfreiheit für eine bestimmte Tätigkeit
Art. 56 Abs. 2	Erlaß von Richtlinien für die Koordinierung der innerstaatlichen Rechts- und Verwaltungsvorschriften über Sonderregelungen für Ausländer in bezug auf die Niederlassungsrechte
Art. 57 Abs. 1	Erlaß von Richtlinien für die gegenseitige Anerkennung der Diplome, Prüfungszeugnisse und sonstigen Befähigungsnachweise
Art. 57 Abs. 2	Erlaß von Richtlinien zur Koordinierung der Rechts- und Verwaltungsvorschriften der Mitgliedstaaten über die Aufnahme und Ausübung selbständiger Tätigkeiten
Art. 63 Abs. 1 UAbs. 1	Aufstellung eines allgemeinen Programms zur Aufhebung der Beschränkungen des freien Dienstleistungsverkehrs[6]
Art. 63 Abs. 2	Erlaß von Richtlinien zur Verwirklichung des allgemeinen Programms des freien Dienstleistungsverkehrs oder zur Durchführung einer Liberalisierungsstufe für eine bestimmte Dienstleistung
Art. 66	Entsprechende Anwendung der Art. 56 Abs. 2, 57, Abs. 1 u. 2 auf die Dienstleistungen

---

[5] Mit dem Erlaß der allgemeinen Programme der Niederlassungsfreiheit und des freien Dienstleistungsverkehrs am 18. 12. 1961 (Abl. 1962, S. 36 u. 32) haben die entsprechenden Ermächtigungen ihre praktische Bedeutung weitgehend verloren.

[6] Vgl. Anm. 5.

Art. 75 Abs. 1	Aufstellung gemeinsamer Regeln für den internationalen Verkehr oder für den Durchgangsverkehr; Festlegung von Bedingungen für die Zulassung von Verkehrsunternehmen; Erlaß sonstiger zweckdienlicher Vorschriften
Art. 87 Abs. 1	Erlaß von Verordnungen oder Richtlinien zur Verwirklichung der in den Art. 85 und 86 niedergelegten Grundsätze über die Wettbewerbsregeln für Unternehmer
Art. 100	Erlaß von Richtlinien für die Angleichung der Rechts- und Verwaltungsvorschriften der Mitgliedstaaten, die sich unmittelbar auf die Errichtung oder das Funktionieren des Gemeinsamen Marktes auswirken Die Anhörung ist nur obligatorisch, soweit die Durchführung der Richtlinie in einem oder mehreren Mitgliedstaaten eine Änderung gesetzlicher Vorschriften zur Folge hätte[7]
Art. 126	Anordnung des Wegfalls oder der Verringerung der in Art. 125 vorgesehenen Zuschüsse des Europäischen Sozialfonds; Bestimmung neuer Aufgaben dieses Fonds[8]
Art. 127	Erlaß von Durchführungsvorschriften zur Anwendung der Art. 124 bis 126 über die Verwaltung und die Aufgaben des Europäischen Sozialfonds
Art. 132 Ziff. 5	Entsprechende Anwendung der Bestimmungen und Verfahrensregeln des Kapitels Niederlassungsfreiheit — also auch der Art. 54 Abs. 1 und 2, 56 Abs. 2 sowie 57 Abs. 1 und 2 — auf die assoziierten Länder und Hoheitsgebiete, soweit nicht aufgrund von Art. 136 Sonderregelungen getroffen werden[9]

---

[7] Die Feststellung dieser Voraussetzung kann im Einzelfall schwierig sein.

[8] Von dieser Ermächtigung kann erst seit dem Ende der Übergangszeit (1. 1. 1970) Gebrauch gemacht werden.

[9] Schon das in Art. 136 des Vertrages erwähnte Durchführungsabkommen zur Assoziierung sah beim Erlaß niederlassungsrechtlicher Vorschriften die Anhörung des Europäischen Parlaments nicht vor (vgl. Art. 8).

Art. 133 Abs. 1 u. 2	Entsprechende Anwendung von Art. 14 Abs. 7 auf die Abschaffung der Zölle zwischen den Mitgliedstaaten und den assoziierten Ländern und Hoheitsgebieten
Art. 235	Erteilung zusätzlicher Befugnisse an die Gemeinschaft, soweit dies erforderlich ist, um eines der Vertragsziele zu verwirklichen.

Hinzu kommt Art. 24 Abs. 1 Satz 2 FuV, der an die Stelle von Art. 212 des Vertrages getreten ist. Danach muß beim Erlaß des Beamtenstatuts und der Beschäftigungsbedingungen für die sonstigen Bediensteten der drei Gemeinschaften das Parlament als „anderes beteiligtes Organ" gehört werden.

Wie eine Analyse der genannten Bestimmungen ergibt, geht es in vier Fällen um den Erlaß von Vorschriften zur autonomen Änderung oder Ergänzung des Vertrages[10]. Diese Funktion verleiht den betreffenden Ermächtigungen einen erhöhten Rang und besondere Bedeutung. Auch die übrigen 17 Kompetenznormen ermöglichen den Erlaß von Vorschriften, die — im Rang zwar unter dem Vertrag — dennoch Sachgebiete von erheblichem politischen Interesse berühren[11]. Überwiegend haben sie die tiefgreifende Umgestaltung nationaler Wirtschaftsordnungen oder Änderungen der einzelstaatlichen Gesetzgebung zur Folge. Man könnte daher als maßgebliches Kriterium bei der Auswahl der obligatorischen Konsultationen die grundsätzliche Bedeutung einer Materie vermuten[12].

Nach diesem Maßstab wären jedoch Anhörungspflichten an weiteren Stellen des Vertrages zu erwarten. Dies gilt insbesondere für drei Bestimmungen, die ebenfalls wichtige Änderungen oder Ergänzungen der Gemeinschaftsverfassung gestatten:

Art. 33 Abs. 8	Änderung des Verfahrens zur schrittweisen Beseitigung der Einfuhrkontingente
Art. 84 Abs. 2	Entscheidung, ob, inwieweit und nach welchem Verfahren geeignete verkehrspolitische Vorschriften für die Seeschiffahrt und die Luftfahrt zu erlassen sind.

[10] Art. 14 Abs. 7; 126; 133 Abs. 1 u. 2; 235.

[11] Auch in grundsätzlich bedeutsamen Sachgebieten kann es jedoch obligatorische Konsultationen zu technischen Fragen ohne besonderes politisches Interesse geben. Die Anhörungspflichten sind nämlich — abgesehen von Art. 100 — allein an die Ausübung der einschlägigen Rechtsetzungsbefugnis geknüpft.

[12] In diesem Sinne *Catalano,* Manuel, S. 35, sowie *Jozeau-Marigné*-Bericht, EP-Dok 110/67—68, Ziff. 4.

Art. 200 Abs. 3	Änderung des Aufbringungsschlüssels für die Finanzbeiträge der Mitgliedstaaten zum Haushalt und zum Europäischen Sozialfonds[13]

Auch die folgenden Kompetenznormen betreffen Materien von so beträchtlicher wirtschaftlicher und politischer Tragweite, daß die Nichterwähnung der Parlamentsanhörung kaum verständlich erscheint:

Art. 28	Entscheidung über autonome Änderungen oder Aussetzungen der Sätze des Gemeinsamen Zolltarifs
Art. 44 Abs. 3—6	Maßnahmen betreffend die Aufstellung von Mindestpreis-Systemen und die Festsetzung von Mindestpreisen
Art. 49	Erlaß von Richtlinien oder Verordnungen zur Herstellung der Freizügigkeit der Arbeitnehmer
Art. 51	Maßnahmen auf dem Gebiet der sozialen Sicherheit zur Herstellung der Freizügigkeit der Arbeitnehmer
Art. 55 Abs. 2	Nichtanwendung des Kapitels Niederlassungsrecht auf bestimmte Tätigkeiten
Art. 69	Erlaß von Richtlinien für die schrittweise Durchführung des Art. 67 über den freien Kapitalverkehr
Art. 99	Maßnahmen zur Harmonisierung der Rechtsvorschriften der Mitgliedstaaten über die Umsatzsteuer, die Verbrauchsabgaben und sonstige indirekte Steuern, einschließlich der Ausgleichsmaßnahmen für den Handelsverkehr zwischen den Mitgliedstaaten
Art. 101	Beseitigung von Wettbewerbsverzerrungen durch vorhandene Unterschiede in den Rechts- und Verwaltungsvorschriften der Mitgliedstaaten.

Man hat daher den Vertragspartnern zu Recht eine gewisse Inkonsequenz vorgeworfen[14]. Sie wird besonders deutlich, wo Bestimmungen, die sich offensichtlich entsprechen, die Mitbestimmung des Parlaments unter-

---

[13] Zur Anhörung in diesem Falle vgl. die schriftl. Anfrage *Vredeling* Nr. 288/68 (Abl. 1969, Nr. C 37/7).

[14] Vgl. *Legrand-Lane/Bubba*, RMC 1961, S. 315; der *Janssens*-Bericht, EP-Dok 71/59, S. 5, spricht von „manchmal unerklärlichen Lücken des Vertrages“.

schiedlich regeln[15]. Wertet man schließlich das jeweilige Mehrheitserfordernis im Rat als ein Indiz für die Bedeutung des Beschlusses, so steht die Auswahl der Konsultationsfälle auch mit diesem Kriterium nicht im Einklang[16].

Der geschilderte Sachverhalt dürfte wohl auf die besonderen Umstände bei der Ausarbeitung der Römischen Verträge zurückzuführen sein. In relativ kurzer Zeit hatten die nationalen Delegationen eine Fülle schwierigster Probleme zu lösen. Auch wenn bei der Zusammenstellung der Anhörungspflichten die grundsätzliche Bedeutung eines Sachgebietes sicherlich mitberücksichtigt wurde[17], so widmete man der systematischen Durchführung eines solchen allgemeinen Prinzips doch nur begrenzte Aufmerksamkeit[18]. Der Vertrag enthält also eher das Zufallsergebnis eines Verhandlungskompromisses aus ganz heterogenen Elementen[19].

Eine Pflicht zur Konsultation besteht selbstverständlich nicht nur beim ersten Erlaß von Rechtsakten[20]. Auch zu Änderungen und Ergänzungen sowie zur Aufhebung der ursprünglichen Regelung muß das Parlament gehört werden[21].

Rechtsnormen können nämlich grundsätzlich nur im gleichen Verfahren geändert werden, in dem sie erlassen wurden[22]. Eine Ausnahme kommt nur dann in Betracht, wenn der Änderungsbeschluß nicht auf der ursprünglich benutzten Vertragsermächtigung, sondern auf einer neu geschaffenen Sekundärkompetenz beruht. Ob und in welchem Maße bei der Schaffung abgeleiteter Kompetenzen von der obligatorischen Parlamentsanhörung abgesehen werden kann, bedarf noch näherer Prüfung[23].

---

[15] Vgl. die Gegenüberstellung bei *Houben*, S. 174 Anm. 79; besonders erstaunlich ist das Fehlen der Konsultationspflicht in Art. 49, da Art. 96 des gleichzeitig ausgehandelten EAG-Vertrages beim Erlaß von Richtlinien zur Herstellung der Freizügigkeit die Parlamentsanhörung ausdrücklich vorschreibt.

[16] Vgl. die Tabelle bei *Alting von Geusau*, Europ Org. S. 190 Anm. 137.

[17] Für den WSA ergibt sich dies aus den Materialien der Vertragsverhandlungen, vgl. *Fischer*, S. 89.

[18] Ungereimt ist auch Art. 228: danach hört der Rat die Versammlung beim Abschluß von Abkommen der Gemeinschaft mit Drittstaaten oder internationalen Organisationen „in allen Fällen, in denen der Vertrag dies vorsieht". Art. 238 ist jedoch der einzige derartige Fall.

[19] In diesem Sinne *Mühlenhöver*, Groeben-Boeckh, Art. 137 Anm. 3 b.

[20] Der Rat soll zunächst anderer Ansicht gewesen sein, so *Hoffmann*, S. 91; vgl. aber *Furler*-Bericht, EP-Dok 31/63—64, Ziff. 60.

[21] *Rabe*, S. 25; *Daig*, Groeben-Boeckh, Vorb. I 2 zu Art. 189 ff. (S. 5); *Hoffmann*, S. 91 f.; vgl. auch *Louis*, Règlements, S. 40 Anm. 56.

[22] *Carstens*, ZaöRV 1961, S. 1; zum „parallélisme des formes" im französischen Verwaltungsrecht vgl. *Auby*, AJDA 1956 I, S. 61 (1).

[23] Dazu in diesem Abschnitt unter III.

II. Umgehung der obligatorischen Anhörung

Die nach dem Vertrag begrenzten Mitwirkungsbefugnisse des Parlaments können in der Praxis durch die Umgehung der Konsultation weiter geschmälert werden. Dabei sind drei Fallgruppen zu unterscheiden: das Ausweichen auf vertragliche Kompetenznormen, die eine Anhörung nicht vorschreiben, die schlichte Nichtausübung von Rechtsetzungsbefugnissen und der Rückgriff auf außervertragliche Rechtsetzungsverfahren, insbesondere auf Vereinbarungen der Regierungsvertreter[24].

1. Ausweichen auf andere Kompetenznormen

Die Rechtsgrundlage von Gemeinschaftsakten hat wegen der kasuistischen Aufzählung der Anhörungspflichten entscheidenden Einfluß auf die parlamentarische Mitwirkungsbefugnis[25]. Für Rat und Kommission besteht daher die Versuchung, Konsultationen zu vermeiden, die ihnen — etwa wegen der Dringlichkeit einer Regelung oder wegen besonderer politischer Risiken — unerwünscht erscheinen: statt die allein zutreffende Ermächtigungsnorm zu benutzen, könnten sie auf einen anderen Vertragsartikel ausweichen, der eine parlamentarische Stellungnahme nicht vorschreibt. Eine solche Ausschaltung des Parlaments durch bewußt unrichtige Wahl der Rechtsgrundlage stellt zweifellos eine Vertragsverletzung dar. Sie wird in Anlehnung an das französische Verwaltungsrecht[26] als „détournement de procédure" qualifiziert[27].

Der Gerichtshof hat die Gefahr einer Mißachtung von Mitwirkungsbefugnissen durch Ausweichen auf eine andere Ermächtigungsnorm schon in seinen ersten Urteilen zum EGKS-Vertrag deutlich gemacht. Auf Nichtigkeitsklagen gegen den von der Hohen Behörde gewährten sog. „Monnet-Rabatt"[28] prüft er von Amts wegen, ob Art. 1 der Entscheidung 2/54[29], die unter Berufung auf Art. 60 § 2 a EGKSV die Veröffentlichung von Preislisten für Stahl regelt, nicht zugleich „in verschleierter Form" eine Ergänzung der Definition verbotener Praktiken

---

[24] Unter dem Gesichtspunkt der Umgehung von Anhörungspflichten wird gelegentlich auch die Problematik gewisser „Entschließungen" des Rates erörtert. Bevor aber der Entschließungsinhalt zum verbindlichen Rechtsakt erhoben wird, kommt es — jedenfalls formal — zur Anhörung des Parlaments. Zweifelhaft erscheint nur deren Wirksamkeit, dazu im 4. Abschnitt unter A II.

[25] Sie berührt außerdem die Rolle von Rat und Kommission, die Wahl der Rechtsform und die Mehrheitserfordernisse.

[26] Vgl. *de Laubadère*, Bd. I Nr. 902; *Auby-Drago*, Bd. III Nr. 1205.

[27] *Merkel*, S. 63; vgl. auch EuGH IV, S. 255 (Rs. 8/57).

[28] Näher dazu *Kamarineas*, S. 79 ff. m. ausf. Nachw.

[29] Abl. 1954, S. 218.

auf dem Gebiet der Preise enthält[30]. In diesem Falle hätte die Entscheidung nämlich auch auf Art. 60 § 1 EGKSV gestützt werden müssen, der zusätzlich die Anhörung des Rates vorschreibt. Eine rechtswidrige Ausschaltung des Rates wird jedoch im Ergebnis verneint[31].

Die Verletzung parlamentarischer Anhörungsrechte droht auch dann, wenn Rat und Kommission eine geplante Maßnahme *irrtümlich* auf die falsche Vertragsbestimmung stützen. Solche Rechtsirrtümer sind umso mehr zu befürchten, als die Feststellung der zutreffenden Ermächtigung äußerst schwierige Abgrenzungsfragen aufwerfen kann. Häufig überschneiden sich nämlich die von einzelnen Kompetenznormen erfaßten Sachgebiete. Bilden letztere konzentrische Kreise, so ist die Kompetenznorm des kleineren Kreises als lex specialis im Verhältnis zu der des größeren Kreises anzusehen[32]. In aller Regel kommt es jedoch nur zu partiellen Überschneidungen mehrerer Kreise. Wie in diesem Bereich zu verfahren ist, erscheint dogmatisch noch weitgehend ungeklärt[33].

In der Praxis haben sich Rat und Kommission bei der Wahl der Rechtsgrundlage offenbar weniger von einer bestimmten Abgrenzungsdoktrin als von pragmatischen Gesichtspunkten leiten lassen[34]. Bei eilbedürftigen Entscheidungen war mehrfach die Vermeidung von obligatorischen Anhörungen das ausschlaggebende Motiv. So wurden verschiedene Ratsbeschlüsse auf Art. 103 („konjunkturpolitische Maßnahmen"; keine Anhörungspflicht) und nicht auf Art. 43 gestützt, obwohl sie im Kernbereich der gemeinsamen Agrarmarktordnungen von Regeln abwichen, die gem. Art. 43 ergangen waren. Dies gilt zweifellos für die faktische Isolierung der französischen Agrarmärkte aus Anlaß der Franc-Abwertung am 11. 8. 1969[35] sowie für mehrere Ratsentscheidungen, in denen Belgien ermächtigt wird, die Schweineausfuhr nach den Mitgliedstaaten zu beschränken[36]. Auch die Verwendung von Art. 226 („Schutzmaßnahmen während der Übergangszeit"; keine Konsultations-

---

[30] EuGH I, S. 33 (Rs. 1/54) und S. 108 (Rs. 2/54).

[31] EuGH, a.a.O.

[32] *Ehlermann,* KSE 10, S. 91, der als Beispiel das Verhältnis von Art. 28 zu den Art. 111 ff. anführt.

[33] Die erste systematische Untersuchung stammt, soweit ersichtlich, von *Ehlermann,* KSE 10, S. 57 ff., insbes. S. 91 ff.

[34] Vgl. etwa die gleichzeitige Anführung der Art. 43 und 100 in gewissen Richtlinien zur Rechtsangleichung im Agrarsektor; dazu *Ehlermann,* KSE 10, S. 87 f., der weitere Beispiele nennt.

[35] VO Nr. 1586/69 v. 11. 8. 1969 (Abl. 1969, Nr. L 202/1); in Art. 3 Abs. 2 wird besonders hervorgehoben, daß zu *weiteren* Beschlüssen das Parlament zu hören ist.

[36] Entscheidung Nr. 63/689 (Abl. 1963, S. 3108), verlängert durch die Entscheidungen Nr. 64/61 (Abl. 1964, S. 239) und Nr. 64/110 (Abl. 1964, S. 449); dazu *Ehlermann,* KSE 10, S. 91 Anm. 146.

pflicht) anstelle von Art. 43 dürfte in gewissen Fällen mit praktischen Schwierigkeiten der Parlamentsanhörung zu erklären sein[37].

Die vielfältigen Konkurrenzprobleme — auch außerhalb der Agrarpolitik — können im Rahmen der vorliegenden Arbeit nicht vertieft werden. Erstaunlich ist jedoch, daß die Parlamentarier zur Gefährdung ihrer Mitwirkungsbefugnisse gerade in ernsthaften Zweifelsfällen geschwiegen haben[38]. Dagegen kam es zu heftiger Kritik an der Rechtsgrundlage des Kommissionsentwurfs einer „Verordnung zur Aussetzung der Anwendung der Art. 85 bis 94 EWGV auf die Seeschiffahrt und die Luftfahrt“ vom Juli 1962[39]. Die Kommission hatte sich allein auf Art. 84 Abs. 2 („Erlaß von Vorschriften für die Seeschiffahrt und die Luftfahrt“; keine Anhörungspflicht) gestützt. Stattdessen verlangten die Abgeordneten die Verwendung von Art. 87 Abs. 2 c[40], der es ermöglicht, den Anwendungsbereich der beiden Kartellrechtsartikel 85 und 86 „nach Anhörung der Versammlung“ näher zu bestimmen. Gegenstand des umstrittenen Kommissionsentwurfs war jedoch die Aussetzung des *gesamten* Wettbewerbskapitels, die schwerlich auf eine selbst dazugehörige Vorschrift gestützt werden konnte[41]. Das Vorhaben der Kommission wurde daher vollständig nur von der zutreffend zitierten Ermächtigung des Art. 84 Abs. 2 gedeckt[42]. Im übrigen lag der Kommission offensichtlich nichts an einer Umgehung des Parlaments: das fakultative Anhörungsersuchen des Rates entsprach ihrer ausdrücklichen Empfehlung.

2. Nichtausübung von Rechtsetzungsbefugnissen

Zur obligatorischen Konsultation des Parlaments kommt es nur nach förmlicher Eröffnung eines Rechtsetzungsverfahrens. Faktisch ist das Parlament also auch dann an der Wahrnehmung seiner Anhörungsbefugnisse gehindert, wenn es die Kommission unterläßt, einen Vor-

---

[37] Vgl. etwa die Schutzmaßnahmen im Agrarbereich aus Anlaß der DM-Aufwertung, Kommissionsentscheidung Nr. 69/375 v. 30. 10. 1969 (Abl. 1969, Nr. L 273/35).

[38] Vgl. aber die schriftl. Anfrage *Vredeling* Nr. 274/69 (Abl. 1970, Nr. C 6/4).

[39] EP-Dok 79/62—63.

[40] EP-Entschließung v. 19. 11. 1962 (Abl. 1962, S. 2850); die dazu vorgebrachte Begründung, daß nämlich die vertraglichen Wettbewerbsregeln auch auf den Verkehrssektor anwendbar seien, trifft nicht den Kern des Problems. Dies ergibt sich schon daraus, daß die Kommission in der Begründung ihres Entwurfs die gleiche — im übrigen nicht unbestrittene — Ansicht vertritt.

[41] Dagegen zielte der Kommissionsvorschlag v. Sept. 1962 betr. den Eisenbahn-, Straßen und Binnenschiffsverkehr (EP-Dok 78/62—63) allein auf die Aussetzung von Art. 85 und seinen Durchführungsvorschriften ab. Er nennt als Rechtsgrundlage die Art. 75, 85 und 87 Abs. 2 c.

[42] Abweichend *Merkel*, S. 62 f., der jedoch den konkreten Regelungsgegenstand nicht berücksichtigt.

schlag vorzulegen und wenn auch der Rat von einer entsprechenden Aufforderung gem. Art. 152 absieht. Beide Organe brauchen deshalb in dem betreffenden Sachgebiet keineswegs untätig zu sein. Vorstellbar ist nämlich, daß sie zwar auf den Erlaß von Rechtsnormen verzichten, die vom Vertrag gestellten Aufgaben jedoch mit anderen Mitteln zu lösen suchen. In Betracht kommen z. B. rechtlich unverbindliche Empfehlungen an die Mitgliedstaaten[43] oder auch direkte Verhandlungen mit den betroffenen Wirtschaftskreisen.

Das Problem wird deutlich an einem praktischen Fall aus dem Bereich von Euratom. Um den Abschluß von Versicherungsverträgen zur Deckung der Gefahren auf dem Kerngebiet zu erleichtern, sieht Art. 98 EAGV den Erlaß verbindlicher Richtlinien vor, zu denen das Parlament gehört werden muß. Derartige Konsultationen haben jedoch bisher nicht stattgefunden. Zwar lag schon im Sommer 1960 ein erster Richtlinien-Vorschlag der Euratom-Kommission vor, dessen Behandlung vom Rat jedoch vertagt wurde[44]. In der Folge bemühte sich die Euratom-Kommission — bzw. ihre fusionierte Rechtsnachfolgerin — um die Ausarbeitung allgemeiner Versicherungsbedingungen („Euratom-Rahmenpolice"), über die insbesondere mit Vertretern der Kernindustrie und der Kernhaftpflichtversicherer beraten wurde. Das Parlament erfuhr von der Entwicklung aus den jährlichen Gesamtberichten der Kommission[45]; von einer aktiven Mitwirkung durch die Abgabe förmlicher Stellungnahmen war es jedoch — zum Mißvergnügen einzelner Abgeordneter[46] — ausgeschlossen.

Die rechtliche Würdigung der Nichtausübung von Rechtsetzungsbefugnissen hat jeweils von der einzelnen Kompetenznorm auszugehen. Nur soweit diese unter Ausschluß anderer Handlungsformen den Erlaß verbindlicher Rechtsakte gebietet, kommt eine Vertragsverletzung in Betracht. Den Gemeinschaftsorganen bleibt aber in der Regel eine gewisse Ermessensfreiheit hinsichtlich der Wahl ihrer Mittel[47]. Maßgeblich sind dabei die sachlichen Erfordernisse des Einzelfalls, die ohne Ermessensfehler zum Verzicht auf verbindliche Maßnahmen führen können. Rechtliche Bedenken bestünden allerdings,

---

[43] Vgl. Art. 155 UAbs. 2 sowie Art. 189 Abs. 1 u. 5.

[44] Der Vorschlag ist inzwischen überholt und beim Rat nicht mehr anhängig.

[45] Vgl. etwa 1. Gesamtbericht der Kommission (1967), Ziff. 405.

[46] Vgl. die schriftl. Anfragen *Merten*, Nr. 111/66 (Abl. 1967, S. 118) u. Nr. 12/67 (Abl. 1967, S. 1720) sowie *Müller* Nr. 151/67 u. 152/67 (Abl. 1967, Nr. 270/10 ff.).

[47] Allgemein dazu *Daig*, Groeben-Boeckh, Vorb. I 4 zu Art. 189 ff.; so ist die Kommission rechtlich kaum gezwungen, dem Rat gem. Art. 98 EAGV eine Richtlinie vorzuschlagen, wenn sie deren Erlaß nicht für zweckmäßig hält, vgl. *Bauer-Mosthaf*, Groeben-Boeckh, Art. 98 EAGV Anm. 3.

wenn damit *allein* die Ausschaltung des Parlaments bezweckt würde. Es mag dahinstehen, ob dies ein sehr naheliegender Fall ist.

3. Rückgriff auf außervertragliche Rechtsetzungsverfahren

Die Anhörung des Parlaments ist obligatorisch, wenn der Rat, gestützt auf eine vertragliche Ermächtigung, in seiner Eigenschaft als Gemeinschaftsorgan beschließt. Es stellt sich die Frage, ob die Mitgliedstaaten trotz einer klaren Ratszuständigkeit auf Rechtsetzungsverfahren außerhalb des Vertrages zurückgreifen und sich damit der Pflicht zur Parlamentsanhörung entziehen können. Zu denken wäre an klassische Verträge des Völkerrechts, vor allem aber an Vereinbarungen „der im Rat vereinigten Vertreter der Regierungen der Mitgliedstaaten", die trotz zahlreicher und enger Gemeinschaftsbezüge zumindest völkerrechtlichen Ursprungs sind[48].

Die Zulässigkeit völkerrechtlicher Vereinbarungen unter den Mitgliedstaaten in Sachgebieten, für deren Regelung ein besonderes Gemeinschaftsverfahren vorgesehen ist, erscheint jedoch sehr zweifelhaft.

Der Vertrag beruht auf einer funktionalen Zuständigkeitsverteilung zwischen Gemeinschaft und Mitgliedstaaten. Mit diesem Grundprinzip der Gemeinschaftsverfassung wäre es unvereinbar, wenn die Staaten auch solche Regelungsbefugnisse weiterhin nach Belieben ausüben dürften, die sie den Organen der Gemeinschaft zugewiesen haben. Eingriffe in Gemeinschaftskompetenzen — gleichgültig, ob sie von einem einzelnen Mitgliedstaat oder von deren Gesamtheit ausgehen — müssen zur Aushöhlung des institutionellen Vertragssystems führen. Sie verletzen insbesondere Art. 5, in dem sich die Mitgliedstaaten zur Erfüllung ihrer vertraglichen Verpflichtungen bekannt haben[49].

Die einzelnen Kompetenzzuweisungen des Vertrages sind allerdings nicht endgültig und unwiderruflich. Letztlich bleiben die Mitgliedstaaten Herren des Vertrages[50], was auch in der Revisionsklausel des Art. 236 zum Ausdruck kommt. Sie können also außer den materiellen Vertragsregeln auch die derzeit geltende Aufgabenzuteilung verändern.

Art. 236 selbst enthält jedoch gewisse Einschränkungen. Er verlangt die Beachtung eines bestimmten Verfahrens, vor allem die Mitwirkung

---

[48] Ausführlich dazu *Kaiser*, Ophüls-Festschrift, S. 107 ff.; *Wagner*, Beschlußrecht, S. 224 ff.; *Bebr*, SEW 1966, S. 529 ff.; *Schermers*, SEW 1966, S. 545 ff.; *Pescatore*, SEW 1966, S. 579 ff.; *Burger*-Bericht, EP-Dok 215/68—69, Ziff. 11 ff.

[49] In diesem Sinne auch die Antwort der Kommission auf die schriftl. Anfrage *Vredeling* Nr. 204/67 (Abl. 1968, Nr. C 1/6); weniger eindeutig ist die Antwort des Rates (Abl. 1968, Nr. C 17/2).

[50] *Scheuner*, Verdross-Festschrift, S. 585; *Kaiser*, EuR 1966, S. 23 m. w. Nachw.

der Kommission und des Parlaments. Zwar wird bei herkömmlichen internationalen Organisationen eine Bindung der einvernehmlich handelnden Mitgliedstaaten an etwaige Revisionsklauseln verneint[51]. Die Gemeinschaft weist jedoch so zahlreiche und bedeutsame Besonderheiten auf, daß eine abweichende Beurteilung gerechtfertigt erscheint. Ihre Verselbständigung gegenüber den Mitgliedstaaten ist stärker ausgeprägt als bei allen bisher bekannten zwischenstaatlichen Organisationen[52]. Die Eigenständigkeit ihrer Rechtsordnung[53] hat nicht nur Auswirkungen im innerstaatlichen Bereich[54], sie beschränkt auch die völkerrechtliche Handlungsfreiheit der Mitgliedstaaten und setzt Beschlüssen der im Rat vereinten Regierungsvertreter eine Grenze.

Für eine Bindung an das Verfahren des Art. 236 bei Abweichungen von der geltenden Zuständigkeitsverteilung spricht auch der Verfassungscharakter des Vertrages. Letzterer räumt der Kommission und dem Rat, also weisungsfreien Gemeinschaftsorganen, nicht allein bei der abgeleiteten Rechtsetzung, sondern auch bei einer etwaigen Revision vertraglicher Ermächtigungsgrundlagen genau umrissene Mitwirkungsbefugnisse ein. Diese müssen von den Mitgliedstaaten respektiert werden, auch wenn die Stellungnahmen beider Organe letztlich nicht binden[55].

Zwar wird die Ansicht vertreten, auch bei völliger Wahlfreiheit der Mitgliedstaaten zwischen völkerrechtlichen Handlungsformen und einem vertraglich vorgesehenen Gemeinschaftsverfahren könne das Anhörungsrecht des Parlaments nicht umgangen werden. Die Regierungsvertreter seien nämlich ebenfalls zur Parlamentsanhörung verpflichtet, „wenn sie eine Materie durch Abkommen statt durch Ratsbeschluß regeln würden, dieser aber durch einschlägige Vertragsbestimmung an

---

[51] Vgl. *Dahm*, Völkerrecht Bd. II, S. 119 m. w. Nachw.

[52] Nach *Schermers*, SEW 1966, S. 568, betrifft daher eine Vertragsänderung auch die Gemeinschaft selbst als siebtes Völkerrechtssubjekt; zust. *Burger*-Bericht, EP-Dok 215/68—69, Ziff. 24, sowie der Abg. *Boertien*, EP-Verh. v. 8. 5. 1969, S. 146.

[53] Besonders nachdrücklich unterstrichen in EuGH X, S. 1269 f. (Rs. 6/64); im gleichen Sinne EuGH VIII, S. 110 (Rs. 13/61), sowie BVerfGE 22, S. 296; vgl. auch *Burger*-Bericht, EP-Dok 215/68—69, Ziff. 23 f.

[54] Vgl. insbes. die anhaltende Diskussion über den Vorrang des Gemeinschaftsrechts vor nationalem Recht; ausf. Zusammenstellung bei *Zuleeg*, KSE 9, S. 66—128; vgl. auch *Alder*, Koordination und Integration als Rechtsprinzipien, Brügge 1969.

[55] Eine Bindung an Art. 236 wird bejaht von *Pescatore*, SEW 1966, S. 585; *Ophüls*, EuR 1966, S. 225; *Schermers*, SEW 1966, S. 567 ff.; *Lambers*, AFDI 1961, S. 606; *Brunner*, Groeben-Boeckh, Art. 236 Anm. 9; *Burger*-Bericht, EP-Dok 215/68—69, Ziff. 24 ff. — Ablehnend dagegen *Carstens*, ZaöRV 1961, S. 6; *Wagner*, Beschlußrecht, S. 117 ff.; *Kaiser*, EuR 1966, S. 23; *Mosler*, ZaöRV 1966, S. 18; *Alder*, S. 121 Anm. 2; nach *Wohlfarth*, Kom. Art. 236 Anm. 2, handelt es sich um eine Soll-Vorschrift.

die vorherige Befragung des Parlaments gebunden wäre"[56]. Das Gremium der Regierungsvertreter ist jedoch kein Gemeinschaftsorgan[57], und seine Beschlüsse beruhen allein auf dem Konsensus der Vertragspartner. Es ist daher nicht ersichtlich, wieso beim Erlaß außervertraglicher Rechtsakte die vertraglichen Anhörungspflichten gelten sollten. Folgerichtig müßte man je nach den Anforderungen des Vertrages auch einen Kommissionsvorschlag, eine dem Art. 190 genügende Begründung usw. verlangen. Damit wird aber die Wahlmöglichkeit faktisch wieder genommen.

Bedenken gegen beliebige Rückgriffe der Regierungsvertreter auf außervertragliche Rechtsetzungsverfahren ergeben sich schließlich aus dem innerstaatlichen Verfassungsrecht. Die ursprüngliche Zuweisung von Hoheitsrechten an die Gemeinschaft und die präzise Regelung der Beschlußfassungsverfahren bedurften zu ihrer Wirksamkeit in den sechs Mitgliedstaaten der Ratifizierung durch die Parlamente. Dementsprechend kann auch eine Änderung oder Durchbrechung dieser Vorschriften — soweit sie nicht schon der Vertrag gestattet[58] —nur mit parlamentarischer Zustimmung erfolgen[59].

Als Ergebnis ist festzuhalten: Beschlüsse, die allein in die Zuständigkeit der Gemeinschaft fallen, dürfen ohne ausdrückliche Änderung des Vertrages unter Beachtung von Art. 236 nur in dem vorgeschriebenen Gemeinschaftsverfahren gefaßt werden. Die Mitgliedstaaten können parlamentarische Anhörungsrechte nicht dadurch umgehen, daß sie unter Verstoß gegen die vertragliche Kompetenzverteilung auf Vereinbarungen der Regierungsvertreter oder andere Handlungsformen zwischenstaatlicher Zusammenarbeit ausweichen[60].

Ob tatsächlich ein Eingriff in die vertragliche Zuständigkeitsordnung vorliegt, kann allerdings nur im Einzelfall ermittelt werden. Der Vertrag selbst läßt nämlich manchmal die Wahl zwischen Gemeinschaftsakten und Maßnahmen der Mitgliedstaaten. Dies wird an den folgenden Beispielen deutlich.

Für eine Änderung der Zeitfolge, also auch für eine Beschleunigung der Binnenzollbeseitigung besteht gem. Art. 14 Abs. 7 eine Zuständigkeit des Rates, der auf Vorschlag der Kommission und nach Anhörung des Parlaments entscheidet. Die vorzeitigen Binnenzollherabsetzungen

---

[56] *Kaiser*, Ophüls-Festschrift, S. 119 Anm. 15.

[57] *Alder*, S. 330.

[58] Vgl. etwa Art. 14 Abs. 7; 33 Abs. 8; 126; 235.

[59] *Kaiser*, Anwendung, S. 28; *Mosler*, ZaöRV 1966, S. 18; *Ophüls*, EuR 1966, S. 225.

[60] In diesem Sinne *Pescatore*, SEW 1966, S. 585; *Ophüls*, EuR 1966, S. 225; *Schermers*, SEW 1966, S. 557, 562, 570, 575; vgl. auch *Mosler*, ZaöRV 1966, S. 5 Anm. 8.

vom 12. 5. 1960 und vom 15. 5. 1962[61] hätten daher ohne weiteres in diesem Gemeinschaftsverfahren durchgeführt werden können[62]. Der Vertrag enthält jedoch neben Art. 14 Abs. 7 auch den Art. 15 Abs. 3, der es den *Mitgliedstaaten* ermöglicht, ihre Zollsätze untereinander schneller herabzusetzen. Es bestehen kaum Zweifel, daß diese Befugnis jedes einzelnen Mitgliedstaats auch von allen sechs gemeinsam ausgeübt werden darf. So wurden die bereits erwähnten „Beschleunigungsbeschlüsse" nicht vom Rat als Gemeinschaftsorgan, sondern von den „im Rat vereinigten Vertretern der Regierungen der Mitgliedstaaten" gefaßt. Die Anhörung des Parlaments war dabei zwar ebenso wenig erforderlich wie ein förmlicher Vorschlag der Kommission[63]. Rechtliche Bedenken erscheinen jedoch angesichts der im Vertrag selbst enthaltenen Wahlmöglichkeit unbegründet[64].

Auch der Anwendungsbereich von Ratsbeschlüssen gem. Art. 235 ist gegenüber Vereinbarungen der Regierungsvertreter schwierig abzugrenzen. Art. 235, der die Anhörung des Parlaments vorschreibt, ist dazu bestimmt, Lücken des Vertrages zu schließen[65]. Seine Anwendung setzt allein voraus,

— daß ein Tätigwerden der Gemeinschaft erforderlich erscheint, um im Rahmen des Gemeinsamen Marktes eines ihrer Ziele zu verwirklichen, und

— daß die hierfür erforderlichen Befugnisse im Vertrag nicht vorgesehen sind.

Die Möglichkeiten für Aktionen gem. Art. 235 reichen also außerordentlich weit[66]. Ob tatsächlich von diesem Gemeinschaftsverfahren

---

[61] Abl. 1960, S. 1217 u. 1962, S. 1284.

[62] Ebenso *Catalano*, Manuel, S. 37 Anm. 7; *Louis*, Novelles Nr. 1178; Kom.-Präs. *Hallstein*, EP-Verh. v. 28. 3. 1960, S. 21. — Nach *Labereau*, Groeben-Boeckh, Art. 14 Anm. 13, ist Art. 14 Abs. 7 dagegen nur eine Schutzklausel für den Fall genereller Schwierigkeiten bei der Binnenzollbeseitigung.

[63] Dem *ersten* Beschleunigungsbeschluß ging jedoch eine parlamentarische Aussprache voraus, vgl. EP-Verh. v. 28./29. 3. 1960, S. 19 ff. Der *zweite* Beschluß war sogar „gestützt auf die Entschließung des Europäischen Parlaments v. 29. 6. 1961". — Auch spätere Regierungsvertreterbeschlüsse nehmen vereinzelt auf Parlamentsberatungen Bezug, vgl. den „Ölsaaten-Beschluß" v. 25. 7. 1967 (Abl. 1967, Nr. 173/14).

[64] Dies wird auch im *Burger*-Bericht, EP-Dok 215/68—69, Ziff. 31, anerkannt; kritisch dagegen *Alting von Geusau*, Europ. Org., S. 193, 195, u. *Houben*, S. 92 f. — Nach *Lindberg*, Political Dynamics, S. 183, hätte die Kommission eine Entscheidung des Rates als Gemeinschaftsorgan vorgezogen. Sie stieß dabei jedoch insbes. auf französischen Widerspruch.

[65] Näher dazu von *Meibom*, NJW 1968, S. 2165 ff.

[66] Nach Ansicht des Rates gibt Art. 235 nicht die Befugnis, „ergänzend zu den im Vertrag festgelegten Verpflichtungen neue Verpflichtungen vorzu-

oder aber von zwischenstaatlichen Handlungsformen Gebrauch gemacht wird, steht jedoch weitgehend im Ermessen der Mitgliedstaaten. Ein Tätigwerden der Gemeinschaft ist nämlich im Sinne von Art. 235 nicht mehr „erforderlich", wenn die nationalen Regierungen die gebotenen Maßnahmen selbst beschließen und sie in eigener Zuständigkeit durchführen[67].

Aufschlußreich ist die Entstehungsgeschichte des „Ölsaaten-Beschlusses" vom 25. 7. 1967[68]. Ursprünglich hatte die Kommission den Vorschlag einer Ratsverordnung gem. Art. 43 und 235 vorgelegt. Im Rahmen des obligatorischen Anhörungsverfahrens äußerten die Parlamentarier ihre Genugtuung über die Anwendung von Art. 235 und meldeten Bedenken gegen ein anderes Verfahren an[69]. Trotzdem wurde die Finanzierungsregelung des Beihilfeprojekts später aus dem Kommissionsvorschlag herausgenommen und in Form eines Regierungsvertreterbeschlusses verabschiedet. Damit entfiel eine Anwendung von Art. 235[70].

Regierungsvereinbarungen sind also keineswegs ausgeschlossen, nur weil auch ein Vorgehen gem. Art. 235 möglich erscheint. Bei der Lückenfüllung im Gemeinschaftsrecht gilt vielmehr das Prinzip der Subsidiarität von Gemeinschaftsakten gegenüber Maßnahmen der Mitgliedstaaten. Die in Art. 235 vorgeschriebene Mitwirkung des Parlaments kann daher in vielen Fällen ohne rechtliche Bedenken vermieden werden[71]. Voraussetzung ist allerdings, daß die betreffende Regelung der Verfügung der Regierungen nicht aus anderen Gründen entzogen ist. So kann ein Mitgliedstaat von einer Vertragspflicht wohl durch Ratsentscheidung gem. Art. 235 entbunden werden, nicht aber durch Beschluß der Regierungsvertreter[72].

---

sehen", vgl. Antwort auf die schriftl. Anfrage *Vredeling* Nr. 204/67 (Abl. 1968, Nr. C 17/2). Diese Einschränkung erscheint jedoch mit dem Wortlaut und mit dem Sinn und Zweck der Vorschrift unvereinbar, vgl. *Burger*-Bericht, EP-Dok 215/68—69, Ziff. 35 f. Die Kommission hat in ihrer Antwort auf die gleiche Anfrage eine Stellungnahme zu den Grenzen von Art. 235 vermieden (Abl. 1968, Nr. C 1/6).

[67] So zutreffend *Ehring*, Groeben-Boeckh, Art. 235 Anm. 1; *Merkel*, S. 87; *Burger*-Bericht, EP-Dok 215/68—69, Ziff. 37.

[68] Abl. 1967, Nr. 173/14.

[69] *Aigner*-Bericht, EP-Dok 62/65—66, Ziff. 26.

[70] Vgl. auch die Antwort des Rates auf die schriftl. Anfrage *Vredeling* Nr. 134/67 (Abl. 1967, Nr. 283/4).

[71] Das Parlament wünscht jedoch, daß dem Gemeinschaftsverfahren gem. Art. 235, wann immer es anwendbar ist, der Vorzug gegeben wird, vgl. EP-Entschließung v. 8. 5. 1969, Ziff. 4 (Abl. 1969, Nr. C 63/18).

[72] Vgl. *Ehring*, Groeben-Boeckh, Art. 235 Anm. 1.

III. Ausschaltung des Parlaments durch Schaffung abgeleiteter Kompetenzen

1. Problemstellung

Zahlreiche Verordnungen, Richtlinien und Entscheidungen des Rates, die sich unmittelbar auf eine Ermächtigung im Vertrag stützen, sehen den Erlaß weiterer Bestimmungen vor.

Soweit dabei die Verfahrensregeln der vertraglichen Kompetenzen unverändert übernommen werden[73], bestehen keine rechtlichen Einwände[74]. Oft enthalten aber die Rechtsakte „ersten Grades“[75] — Grundvorschriften genannt — neue Verfahren zur Rechtsetzung „zweiten Grades“. Diese abgeleiteten Kompetenzen weichen von der zugrundeliegenden Vertragsermächtigung zum Teil erheblich ab. Im wesentlichen sind drei Fallgestaltungen zu unterscheiden:

— Zuständig ist weiter „der Rat auf Vorschlag der Kommission“; er wird jedoch von Anhörungspflichten, gelegentlich auch von Einstimmigkeitserfordernissen, entbunden.

— Grundsätzlich entscheidet die Kommission nach Anhörung eines beratenden Ausschusses aus Vertretern der Mitgliedstaaten; bei Meinungsverschiedenheiten zwischen Kommission und Ausschuß fällt jedoch die Entscheidungsbefugnis in unterschiedlicher Weise an den Rat zurück[76]; die Konsultation des Parlaments ist in keiner Phase des Verfahrens vorgeschrieben.

— Nur die Kommission ist zuständig, ohne daß sie die Stellungnahme des Parlaments einzuholen hätte[77].

---

[73] Vgl. etwa Art. 11 (3), 13 VO Nr. 19 (Abl. 1962, S. 933); Art. 16 VO Nr. 17/64 (Abl. 1964, S. 586); Art. 6 (2) VO Nr. 130/66 (Abl. 1966, S. 2965); Art. 27 VO Nr. 804/68 (Abl. 1968, Nr. L 148/13).

[74] Im allgemeinen handelt es sich um eine politische Absichtserklärung, innerhalb gewisser Fristen und unter Beachtung bestimmter Grundsätze wiederum von der unmittelbaren Vertragskompetenz Gebrauch zu machen. Eine im Rat mühsam ausgehandelte Einigung über Grundzüge einer Regelung soll festgehalten werden unter Ausklammerung wichtiger Einzelfragen, deren Lösung politisch noch nicht möglich erscheint oder weiterer Vorarbeiten bedarf; vgl. auch *Olmi*, SEW 1962, S. 284 Anm. 1; *Holch*, EuR 1967, S. 218.

[75] So *Pescatore*, Aspects fonctionnels, S. 66; vgl. auch *Merkel*, S. 106.

[76] Die bisher eingeführten Ausschußverfahren weichen hinsichtlich der Befugnisse der Kommission und der Berufungsmöglichkeiten an den Rat erheblich voneinander ab, vgl. die mündl. Anfragen Nr. 5 u. 6/69 mit Aussprache: Arbeitsweise der durch das abgeleitete Gemeinschaftsrecht eingesetzten Ausschüsse, EP-Verh. v. 26. 11. 1969, S. 94 ff., sowie *Jozeau-Marigné*-Bericht, EP-Dok 115/68—69, Ziff. 32 ff. — Allgemein zur Rolle der Ausschüsse: *Lassalle*, Cah. dr. eur. 1968, S. 395 ff.

[77] Gelegentlich ist allerdings die Einschaltung der Mitgliedstaaten oder allgemein beratender Ausschüsse vorgesehen, vgl. *Jozeau-Marigné*-Bericht, EP-Dok 115/68—69, Ziff. 30 f. u. Anl. I - A.

Daß der Rat die Kommission mit dem Erlaß von Durchführungsvorschriften betrauen kann, ergibt sich ohne weiteres aus Art. 155 UAbs. 4[78]. Diese Vorschrift gestattet — a maiore ad minus — den weiteren Schluß, daß sich der Rat den Erlaß von Durchführungsvorschriften auch selbst vorbehalten kann[79].

Fraglich erscheint jedoch, ob bei der Schaffung abgeleiteter Rechtsetzungskompetenzen des Rates und der Kommission von der Pflicht zur Parlamentsanhörung abgesehen werden kann, wenn die primäre Ermächtigung des Vertrages eines parlamentarische Mitwirkung zwingend vorschreibt. Möglicherweise wäre dies ein Weg, das Parlament beim Erlaß von Gemeinschaftsrecht weitgehend auszuschalten.

2. Zulässigkeit der Parlamentsausschaltung

Die Zulässigkeit der Parlamentsausschaltung bei der Rechtsetzung zweiten Grades wird besonders nachdrücklich in Zweifel gezogen, soweit sich der Rat die abgeleiteten Kompetenzen selbst vorbehält[80]. Diese „Selbstermächtigung" zur Rechtsetzung unter erleichterten Bedingungen verstoße gegen die elementare Regel der Art. 4 und 189, wonach jedes Organ nur „nach Maßgabe der ihm in diesem Vertrag zugewiesenen Befugnisse" handeln darf. Der Rat dürfe den Erlaß von Grundvorschriften nicht dazu benutzen, sich für die Zukunft von vertraglich auferlegten Bindungen wie der Pflicht zur Parlamentsanhörung zu befreien. Die Änderung von Ermächtigungsmodalitäten des Vertrages sei nämlich in Art. 236 den Mitgliedstaaten vorbehalten. Im übrigen verändere die Ausschaltung des Parlaments das Kräfteverhältnis zwischen den Gemeinschaftsorganen.

---

78 Ablehnend soweit ersichtlich nur *Merkel*, S. 96 ff.; zust. dagegen *Wohlfarth*, Kom. Art. 155 Anm. 7; *Pescatore*, Aspects fonctionnels, S. 66; *Kraushaar*, DÖV 1959, S. 726; *Rabe*, S. 102 ff.; *Hallstein*, Int. Comp. Law Quarterly 1965, S. 733; *Ophüls*, EuR 1966, S. 221; *Däubler*, DVBl 1966, S. 660 ff.; *Lagrange*, Rev. trim. dr. eur. 1967, S. 19. — Nach *Everling*, Ophüls-Festschrift, S. 35, wäre eine Ermächtigung der Kommission durch den Rat auch ohne die ausdrückliche Vorschrift des Art. 155 grundsätzlich zulässig.

79 *Daig*, Groeben-Boeckh, Art. 155 Anm. 14; *Everling*, Ophüls-Festschrift, S. 34; *Lassalle*, Cah. dr. eur. 1968, S. 405; *Jozeau-Marigné*-Bericht, EP-Dok 110/67—68, Ziff. 23. — Geteilt sind allerdings die Ansichten, ob die Durchführung von Ratsvorschriften *in der Regel* dem Rat oder aber der Kommission zustehe: in letzterem Sinne *Noel-Etienne*, RMC 1967, S. 130 f. („Plus qu'une faculté, c'est une directive que l'article 155 donne au Conseil"); *Daig*, Groeben-Boeckh, Vorb. zu Art. 189 ff., II 2 B („meist Sache der Kommission"), und *Olmi*, SEW 1962, S. 288 („des mesures d'exécution dont la compétence revient normalement à la Commission"); enger dagegen *Rabe*, S. 110, u. *Jozeau-Marigné*-Bericht, EP-Dok 110/67—68, Ziff. 28.

80 Vgl. etwa *Merkel*, S. 107 ff.; *Holch*, EuR 1967, S. 218 f.; *Bülow*, EuR 1967, S. 255.

Die Betrauung der Kommission mit Durchführungskompetenzen, die nicht mehr an die Parlamentsanhörung gebunden sind, stößt dagegen kaum auf Einwände[81]. Immerhin kann man sich fragen, ob der Rat dabei nicht mehr Befugnisse überträgt, als ihm nach dem Vertrag selbst zustehen[82].

Dennoch läßt sich das Fehlen der obligatorischen Konsultation in abgeleiteten Kompetenzen der Kommission wesentlich leichter rechtfertigen.

Schon der Wortlaut von Art. 155 UAbs. 4 enthält nicht die geringste Andeutung, daß bei der Schaffung von Durchführungsermächtigungen der Kommission die Anhörungspflichten der Vertragsnorm beibehalten werden müßten[83].

Außerdem ist die „Übertragung" von Befugnissen gem. Art. 155 UAbs. 4 nicht als Delegation im Sinne einer Verlagerung von Ratskompetenzen auf die Kommission zu verstehen[84]. Es geht um die „Einräumung" von Befugnissen, die mit dem Erlaß von Grundvorschriften neu konstituiert werden und zwischen den beiden Rechtsetzungsorganen der Gemeinschaft aufzuteilen sind[85]. Diese Auslegung wird bestätigt durch den französischen und den italienischen Vertragstext. Dort erscheinen anstelle des deutschen Wortes „übertragen", das „transferre" wie „conferre" bedeuten kann[86], die Begriffe „conférer" und „conferire"[87]. Das Gebot des „nemo plus iuris conferre potest" gilt also nicht für den vorliegenden Sachverhalt.

Schließlich fällt auf, daß keine einzige im Vertrag selbst enthaltene Beschlußkompetenz der Kommission an die vorherige Parlamentsanhörung gebunden ist. Auch das Bemühen um „institutionelle Analogien" bei der Weiterentwicklung der vertraglichen Beschlußfassungs-

---

81 Vgl. aber EP-Entschließung v. 27. 6. 1963, A II a 4 (Abl. 1963, S. 1916) sowie *Furler*-Bericht, EP-Dok 31/63—64, Ziff. 80.

82 Zu diesem Grundsatz EuGH IV, S. 79 (Rs. 10/56), sowie *Daig*, Groeben-Boeckh, Vorb. zu Art. 189 ff., S. 13 f.

83 *Rabe*, S. 27; *Jozeau-Marigné*-Bericht, EP-Dok 115/68—69, Ziff. 19.

84 Diese Vorstellung ist allerdings im Schrifttum weit verbreitet, vgl. *Wohlfarth*, Kom. Art. 155 Anm. 7; *Wirsing*, EA 1964, S. 86; *Rabe*, S. 108; *Lagrange*, Rev. trim. dr. eur. 1967, S. 19; *Lassalle*, Cah. dr. eur. 1968, S. 405; ebenso die Erläuterungen der Bundesregierung zu Art. 155, BT-Drucksache 3440 (2. Wahlperiode), Anl. C, S. 101 ff.

85 So auch *Ventura*, S. 88 Anm. 13. — Eine Änderung der einmal getroffenen Zuteilung sekundärer Kompetenzen kann vom Rat nur auf Vorschlag der Kommission beschlossen werden, vgl. *Hallstein*, International Comp. Law Quarterly 1965, S. 734; *Bertram*, CMLR 1968, S. 246.

86 Wie auch der niederl. Ausdruck „verlenen".

87 Vgl. auch *Merkel*, S. 103 f. — Zur Auslegung von Art. 24 GG i. S. d. „confer-Theorie": *Scheuner*, Der Kampf um den Wehrbeitrag, München 1953, Bd. II, S. 139 f.

regeln[88] spricht daher gegen Anhörungspflichten der Kommission bei der Rechtsetzung zweiten Grades.

Abgesehen von diesen speziell für die Kommission geltenden Überlegungen lassen sich allgemeine Gesichtspunkte anführen, die den Ausschluß der Parlamentsanhörung — auch in abgeleiteten Kompetenzen des Rates — zumindest innerhalb gewisser Grenzen rechtfertigen.

Auszugehen ist dabei vom Gegenstand der sekundären Vorschriften des Gemeinschaftsrechts. In vielen Fällen — nicht nur, wenn die Kommission tätig wird — handelt es sich um Maßnahmen überwiegend technischer oder administrativer Natur: Festlegung technischer Merkmale eines Fahrtenschreibers, Bestimmung von Reinheitskriterien erlaubter Lebensmittelzusätze, Festlegung von Formularen für Anträge und Anmeldungen, Klärung zollrechtlicher Detailfragen etwa bei der Bestimmung des Warenursprungs usw.

Sinn und Zweck der parlamentarischen Anhörungsbefugnisse sprechen sicherlich nicht für die — auch im nationalen Bereich unübliche — Befassung der Abgeordneten mit Problemen, die vernünftigerweise einem unpolitischen Expertengremium zur Entscheidung überlassen werden[89]. Die obligatorische Konsultation soll eine Mitsprache der Volksvertreter bei den politischen Grundentscheidungen der Gemeinschaft garantieren. Stellungnahmen zu jeder noch so technischen Durchführungsmaßnahme bedeuten nicht nur eine fachliche Überforderung. Sie müßten das Parlament auch zeitlich so stark belasten, daß es seiner eigentlichen Aufgabe kaum noch gerecht werden könnte[90].

Im übrigen wird das Gewicht des Parlaments im institutionellen Kräftespiel durch die Nichtanhörung zu Rechtsakten technisch-administrativer Natur schwerlich geschmälert. Eine Beschränkung auf die politischen Grundfragen der Gemeinschaft könnte den parlamentarischen Einfluß eher stärken.

Die Stellungnahme des Parlaments zu Durchführungsvorschriften erscheint insbesondere dann überflüssig, wenn die Ermächtigung der Grundvorschrift, zu der die Abgeordneten gehört wurden, Inhalt und Tragweite der gewollten Regelungen bereits weitgehend festlegt. In

---

[88] Aus dieser Überlegung wurden z. B. dem Art. 25 Abs. 3 des Vertrages entsprechende Kompetenzen in verschiedenen Marktordnungen ebenfalls der Kommission eingeräumt, vgl. Art. 6 VO Nr. 20 (Abl. 1962, S. 945), Art. 5 VO Nr. 21 (Abl. 1962, S. 953), Art. 9 VO Nr. 13/64 (Abl. 1964, S. 549), Art. 8 VO Nr. 14/64 (Abl. 1964, S. 562).

[89] Ähnlich *Holch*, EuR 1969, S. 215; vgl. auch EuGH XI, S. 919 (Rs. 111/63).

[90] *Neunreither*, EA 1966, S. 814 f., kritisiert die „bürokratische Kleinlichkeit" des Parlaments, das sich durch Stellungnahmen zu rein technischen Vorlagen teilweise selbst lahmlege; ähnlich auch der Abg. *Berkhouwer*, EP-Verh. v. 20. 10. 1966, S. 163 f., sowie *Jozeau-Marigné*-Bericht, EP-Dok 115/68—69, Ziff. 19 a. E.

diesen Fällen kann man von einer „antizipierten Konsultation“ sprechen[91].

Weiter fällt ins Gewicht, daß die Gemeinschaft — soweit es um Angelegenheiten der laufenden Verwaltung geht — ohne rasche Beschlußfassungsmechanismen nicht funktionsfähig wäre. Vor allem die komplizierte Organisation der Agrarmärkte erfordert ständig und innerhalb kürzester Fristen den Erlaß zahlloser Verordungen. Aber auch außerhalb des Agrarbereichs würde die überwiegend technische Durchführungsrechtsetzung von geringem politischen Interesse unangemessen erschwert, wenn man sie ausnahmslos dem zeitraubenden Konsultationsverfahren unterwerfen wollte[92].

Schließlich aber — und diesem Gesichtspunkt kommt entscheidende Bedeutung zu — besitzt der Rat beim Erlaß von Grundvorschriften nicht nur eine materielle Gestaltungsbefugnis. Er ist auch befugt, die Bedingungen festzulegen, unter denen diese Rechtsetzung ersten Grades durchgeführt wird. So steht es ihm grundsätzlich frei, abgeleitete Kompetenzen einzurichten und dabei erleichterte Verfahren vorzusehen[93]. Dieser allgemeine Rechtsgedanke kommt nicht nur in Art. 155 UAbs. 4, sondern auch in weiteren Vertragsbestimmungen zum Ausdruck. So sieht Art. 44 Abs. 3 vor, daß ein — offenbar leichteres — Verfahren zur Revision der Grundsätze für Mindestpreissysteme eingeführt wird. Art. 111 Abs. 1 ermöglicht den Erlaß von Verfahrensregeln für ein gemeinsames Vorgehen der Mitgliedstaaten und für die Vereinheitlichung der Handelspolitik in der Übergangszeit. Auch die Schaffung gemeinsamer Marktorganisationen gem. Art. 40 erfordert neben dem Erlaß agrarwirtschaftlicher Vorschriften die Bestimmung von Verwaltungsorganen, ihrer Befugnisse und ihrer Verfahrensregeln[94].

Sicher sind die Befugnisse des Rates bei der institutionellen Fortentwicklung des Gemeinschaftssystems nicht ohne Schranken[95]. Zu-

---

[91] *Holch,* EuR 1969, S. 215; ähnlich argumentiert auch GA *Roemer,* Schlußanträge zur Rs. 37/64, EuGH XI, S. 981, 991.

[92] Im Schwarze-Urteil zur Begründung von Preisentscheidungen der Kommission hat auch der Gerichtshof den Gesichtspunkt der Funktionsfähigkeit als wesentlich anerkannt: „... Anforderungen müssen den tatsächlichen Möglichkeiten sowie den technischen und zeitlichen Bedingungen angepaßt werden, unten denen die Entscheidung ergeht ...“, EuGH XI, S. 1167 (Rs. 16/65); vgl. auch *Olmi,* Novelles Nr. 1795.

[93] In diesem Sinne die Antwort des Rates auf die schriftl. Anfrage *Vredeling* Nr. 141/69 (Abl. 1969, Nr. C 107/18) sowie *Everling,* Ophüls-Festschrift, S. 34; abl. dagegen *Merkel,* S. 112.

[94] So insbes. *Olmi,* Novelles Nr. 1795; *Bertram,* CMLR 1968, S. 260; *Däubler,* DVBl 1966, S. 663.

[95] Dies wird auch von *Olmi,* CMLR 1968, S. 403, und *Bertram,* CMLR 1968, S. 260, unterstrichen.

nächst einmal bleibt jedoch festzuhalten: die Pflicht zur Parlamentsanhörung beim Erlaß einer Grundvorschrift zwingt nicht dazu, sämtliche darin vorgesehenen weiteren Vorschriften des Rates und der Kommission ebenfalls an die obligatorische Stellungnahme des Parlaments zu binden.

3. Grenzen der Parlamentsausschaltung

Die eigentliche Schwierigkeit liegt allerdings in der Grenzziehung zwischen Rechtsakten, bei denen die Anhörung des Parlaments weder notwendig noch sinnvoll erscheint, und solchen Vorschriften, bei denen das Konsultationsverfahren nicht ohne Vertragsverletzung unterbleiben kann.

Auf der Suche nach Abgrenzungskriterien sollen zunächst Akte der „Durchführung" erörtert werden. Von ihnen ist in Art. 155 UAbs. 4 die Rede, und sie scheinen den ganz überwiegenden Teil der Rechtsetzung zweiten Grades auszumachen. Anschließend wird auf Ermächtigungen eingegangen, die mehr als nur die „Durchführung" im engeren Sinne, nämlich Änderungen oder autonome Ergänzungen einer Grundvorschrift, ermöglichen.

a) „Durchführung" von Grundvorschriften

Daß bei „Durchführungs-" und „Ausführungsbestimmungen"[96] im Anschluß an „Grundvorschriften" des Rates die Parlamentsanhörung unterbleiben kann, wird unter Hinweis auf Art. 155 UAbs. 4 weitgehend anerkannt[97]. Schwierigkeiten bereitet jedoch die Definition der „Durchführungsvorschrift" im Gegensatz zur „Grundvorschrift", die stets nach den Beschlußfassungsregeln des Vertrages selbst erlassen werden muß[98].

aa) Eine Auslegung nach dem *Wortsinn* ergibt zunächst zwei wesentliche Merkmale der Durchführungsvorschrift.

Sie muß von einer Grundvorschrift des Rates *formal* abhängig sein, d. h. sie hat sich auf eine darin enthaltene Sekundärermächtigung, nicht aber unmittelbar auf den Vertrag selbst zu stützen[99].

---

[96] Diese haben den gleichen Charakter und Inhalt, so *Rabe*, S. 109 Anm. 34 m. w. Nachw.

[97] Vgl. *Olmi*, SEW 1962, S. 283; *Rabe*, S. 26 f.; *Lassalle*, Cah. dr. eur. 1968, S. 405; *Bertram*, CMLR 1968, S. 261; *Holch*, EuR 1969, S. 215 (anders noch in EuR 1967, S. 218 ff.); *Jozeau-Marigné*-Bericht, EP-Dok 115/68—69, Ziff. 19; abl. dagegen *Merkel*, S. 111 ff. — Zur Haltung des Rates vgl. MR-Präs. *Medici*, EP-Verh. v. 26. 11. 1968, S. 21.

[98] Die Abgrenzung zwischen Grund- und Durchführungsvorschriften ist nicht nur für den Umfang der obligatorischen Parlamentsanhörung, sondern auch für das Ausmaß von Ermächtigungen der Kommission gem. Art. 155 sowie von Erleichterungen der vertraglichen Abstimmungsregeln entscheidend.

Außerdem ist im Verhältnis zur Grundnorm eine *materielle* Abhängigkeit und Unterordnung notwendig: im Rahmen der Grundvorschrift müssen einzelne Bestimmungen weiter detailliert, entfaltet, verbesondert werden. Der Bereich der Durchführung wird dagegen verlassen mit der Änderung der übergeordneten Regelung oder deren Ergänzung durch Vorschriften zu weiteren Sachproblemen.

Letztlich entscheidende Frage ist allerdings, wie weit der Rahmen der Grundvorschrift sein darf, welches Maß an Abhängigkeit für die Durchführungsbestimmung verlangt werden muß. Darauf gibt die wörtliche Auslegung keine Antwort mehr. So haben die Grundvorschriften des Rates in dem oben beschriebenen Sinne ebenfalls Durchführungscharakter, nämlich im Verhältnis zum Vertrag[100]. Letzterer enthält jedoch einen außerordentlich weiten Rahmen, während die Ausschaltung des Parlaments offensichtlich nur bei wesentlich stärker konkretisierten Durchführungsermächtigungen zulässig erscheint. Die Kriterien formaler und materieller Abhängigkeit können daher für sich allein den Bereich der Durchführung i. S. von Art. 155 UAbs. 4 nicht hinreichend abgrenzen.

bb) Zu denken wäre an einer Ergänzung durch den *Rückgriff auf innerstaatliche Rechtsgrundsätze* über das Verhältnis zwischen Gesetz und Verordnung[101]. Die Befugnisse von Gesetz- und Verordnungsgeber weichen jedoch in den Mitgliedstaaten so stark voneinander ab, daß sich schwerlich ein gemeinsamer Nenner finden ließe[102]. Außerdem stehen sich Rat und Kommission gerade nicht als Legislative und Exekutive gegenüber[103]. Die im nationalen Verfassungsrecht entwickelten Begriffe und Kriterien lassen sich daher kaum auf das neuartige Gemeinschaftssystem übertragen[104].

cc) Welche Rechtsakte nicht ohne die in der Kompetenznorm des Vertrages vorgesehene Parlamentsanhörung erlassen werden dürfen, ist somit *dem Gemeinschaftsrecht selbst* zu entnehmen.

---

[99] Dem entspricht Ziff. 3 der Antwort der Kommission auf die schriftl. Anfrage *Vredeling*, Nr. 73/69 (Abl. 1969, Nr. C 90/11).

[100] Die Kartellverordnung Nr. 17 (Abl. 1962, S. 204) hat den insofern zutreffenden Titel „Erste Durchführungsverordnung zu den Art. 85 und 86".

[101] *v. Meibom*, BB 1959, S. 128, will die Schranke des Art. 80 GG ins Gemeinschaftsrecht übernehmen; ähnlich auch der Abg. *Boscary-Monsservin*, EP-Verh. v. 11. 5. 1967, S. 153.

[102] Vgl. *Rabe*, S. 125 f. m. w. Nachw., sowie *Lagrange*, Rev. trim. dr. eur. 1967, S. 21. — *Kraushaar*, DÖV 1959, S. 728 f., läßt die Unterschiede weniger deutlich hervortreten.

[103] *Merkel*, S. 68.

[104] So auch *Daig*, Groeben-Boeckh, Vorb. zu Art. 189 ff., S. 13 f.; *Rabe*, S. 110 Anm. 39; *Ophüls*, EuR 1966, S. 221 f. — Vgl. auch die auf der Kieler Staats-

Dabei stößt man auf die gleichen Gesichtspunkte, die schon herangezogen wurden, um die grundsätzliche Zulässigkeit der Parlamentsausschaltung zu rechtfertigen: Sinn und Zweck der Anhörungspflichten sowie Respektierung der im Vertag vorgesehenen Machtverteilung.

Durch die obligatorische Konsultation soll es dem Parlament ermöglicht werden, zu wichtigen Rechtsetzungsvorhaben der Gemeinschaft eine politische Stellungnahme abzugeben. Dieser ratio entsprechend darf das Parlament beim Erlaß von Vorschriften, denen erhebliche politische Bedeutung zukommt, nicht durch Schaffung abgeleiteter „Durchführungs"kompetenzen ausgeschaltet werden. Nur bei vorwiegend technischen Detailregelungen im Anschluß an Grundvorschriften des Rates kann von der beratenden Mitwirkung der Volksvertreter abgesehen werden[105].

Ähnliche Folgerungen ergeben sich aus dem Gebot, das Kräfteverhältnis zwischen den Organen nicht zu verändern. Der Vertrag bewirkt mit seinen zahlreichen Kompetenznormen eine Machtverteilung, die gekennzeichnet ist durch ein gewisses Gefälle: weniger spürbar zwischen Rat und Kommission, aber unübersehbar im Hinblick auf das Parlament mit seiner im wesentlichen nur beratenden Funktion[106]. Diese Machtverteilung ist das grundsätzlich statische Element der Gemeinschaft, die ihre Dynamik vor allem beim Erlaß materieller Regelungen für die Vertragsbereiche entfaltet. Die präzisen institutionellen Bestimmungen sollen die Wahrung des Gemeinschaftsinteresses gewährleisten, zugleich aber den Mitgliedstaaten eine Garantie bieten, daß die weitere Entwicklung nicht über ihren Willen hinweggeht. In seinen Grundzügen kann das Kräfteverhältnis zwischen den Organen daher nicht einmal durch einseitigen Verzicht — etwa des Parlaments auf sein Anhörungsrecht — verändert werden. Erforderlich wäre eine förmliche Vertragsrevision, die der Zustimmung der Mitgliedstaaten bedarf[107].

Eine Fortentwicklung des Gemeinschaftssystems, auch mit der Folge begrenzter Gewichtsverschiebungen, ist deshalb nicht ausgeschlossen. Jede Verfassung läßt einen gewissen Spielraum für Gewaltenverlagerungen, und im EWG-Vertrag sind derartige Tendenzen — insbesondere zur Stärkung von Kommission und Parlament — ausdrück-

---

rechtslehrertagung 1964 geäußerten Bedenken von *Kaiser*, VVDStRL 23, S. 17; *Badura*, a.a.O., S. 38 f., 70; *Scheuner*, a.a.O., S. 106; *Ipsen*, a.a.O., S. 130; ähnl. *Much*, Disk.-Beitrag, Staat und Wirtschaft, S. 156.

[105] Ebenso *Holch*, EuR 1969, S. 215.

[106] Insofern bestehen Bedenken gegen den häufig gebrauchten Begriff des „institutionellen Gleichgewichts"; *Alting von Geusau*, Cah. dr. eur. 1966, S. 228, spricht von einem „déséquilibre institutionnel".

[107] In diesem Sinne schon EuGH IV, S. 82 (Rs. 10/56); vgl. auch *Rabe*, S. 71 f., 108; *Holch*, EuR 1967, S. 219; *Bertram*, CMLR 1968, S. 255; *Jozeau-Marigné*-Bericht, EP-Dok 110/67—68, Ziff. 25.

lich angelegt. So erhöht der in den meisten Kompetenznormen vorgesehene Übergang von der Einstimmigkeit zur qualifizierten Mehrheit zwangsläufig das Gewicht des Kommissionsvorschlags, der vom Rat gem. Art. 149 Abs. 1 weiterhin nur einstimmig geändert werden kann[108]. Die Betrauung der Kommission mit der Durchführung von Ratsvorschriften — wie sie Art. 155 UAbs. 4 ermöglicht — führt ebenfalls zu einer Stärkung dieses Organs. Mittelbar profitiert auch das Parlament von jeder Aufwertung der Kommission, da diese — im Gegensatz zum Rat — der parlamentarischen Kontrolle unterliegt[109]. Schließlich enthält Art. 138 Abs. 3 den Auftrag, das Parlament künftig aus direkten Wahlen hervorgehen zu lassen, was die Stellung der Volksvertreter wesentlich verändern müßte.

Dennoch haben organisatorische Weiterentwicklungen und Anpassungen der Beschlußfassungsregeln an faktische Bedürfnisse im Hinblick auf die Wahrung der institutionellen Kräfteverhältnisse enge Grenzen. Eine Gewaltenkonzentration beim Rat oder der Kommission wäre ebenso vertragswidrig wie die spürbare Schwächung des parlamentarischen Einflusses, der schon nach dem Vertrag begrenzt ist. Entscheidungen, die für die Entwicklung der Gemeinschaft grundlegende politische, wirtschaftliche oder rechtliche Auswirkungen haben, können daher nicht Gegenstand der „Durchführung" i. S. von Art. 155 UAbs. 4 sein. Das Parlament muß zu ihnen unbedingt gehört werden, sofern nur die *vertragliche* Ermächtigungsnorm eine Konsultation vorschreibt[110].

Wann eine Vorschrift grundlegende politische, wirtschaftliche oder rechtliche Auswirkung hat, läßt sich allerdings nicht mit einer abstrakten Regel umschreiben. Entscheidend sind die Besonderheiten jedes Einzelfalles[111], wobei der Einfluß des geplanten Rechtsaktes auf die allgemeine Ausrichtung der Gesellschaftspolitik mitzuberücksichtigen ist.

dd) Auch *für die Einzelfallprüfung* lassen sich einige *allgemeine Kriterien* entwickeln.

So ist der Umstand, daß in Grundverordnungen vorgesehene weitere Normen nicht von der Kommission, sondern vom Rat selbst erlassen werden sollen, sicher ein Indiz dafür, daß wichtige politische Optionen

---

[108] Dazu *Hallstein*, Int. Comp. Law Quarterly 1965, S. 732; vgl. aber die Luxemburger Vereinbarungen der Mitgliedstaaten v. 29. 1. 1966, EA-Dokumente 1966, S. D 85.

[109] Vgl. auch *Kaiser*, VVDStRL 23, S. 144, sowie *Noel/Amphoux*, Novelles Nr. 600.

[110] Zu dem gleichen Ergebnis kommt Kom.-Vizepräs. *Mansholt*, EP-Verh. v. 11. 5. 1967, S. 175; vgl. auch die ähnlichen Abgrenzungsvorschläge im *Jozeau-Marigné*-Bericht, EP-Dok 110/67—68, Ziff. 5, und bei *Holch*, EuR 1967, S. 221.

[111] So auch *Däubler*, DVBl 1966, S. 661.

zu treffen sind[112]. Die Zuständigkeit des Rates allein reicht allerdings nicht aus, um den Durchführungscharakter solcher Beschlüsse zu verneinen, und sie macht eine Prüfung der tatsächlichen Tragweite keineswegs überflüssig[113]. Nach den bisherigen Erfahrungen behält sich der Rat nämlich weit mehr Befugnisse vor, als rechtlich notwendig und von der Sache her geboten ist — eine Tendenz, die vor allem auf das Beharrungsvermögen der nationalen Verwaltung zurückgeht[114]. Dies hat zur Folge, daß viele Durchführungsbeschlüsse des Rates von den Ministern nicht etwa selbst erörtert, sondern nur noch formal bestätigt werden, nachdem sich zuvor die Regierungssachverständigen im Ausschuß der Ständigen Vertreter geeinigt haben. In solchen Fällen wäre es kaum sinnvoll, durch die Beibehaltung obligatorischer Konsultationen des Parlaments die Schwerfälligkeit des Verfahrens noch zu erhöhen.

Diese Überlegungen gelten erst recht, wenn der Rat in einem der Ausschußverfahren im Anschluß an Meinungsverschiedenheiten zwischen Kommission und nationalen Sachverständigen die Entscheidung an sich zieht. Das scheint zwar für das Vorliegen erheblicher politischer oder wirtschaftlicher Schwierigkeiten zu sprechen, zumal der Rat — jedenfalls im Bereich der Landwirtschaft — bisher höchst selten eingegriffen hat. Tatsächlich kann es aber auch hier um sehr komplizierte technische Probleme gehen, über die sich die Experten nicht einigen können[115]. Der in den neueren Ausschußverfahren vorgesehene Rückfall der Zuständigkeit an die Kommission läßt ebenfalls vermuten, daß es sich um Beschlüsse handelt, die nicht zu einer wesentlichen Machtverschiebung führen können.

Dennoch ist die Schaffung abgeleiteter Kompetenzen des Rates stets ein Anlaß, besonders gründlich zu prüfen, ob der Ausschluß des Parlaments rechtlich zulässig ist. Dabei gilt folgende Faustregel: soll eine Ermächtigung der Kommission gerade wegen der bedrohenden Beeinträchtigung der institutionellen Kräfteverhältnisse unterbleiben, dann muß aus dem gleichen Grunde auch die Konsultationspflicht beibehalten werden[116].

Im übrigen erscheint die Beseitigung der obligatorischen Anhörung aus der Sicht des Parlaments eher vertretbar, wenn die abgeleitete

---

[112] In diesem Sinne auch MR-Präs. *de Koster*, EP-Verh. v. 26. 11. 1969, S. 96; ähnlich *Noel-Amphoux*, Novelles Nr. 575.

[113] Anders der Abg. *Vredeling*, EP-Verh. v. 11. 5. 1967, S. 156 f., und EP-Entschließung v. 11. 5. 1967, Ziff. I 2 (Abl. 1967, S. 2061) im Gegensatz zum *Jozeau-Marigné*-Bericht, EP-Dok 110/67—68, Ziff. 28.

[114] Vgl. auch Kom.-Vizepräs. *Mansholt*, EP-Verh. v. 11. 5. 1967, S. 175.

[115] Dazu auch Vizepräs. *Mansholt*, EP-Verh. v. 10. 12. 1969, S. 162; trotzdem beharrte das Parlament auf seinem Anhörungsverlangen, vgl. EP-Entschließung v. 10. 12. 1969, Ziff. 2 u. 3 (Abl. 1970, Nr. C 2/32).

[116] Ähnlich *Blondelle*-Bericht, EP-Dok 43/67—68, Ziff. 14.

Kompetenz der Kommission eingeräumt wird[117]. Die potentielle Einflußminderung der Volksvertreter im Rechtsetzungsverfahren wird nämlich durch das allgemeine Kontrollrecht gegenüber der nunmehr zuständigen Kommission weitgehend kompensiert, während bei sekundären Rechtsakten des Rates ein Ausgleich für den Wegfall der Konsultation fehlt.

Das nachdrückliche Verlangen des Parlaments, die obligatorische Konsultation beizubehalten, hat für eine Abgrenzung zwischen Durchführungsakten und Grundvorschriften keine entscheidende Bedeutung. Der Ausschluß der Anhörung bedarf nämlich, wenn es wirklich um Maßnahmen von untergeordneter Bedeutung geht, nicht der Billigung des Parlaments. Andererseits wäre beim Erlaß von grundlegenden Bestimmungen ein Verzicht der Parlamentarier auf ihre Anhörungsbefugnisse rechtlich unzulässig[118]. Im übrigen hat der Protest der Abgeordneten gegen den Ausschluß der Konsultation in abgeleiteten Kompetenzen des Rates häufig politisch-taktische Bedeutung: das Verlangen nach weiterhin obligatorischer Anhörung durch den Rat soll letzteren dazu veranlassen, Befugnisse von offensichtlich geringer politischer Tragweite der Kommission zu überlassen[119].

Eine starke Vermutung für die grundlegende Bedeutung eines Rechtsaktes wird jedoch begründet, wenn die geplante Regelung in einem oder mehreren Mitgliedstaaten die Änderung oder Aufhebung gesetzlicher Vorschriften zur Folge hätte. Es mag dahinstehen, ob diese Vermutung in Ausnahmefällen widerlegt werden kann. Zumindest im Bereich der Rechtsangleichung gem. Art. 100 ist dies nicht möglich: hier zwingt eine Änderung nationaler Gesetze als Richtlinienfolge zur Anhörung des Parlaments, und der Rat ist an dieses Vertragskriterium auch bei der Einrichtung abgeleiteter Kompetenzen gebunden.

Es ist nicht zu leugnen, daß die Abgrenzung zwischen Grundvorschriften und ihrer „Durchführung" i. S. von Art. 155 UAbs. 4 nach den hier genannten Gesichtspunkten manchmal Schwierigkeiten bereitet. Die Beurteilung der Tragweite einer Ermächtigung erfordert oft eine Zukunftsprognose, die verschieden ausfallen kann. Unterschiedliche politische Vorstellungen über die Rolle des Europäischen Parlaments können die Würdigung beeinflussen, und die Ansichten über praktische

---

[117] Anders *Renard-Payen*, Rev. trim. dr. eur. 1965, S. 532, der die Anhörung in diesem Fall — ohne Begründung — für „particulièrement souhaitable" hält.

[118] Vgl. auch GA *Roemer*, Schlußanträge zur Rs. 37/64, EuGH XI, S. 990.

[119] Vgl. etwa die Abg. *Lulling*, EP-Verh. v. 26. 11. 1969, S. 101: „... eine Absurdität ist der anderen wert ... Was nämlich für Sie (scil. den Rat) Politik ist, ist es auch für uns!"; dazu auch Kom.-Vizepräs. *Mansholt*, EP-Verh. v. 21. 2. 1968, S. 29.

Erfordernisse der Funktionsfähigkeit brauchen ebenfalls nicht übereinzustimmen. Dies bringt notwendigerweise eine gewisse Rechtsunsicherheit mit sich. Sie wäre weitgehend zu vermeiden, wenn man dem Rat als dem zuständigen Entscheidungsorgan einen gerichtlicher Kontrolle entzogenen Beurteilungsspielraum zugestehen würde. Diese „bequeme Lösung" brächte jedoch ernste Gefahren für die Position des Parlaments, die schon aufgrund der primären Kompetenznormen bedenklich schwach ist. Will der Rat mit der Schaffung abgeleiteter Kompetenzen von den vertraglichen Beschlußfassungsregeln abweichen und das Parlament ausschalten, so trifft ihn das volle rechtliche Risiko. In Zweifelsfällen empfiehlt es sich daher, die Anhörung des Parlaments auch beim Erlaß weiterer Vorschriften beizubehalten. Dies ist nicht nur ein Gebot der Rechtssicherheit, es entspricht auch der im Vertrag angelegten Tendenz zur Stärkung des Parlaments[120].

ee) Eine Prüfung der bisher auf abgeleitete Kompetenzen gestützten Rechtsakte ergibt, daß die *Praxis* den hier vorgeschlagenen Durchführungskriterien weitgehend entspricht.

Neben der formalen besteht regelmäßig auch eine so starke materielle Abhängigkeit von der Grundvorschrift, daß die Ausrichtung der Gemeinschaftspolitik nicht mehr entscheidend beeinflußt wird. Die Befugnisse des Rates und der Kommission aufgrund sekundärer Ermächtigungsnormen sind fast immer nach Art und Umfang näher konkretisiert. Anfangs wurde zwar vereinzelt ganz allgemein der Erlaß der „für die Anwendung dieser Verordnung notwendigen Durchführungsvorschriften" vorgesehen[121]. Inzwischen wird jedoch nur noch zu detaillierenden Regelungen im Anschluß an einzelne Artikel der Grundvorschrift ermächtigt[122]. So handelt es sich ganz überwiegend um Maßnahmen technisch-administrativer Natur von geringem politischem Interesse.

Rechtlich bedenklich war allerdings der Vorschlag der Kommission, in die Zollwert-Verordnung zugleich eine abgeleitete Kompetenz zur Beseitigung von Verkehrs- und Einnahmeverlagerungen aufzunehmen. Statt des Rates „auf Vorschlag der Kommission und nach Anhörung der Versammlung" sollte die Kommission in einem Ausschußverfahren tätig werden können[123]. Die angeschnittene Sachfrage ist bei der Er-

---

[120] Vgl. insbes. *Ophüls*, Müller-Armack-Festgabe, S. 290.

[121] So Art. 49 (1) VO Nr. 15 (Abl. 1961, S. 1073); ähnlich Art. 31 VO Nr. 9 (Abl. 1960, S. 1189) u. Art. 26 VO Nr. 11 (Abl. 1960, S. 1121).

[122] Vgl. etwa Art. 24 VO Nr. 17 (Abl. 1962, S. 204); Art. 14 VO Nr. 802/68 (Abl. 1968, Nr. L 148/1); Art. 29 VO Nr. 1017/68 (Abl. 1968, Nr. L 175/1); Art. 9, 10 (2) VO Nr. 1174/68 (Abl. 1968, Nr. L 194/1).

[123] Art. 18 des Vorschlags (Abl. 1968, Nr. C 44/16).

richtung des Gemeinsamen Marktes von grundlegender Bedeutung, und sie berührt den Kern der von der Gemeinschaft angestrebten Ziele[124]. Maßnahmen im Bereich der Durchführungsrechtsetzung sind daher nur vertretbar, wenn die Ermächtigungsnorm Art und Tragweite näher umschreibt[125].

Auch im Agrarbereich weckt das Ausmaß der abgeleiteten Kompetenzen rechtliche Zweifel. Zwar kann auf diese besondere Materie hier nicht näher eingegangen werden.

Es erscheint aber sehr fraglich, ob z. B. der in zahlreichen Marktordnungen vorgesehene Erlaß von „Grundregeln" und „Kriterien" für die Ausarbeitung späterer Maßnahmen wirklich dem Bereich der Durchführung zugerechnet werden kann[126]. In ihrer Gesamtheit haben diese „Grundregeln" doch ganz wesentliche Auswirkungen auf die praktische Wirkungsweise der jeweiligen Marktordnung und damit erhebliche politische Bedeutung[127]. Wenn sich der Rat beim Erlaß einzelner dieser „Sekundär"regelungen zu „fakultativen" Konsultationen des Parlaments entschlossen hat[128], so dürften dabei auch rechtliche Zweifel an der Zulässigkeit der Parlamentsauschaltung in den Grundverordnungen eine Rolle gespielt haben.

Besonders bemerkenswert sind die Beschlußfassungsregeln für die jährliche Festsetzung der sog. „politischen" Agrarpreise[129]. Letztere haben entscheidenden Einfluß auf die Höhe der Erzeugereinkommen, auf den Umfang der landwirtschaftlichen Produktion sowie die Absatzmöglichkeiten und sind damit in den Marktorganisationen das zentrale

---

[124] So auch *Bading*-Bericht, EP-Dok 34/68—69, Ziff. 24 (S. 43).

[125] Der betreffende Vorschlagsartikel wurde später gestrichen. Im Dez. 1968 legte die Kommission einen besonderen, auf Art. 235 gestützten Entscheidungsvorschlag vor (EP-Dok 183/68—69), der vor allem im Parlament auf beträchtlichen politischen Widerstand stieß.

[126] Besonders bedenklich Art. 2 (2) VO 122/67 (Abl. 1967, S. 2293), der den Erlaß von „Vermarktungsnormen" für Eier vorsieht; vgl. auch Art. 7 (4), 16 (5), 19 (2) VO Nr. 120/67 (Abl. 1967, S. 2269); Art. 8 (1), 17, 18 (4) VO Nr. 805/68 (Abl. 1968, Nr. L 148/24).

[127] In diesem Sinne z. B. EP-Entschließung v. 22. 2. 1968, Erwägung c u. Ziff. 2 (Abl. 1968, Nr. C 18/16); vgl. auch *Blondelle*-Bericht, EP-Dok 43/67—68, Ziff. 19, sowie *Jozeau-Marigné*-Bericht, EP-Dok 115/68—69, Ziff. 21 f.

[128] Vgl. etwa EP-Dok 205/68—69 u. 86/69—70 (Koordinierung u. Vereinheitlichung der von den Mitgliedstaaten gegenüber dritten Ländern angewandten Einfuhrregelungen für Obst u. Gemüse sowie deren Verarbeitungsprodukte); EP-Dok 206 u. 206 geändert/68—69 (Festsetzung der Bedingungen für die Anwendung von Schutzmaßnahmen im Rahmen verschiedener Marktordnungen).

[129] Insbes. die Richt- und Interventionspreise für Getreide, Reis, Milch u. Butter, Zucker, Olivenöl u. Ölsaaten, die Orientierungspreise für Rinder u. Kälber, die Grund- u. Ankaufspreise für Schweinefleisch sowie Obst u. Gemüse.

Steuerungsinstrument. Zugleich haben die Preisentscheidungen schwerwiegende Rückwirkungen auf das Budget des Europäischen Ausrichtungs- und Garantiefonds für die Landwirtschaft. Unstreitig gehören sie deshalb zu den bedeutendsten Beschlüssen auf dem Gebiet der gemeinsamen Agrarpolitik[130]. Dennoch war in den ersten Marktordnungen abweichend von Art. 43 Abs. 2 die Anhörung des Parlaments nicht vorgesehen[131]. Beim Erlaß der Marktordnungen für die Endphase des Gemeinsamen Marktes haben Rat und Kommission ihre Haltung allerdings revidiert[132] und das Verfahren gem. Art. 43 Abs. 2 — also mit obligatorischer Parlamentsanhörung — beibehalten. Darin kann nicht eine rein politische Konzession an die Abgeordneten gesehen werden[133]. Die jetzige Regelung entspricht vielmehr einer rechtlichen Notwendigkeit: die Festsetzung der „politischen" Agrarpreise fällt nicht in den Bereich der „Durchführung" i. S. von Art. 155 UAbs. 4 und kann deshalb nur nach den Regeln des Vertrages erfolgen. Rechtlich kaum vertretbar ist deshalb Art. 32 Abs. 2 der Getreide-Verordnung Nr. 120/67[134], wonach die „politischen" Preise und die entsprechenden Standardqualitäten für das Wirtschaftsjahr 1967/68 ausnahmsweise nach den *Abstimmungsverfahren* des Art. 43 Abs. 2 — also ohne Parlamentsanhörung — festgesetzt wurden[135]. Diese Ausschaltung der Völkervertretung läßt sich auch nicht rechtfertigen mit dem starken Zeitdruck, unter den Rat und Kommission vor dem selbstgesetzten Termin des 1. Juli 1967 geraten waren.

b) *Änderung und autonome Ergänzung von Grundvorschriften*

Geht es um die Änderung einer Grundverordnung oder ihre selbständige, also nicht nur detaillierende Ergänzung, so stellt sich die Frage, ob von einer im Vertrag vorgeschriebenen Konsultation überhaupt abgesehen werden darf.

---

[130] *Olmi*, CMLR 1968, S. 402, nennt sie den „key-stone of the Community's marketing-policy". Ähnlich *Jaenicke*, KSE 10, S. 126 f.

[131] In der Übergangsphase sollten die Gemeinschaftsorgane nur Kriterien (insbes. obere u. untere Grenze) für Preisentscheidungen festlegen, die noch von den Mitgliedstaaten zu treffen waren, vgl. Art. 5, 6 VO Nr. 19 (Abl. 1962, S. 933). — In ihrer Antwort auf die schriftl. Anfrage *Vredeling* Nr. 47/62—63 (Abl. 1962, S. 1995) hatte die Kommission eine Zusage förmlicher Konsultationen vermieden.

[132] Vgl. dazu die Mitteilung der Kommission an den Rat v. 5. 1. 1967, Sonderbeilage zum EWG-Bulletin 2-1967, u. *Blondelle*-Bericht, EP-Dok 43/67—68, Ziff. 8 f.

[133] So anscheinend aber *Olmi*, CMLR 1968, S. 402, der den Preisentscheidungen trotz der vorgeschriebenen Anhörung des Parlaments den Charakter von Durchführungsvorschriften zuspricht.

[134] Abl. 1967, S. 2269.

[135] Vgl. VO Nr. 128 u. 129/67 (Abl. 1967, S. 2349, 2352).

aa) *Grundsätzlich* kann die Rechtsetzung ersten Grades *nur durch ranggleiche Normen,* nicht durch „gesetzesvertretende" Rechtsakte zweiten Grades geändert oder autonom ergänzt werden. Die Ausschaltung des Parlaments durch Schaffung abgeleiteter Kompetenzen käme einer Selbstbefreiung des Rates von vertraglich auferlegten Bindungen gleich. Eine solche Befugnis ist jedoch dem Rat nicht zugewiesen; sie liegt allein bei den Mitgliedstaaten, die den Vertrag gem. Art. 236 ändern können. Die Pflicht zur Anhörung des Parlaments beim Erlaß einer Grundvorschrift ist also im Prinzip auch bei späteren Änderungen und selbständigen Ergänzungen unabdingbar[136].

bb) Etwas anderes kann allenfalls dann gelten, wenn schon die Grundvorschrift Regelungen mit Durchführungscharakter enthält. Solche *rein formal „aufgewertete" Bestimmungen* hätten ebenso gut aus dem Rechtsakt ersten Grades ausgeklammert und aufgrund einer entsprechenden Sekundärkompetenz als Recht der zweiten Stufe erlassen werden können. Es bestehen daher keine Bedenken, wenn sich die Grundvorschrift darauf beschränkt, eine abgeleitete Zuständigkeit des Rates oder der Kommission nur zur späteren Änderung bzw. Ergänzung einzurichten. Solche Ermächtigungen können also ausnahmsweise den bereits erörterten Durchführungsermächtigungen gleichgestellt werden mit der Folge, daß eine ursprünglich obligatorische Anhörung des Parlaments nach den gleichen materiellen Kriterien ausgeschlossen werden darf[137].

cc) Tatsächlich ermöglichen verschiedene, auf Kompetenznormen des Vertrages gestützte Rechtsakte des Rates Änderungen bzw. Ergänzungen in einem leichteren Verfahren, insbesondere ohne die erneute Anhörung des Parlaments.

Oft geht es um Anhänge, Listen und Verzeichnisse, die zwar Bestandteil der Grundvorschrift sind, aber Detailregelungen enthalten, denen nach ihrem materiellen Gehalt Durchführungscharakter zukommt[138]. Bei der Rechtsangleichung zur Beseitigung technischer Handelshemmnisse strebt der Rat sogar generell ein erleichtertes Ver-

---

[136] Dem entspricht Ziff. 1 der Antwort der Kommission auf die schriftl. Anfrage *Vredeling* Nr. 73/69 (Abl. 1969, Nr. C 90/11); ebenso *Holch,* EuR 1969, S. 215.

[137] So auch *Däubler,* DVBl 1966, S. 661, u. *Holch,* EuR 1969, S. 220 f. (anders noch in EuR 1967, S. 218 f.); auch *Everling,* Ophüls-Festschrift, S. 35, wendet sich gegen eine strenge Wortinterpretation des Art. 155 und die Beschränkung sekundärer Kommissionsermächtigungen auf die „Durchführung" im technischen Sinne. — Abl. dagegen *Rabe,* S. 110; *Merkel,* S. 107 ff.

[138] So ermächtigt Art. 11 Abs. 1 der auf Art. 100 gestützten Farbstoff-Richtlinie v. 23. 10. 1962 (Abl. 1962, S. 2645) zur Änderung des Anhangs III (Reinheitskriterien der erlaubten Lebensmittelfarbstoffe), ohne den Rat zur erneuten Parlamentsanhörung zu verpflichten.

fahren zur Anpassung der Richtlinien an den technischen Fortschritt an[139].

Der Gültigkeitsdauer bestimmter Lizenzen zur Getreideeinfuhr, wie sie in Art. 16 Abs. 2 der Getreide-Verordnung Nr. 19 festgelegt war, kommt eine schwerwiegende politische Bedeutung nicht zu. Daher bestanden keine Bedenken gegen die gleichzeitige „Selbstermächtigung" des Rates, spätere Änderungen — abweichend von Art. 43 Abs. 2 des Vertrages — ohne Parlamentsanhörung vorzunehmen.

Auch die in Art. 20 Abs. 1 UAbs. 1 der Grundverordnung Nr. 17/64[140] vorgeschriebene Frist, innerhalb der die Kommission über die Gewährung bestimmter Zuschüsse aus dem Agrarfonds beschließen muß, kann als Durchführungsregelung angesehen werden. Der Rat durfte daher anläßlich einer ersten Fristverlängerung nach dem *Verfahren* des Art. 43 Abs. 2 ohne Vertragsverstoß die Möglichkeit einer weiteren Verlängerung um höchstens einen Monat nach dem *Abstimmungs*verfahren des Art. 43 Abs. 2 vorsehen[141].

Inzwischen scheint der Rat allerdings bemüht zu sein, Grundverordnungen auf die Festlegung allgemeiner Prinzipien und Verfahren zu beschränken, sie also von Vorschriften mit Durchführungscharakter möglichst zu entlasten. So ist in der neuen Getreide-Verordnung Nr. 120/67[142] die Regelung der Gültigkeitsdauer von Ein- und Ausfuhrlizenzen ausgeklammert und in Art. 12 Abs. 2 — ohne Parlamentsanhörung — uneingeschränkt der Rechtsetzung zweiten Grades überlassen. Ähnlich wird gem. Art. 2 Abs. 2 der Verordnung Nr. 1018/68 über die Bildung eines Gemeinschaftskontingents für den Güterkraftverkehr[143] das Muster für Gemeinschaftsgenehmigungen von der Kommission erstellt. Nach dem ursprünglichen Kommissionsvorschlag von 1963 sollte das Muster dagegen gem. Art. 75 des Vertrages — also im Vorschlagsverfahren und nach Anhörung des Parlaments — als Anlage zur Grundverordnung erlassen, später aber von der Kommission geändert werden[144].

Bei verschiedenen Grundvorschriften kann man allerdings bezweifeln, ob die vom Rat unter Wegfall der obligatorischen Konsultation geschaffenen Sekundärkompetenzen wirklich nur zum Erlaß von Vorschriften mit Durchführungscharakter ermächtigen.

---

139 Vgl. die Ratsentschließung v. 28. 5. 1969 (Abl. 1969, Nr. C 76/8); Art. 100 S. 2 ist aber auch hier zu beachten.

140 Abl. 1964, S. 586.

141 Vgl. VO Nr. 296/69 (Abl. 1969, Nr. L 42/41) u. dazu die schriftl. Anfragen *Vredeling* Nr. 73 u. 74/69 (Abl. 1969, Nr. C 90/11 u. C 107/3).

142 Abl. 1967, S. 2269.

143 Abl. 1968, Nr. L 175/13.

144 Art. 9 Abs. 2 des Vorschlags (Abl. 1964, S. 2643).

So enthalten zahlreiche der bis 1966 erlassenen Agrarmarktordnungen eine Bestimmung, die es dem Rat ermöglichen soll, ohne Anhörung des Parlaments die Liste der jeweils betroffenen Erzeugnisse zu erweitern, zu kürzen bzw. ganz allgemein zu ändern[145]. Soweit diese Kompetenznormen nur benutzt werden, um durch eine genauere Umschreibung der Grundprodukte den Anwendungsbereich der Verordnungen zu konkretisieren, bestehen gegen die Nichtanhörung des Parlaments keine rechtlichen Bedenken. Der außerordentlich weite Ermächtigungsrahmen schließt jedoch wesentliche Änderungen des Anwendungsbereichs und somit Beschlüsse von erheblicher wirtschaftlicher und politischer Tragweite keineswegs aus. In solchen Fällen ist die Ausschaltung des Parlaments mit der ratio der Anhörung und der Wahrung der institutionellen Kräfteverhältnisse unvereinbar. Rat und Kommission haben diesem Einwand Rechnung getragen: in den seit 1967 verabschiedeten Marktordnungen fehlt eine entsprechende Sekundärkompetenz, und soweit auf die noch in Kraft befindlichen früheren Texte zurückgegriffen wird, erfolgt eine „fakultative" Anhörung[146].

Noch bedenklicher ist der „Derogationsartikel" in den Marktordnungen bis 1966[147]. Er enthält jeweils eine Art Generalermächtigung: auf Vorschlag der Kommission, aber ohne die gem. Art. 43 Abs. 2 obligatorische Parlamentsanhörung, kann der Rat für jedes einzelne Marktordnungsprodukt „Maßnahmen treffen, die von dieser Verordnung abweichen". Vorschriften mit Durchführungscharakter, die nach dem Verfahren dieser Kompetenznormen ergehen, sind rechtlich sicher nicht zu beanstanden. Wegen der allgemeinen Fassung der Bestimmung[148] läßt sich aber ihr Anwendungsbereich kaum abgrenzen. Die primäre Ermächtigung des Vertrages wird also weitgehend überflüssig, und in den betroffenen Agrarsektoren besteht die Gefahr einer völligen Ausschaltung des Parlaments[149]. Wegen dieser Einwände ist auch der „Derogationsartikel" in den neuen Marktordnungen nicht mehr enthalten. Ausnahmen von Grundverordnungen müssen also unmittelbar auf Art. 43 Abs. 2 gestützt werden.

---

[145] Noch in Kraft: Art. 21 VO Nr. 136/66 (Abl. 1966, S. 3025) u. Art. 14 VO Nr. 159/66 (Abl. 1966, S. 3286); vgl. auch Art. 24 VO Nr. 19 (Abl. 1962, S. 933); Art. 13 VO Nr. 20 (Abl. 1962, S. 945); Art. 10 VO Nr. 21 (Abl. 1962, S. 953); Art. 10 VO Nr. 22 (Abl. 1962, S. 959); Art. 13 VO Nr. 13/64 (Abl. 1964, S. 549).

[146] Vgl. etwa EP-Dok-118/69—70: Ausdehnung der für Ölsaaten geltenden Preisregelung auf Leinsamen.

[147] So z. B. Art. 24 VO Nr. 19 (Abl. 1962, S. 933).

[148] Mehrere dieser Ermächtigungen sind allerdings geringfügig eingeschränkt durch den Zusatz: „..., damit den besonderen Verhältnissen Rechnung getragen wird, die bei diesen Erzeugnissen bestehen könnten".

[149] Vgl. insbes. *Merkel*, S. 111 f., sowie Ziff. 8 der Kom.-Mitteilung an den Rat v. 5. 1. 1967, Sonderbeilage zum EWG-Bulletin 2-1967, S. 6.

Gegenstand berechtigter Kritik war schließlich die ursprünglich vorgesehene Ausschaltung des Parlaments bei der Entscheidung über Aufrechterhaltung oder Änderung des landwirtschaftlichen Verwaltungsausschußverfahrens. Zahlreiche Agrarverordnungen enthalten eine entsprechende Sekundärkompetenz, die der Rat auf Vorschlag der Kommission am Ende der Übergangszeit ausüben sollte[150]. Die Ausgestaltung des Verwaltungsausschußverfahrens berührt jedoch die Grundsatzfrage der Kompetenzverteilung zwischen Kommission und Rat. Letztere wirkt sich mittelbar auch auf die Stellung des Parlaments aus. Sie ist für die Struktur der Gemeinschaft von fundamentaler Bedeutung und hat bis in die jüngste Vergangenheit immer wieder zu äußerst schwierigen und langwierigen Verhandlungen im Rat geführt. Ein Beschluß über Aufrechterhaltung oder Änderung des Verwaltungsausschußverfahrens ohne die in Art. 43 Abs. 2 vorgeschriebene Stellungnahme des Parlaments wäre deshalb kaum vertragsgemäß[151]. Auf wiederholte Forderungen der Abgeordneten[152] hatte die Kommission denn auch frühzeitig zugesagt, dem Rat die Anhörung des Parlaments vorzuschlagen[153], und so stützt sich die schließlich ergangene Verordnung Nr. 2602/69[154] immerhin auf eine „fakultative" Stellungnahme.

IV. Fakultative Anhörung durch den Rat

Das Europäische Parlament hat immer wieder verlangt, zu allen politisch wichtigen Rechtsetzungsmaßnahmen auch dann gehört zu werden, wenn der Vertrag eine Konsultation nicht ausdrücklich vorschreibt[155]. Dazu wurde vorgeschlagen, die Gebiete, in denen fakultative Anhörungen erfolgen sollen, in einer Vereinbarung zwischen den beteiligten Institutionen festzulegen[156].

1. Bisherige Praxis

Rat und Kommission haben auf das Verlangen des Parlaments nach zusätzlichen Konsultationen positiv reagiert.

---

[150] Sie sind aufgezählt im Bezugsvermerk der VO Nr. 2602/69 (Abl. 1969, Nr. L 324/23).

[151] Zur Konsultation bei der *Einführung* des Verwaltungsausschußverfahrens im 5. Abschnitt unter B V 2 a bb.

[152] Vgl. z. B. die Änderungsvorschläge des Landwirtschaftsausschusses in der Anlage zum *Blondelle*-Bericht, EP-Dok 43/67—68, S. 15 ff.

[153] Ziff. 3 der Antwort auf die schriftl. Anfrage *Vredeling* Nr. 148/69 (Abl. 1969, Nr. C 124/2).

[154] Abl. 1969, Nr. L 324/23; dazu EP-Entschließung v. 10. 12. 1969 (Abl. 1970, Nr. C 2/32) nach Anhörungsersuchen des Rates (EP-Dok 177/69—70).

[155] Vgl. die Entschließungen v. 27. 11. 1959 (Abl. 1959, S. 1267), v. 27. 6. 1963, Ziff. II a 8 (Abl. 1963, S. 1916), v. 20. 10. 1966, Ziff. 5 (Abl. 1966, S. 3465) u. v. 17. 10. 1967, Ziff. 1 a (Abl. 1967, Nr. 268/7).

[156] *Furler*-Bericht, EP-Dok 31/63—64, Ziff. 88.

Die Haltung der *Kommission* ist nur mittelbar von Interesse, weil das förmliche Anhörungsersuchen regelmäßig vom Rat ausgeht[157]. Die Kommission setzt sich jedoch bei diesem dafür ein, das Parlament über die obligatorischen Fälle hinaus grundsätzlich zu allen ihren Vorschlägen zu hören[158]. Ausnahmen sind nur vorgesehen bei Vorschlägen von geringer Bedeutung oder vertraulichem Charakter sowie dann, wenn das Konsultationsverfahren eine unannehmbare Verzögerung zur Folge hätte. Dringlichkeitserwägungen sollen jedoch zurücktreten, wenn sich herausstellt, daß mit der raschen Verabschiedung eines Vorschlags durch den Rat nicht zu rechnen ist oder wenn es sich um Vorschläge von ganz fundamentaler Bedeutung für die Entwicklung der Gemeinschaft handelt.

Die Vereinbarung einer förmlichen Ergänzungsliste hat die Kommission allerdings nicht für zweckmäßig gehalten, da „eine feste, strikte, allgemein gültige Regel kaum aufzustellen sei"[159].

Der *Rat* befürwortet ebenfalls eine Ausdehnung der Parlamentsanhörung auf alle wichtigen Fragen, er will die Abgeordneten so häufig wie möglich fakultativ konsultieren. Eine Entscheidung soll nach Stellungnahme der Kommission von Fall zu Fall getroffen werden[160]. Der Rat hielt es nämlich für „schwierig, schon jetzt eine Liste aller Fragen aufzustellen, die Gegenstand von Konsultationen sein könnten"[161].

Bei der praktischen Anwendung der genannten Grundsätze im Ausschuß der Ständigen Vertreter[162] ergaben sich angesichts gegensätzlicher Tendenzen unter den Mitgliedstaaten manchmal erhebliche Schwierigkeiten. In den meisten Fällen ist der Rat jedoch schließlich dem Vorschlag der Kommission gefolgt[163]. Der inzwischen stattliche Katalog

157 Zur Anhörung des Parlaments durch die Kommission im 4. Abschnitt unter A IV 2 c.

158 Vgl. die Zusagen der Präs. *Hallstein*, EP-Verh. v. 27. 6. 1963, S. 193 f., u. *Rey*, EP-Verh. v. 17. 10. 1967, S. 31, sowie *Noel/Amphoux*, Novelles Nr. 604.

159 So Präs. *Hallstein*, a.a.O., S. 193.

160 So die Grundsatzbeschlüsse des Rates v. 9.—10. 3. 1960 u. v. 24.—25. 2. 1964; ähnl. die Erklärungen der Ratsvertreter vor dem Parlament (vgl. *Schaus*, EP-Verh. v. 28. 3. 1960, S. 15; *van Rooy*, EP-Verh. v. 13. 10. 1960, S. 146; *Medici*, EP-Verh. v. 26. 11. 1968, S. 20) u. die Antworten auf schriftl. Anfragen des Abg. *Vredeling* (Abl. 1967, Nr. 178/2 ;1968, Nr. C 37/7).

161 So MR-Präs. *Schaus*, EP-Verh. v. 28. 3. 1960, S. 15.

162 Dazu im 4. Abschnitt unter A I 3.

163 Die fakultative Anhörung des Parlaments vor Erlaß der bedeutenden handelspolitischen Entscheidung Nr. 69/499 (Abl. 1969, Nr. L 326/39) wurde allerdings erst nach persönlicher Intervention von Kom.-Präs. *Rey* auf der Ratstagung v. 17. 10. 1969 beschlossen. Der Ausschuß der Ständigen Vertreter hatte gegenüber dem Antrag der Kommission eine negative Haltung eingenommen und schon bei der Vorlage des ursprünglichen Kommissionsvorschlags vom Febr. 1969 die Parlamentsanhörung abgelehnt.

fakultativer Stellungnahmen erstreckt sich u. a. auf wichtige Vorschriften zur Handelspolitik[164] sowie auf alle grundlegenden Maßnahmen gem. Art. 49 zur Herstellung der Freizügigkeit der Arbeitnehmer[165]. Bis in die jüngste Zeit gibt es allerdings auch Ausnahmen vom Grundsatz der Parlamentsanhörung[166] zu Rechtsakten von einiger Bedeutung[167].

2. Rechtliche Würdigung

Die rechtliche Zulässigkeit freiwilliger Anhörungen des Parlaments schien zunächst nicht zweifelsfrei.

Im Vertrag sind die Konsultationsfälle einzeln aufgezählt, und grundsätzlich hat jedes Organ nur nach Maßgabe der ihm ausdrücklich zugewiesenen Befugnisse zu handeln. Außerdem spricht Art. 198 Abs. 1 S. 2 von Anhörungen des Wirtschafts- und Sozialausschusses über die im Vertrag vorgesehenen Fälle hinaus, während eine entsprechende Bestimmung im Abschnitt über die Versammlung fehlt.

Dennoch wird die fakultative Konsultation des Parlaments allgemein für zulässig gehalten[168].

Aus Art. 198 Abs. 1 S. 2 läßt sich ein Umkehrschluß zum Nachteil des Parlaments nicht ziehen. Die Bedeutung dieser Vorschrift liegt nämlich nicht in der Gestattung zusätzlicher Konsultationen, sondern gerade in der Kompetenzeinschränkung des Wirtschafts- und Sozialausschusses, der Stellungnahmen nicht ohne das Einverständnis von Rat oder Kommission abgeben darf[169].

Im übrigen kann sich der Rat auf Art. 140 Abs. 4 berufen: sein Recht, vom Parlament jederzeit gehört zu werden, gestattet ihm auch die Vorlage von Rechtsetzungsprojekten und das Einholen parlamentarischer Stellungnahmen. Schließlich dürfen sich die Abgeordneten schon aus eigener Initiative — also erst recht auf ein förmliches Ersuchen des Rates — zu jeder Frage der Gemeinschaftspolitik äußern. Angesichts

[164] Vgl. etwa die EP-Entschließungen v. 19. 10. 1965 (Abl. 1965, S. 2875), v. 13. 5. 1966 (Abl. 1966, S. 1546) u. v. 25. 11. 1969 (Abl. 1969, Nr. C 160/17).

[165] Aufzählung bei Groeben-Boeckh, Bd. IV unter I A 45/1.

[166] Von fakultativen Anhörungen zu unterscheiden sind Stellungnahmen, die das Parlament aus eigener Initiative an den Rat richtet, um diesen zu einem förmlichen Ersuchen zu veranlassen oder auch nur um ein besonderes Interesse an der Materie zu bekunden; zum Initiativrecht des Parlaments: *Vinci*, S. 125, u. *Jozeau-Marigné*-Bericht 110/67—68, Ziff. 34.

[167] Vgl. etwa die Richtl. Nr. 69/169 (Abl. 1969, Nr. L 133/6) u. die VO Nr. 109/70 (Abl. 1970, Nr. L 19/1).

[168] *Wohlfarth*, Kom. Art. 137 Anm. 3; *Mühlenhöver*, Groeben-Boeckh, Art. 137, Anm. 3 g; *Daig*, Groeben-Boeckh, Art. 190 Anm. 5; *Reuter*, Org. Europ. S. 232; *Kronenburg*, S. 129.

[169] Ebenso *Houben*, S. 174 Anm. 81; vgl. auch Art. 20 WSA-GO (Abl. 1968, Nr. L 42/1).

des unsystematischen und lückenhaften Anhörungskatalogs erscheint es nur sinnvoll, wenn der Rat vor wichtigen Beschlüssen über den Vertragsbuchstaben hinaus die politische Stellungnahme der europäischen Volksvertreter einholt. Ohne das Kräfteverhältnis zwischen den Institutionen grundsätzlich zu verändern, entspricht dies der Vertragstendenz zur Stärkung des Parlaments[170].

Aus dem gleichen Grunde wäre auch die gemeinsame Aufstellung einer — rechtlich unverbindlichen — Liste zusätzlicher Konsultationsfälle nicht zu beanstanden. Allerdings würde damit eine allmähliche Umwandlung der freiwilligen Anhörungen in obligatorische begünstigt[171].

V. Ausdehnung der Anhörungspflichten

Neue Anhörungspflichten des Rates können sicher durch eine förmliche Vertragsänderung, möglicherweise aber auch auf andere Art begründet werden. Zu denken wäre an die Herausbildung eines entsprechenden Gewohnheitsrechts sowie an abgeleitetes Gemeinschaftsrecht, das weitere obligatorische Konsultationen vorsieht.

1. Gewohnheitsrecht?

Das Gewohnheitsrecht dürfte angesichts des dynamischen Charakters der Gemeinschaft eine äußerst wichtige Rechtsquelle werden. Dies gilt in besonderem Maße für das Zusammenwirken der Organe, dem im Vertrag selbst nur wenige grundlegende Bestimmungen gewidmet sind[172].

Es erscheint allerdings fraglich, ob die zahlreichen vom Vertrag nicht vorgeschriebenen Anhörungsersuchen des Rates schon heute zu einer gewohnheitsrechtlichen Ausdehnung der parlamentarischen Konsultationsbefugnisse geführt haben.

Bedenken ergeben sich weniger unter dem Gesichtspunkt der „longa consuetudo". Immerhin wurde das Parlament bei der Anwendung des Art. 49 von Anfang an zu allen wichtigen Maßnahmen konsultiert, so daß zumindest für diese Fallgruppe eine Übung während längerer Zeit vorliegt. Auch in verschiedenen anderen Sachbereichen ist die Nichtanhörung selten.

[170] Vgl. *Ophüls*, Müller-Armack-Festschrift, S. 290.

[171] Ähnlich *Renard-Payen*, Rev. trim. dr. eur. 1965, S. 532; vgl. auch *Boertien*, EP-Verh. v. 26. 11. 1968, S. 25.

[172] *Bülow*, Aktuelle Fragen, S. 34, spricht insofern von „schnellem Gewohnheitsrecht"; vgl. auch *Zweigert*, RabelsZ 28 (1964), S. 607 f.; *Kronenburg*, S. 15 ff.; *Manzanarès*, Parlement, S. 157; zurückhaltend dagegen *Zuleeg*, EuR 1969, S. 98; *Reuter*, Org. Europ., S. 251.

Bei gelegentlichen Meinungsverschiedenheiten im Rahmen des Rates ging es jedoch stets nur um die *Zweckmäßigkeit* einer im Vertrag nicht vorgeschriebene Konsultation. Kam es schließlich zu einem positiven Beschluß, so handelte es sich meist um eine politische Gefälligkeit mit dem Ziel, die Beziehungen zum Parlament nicht unnötig zu belasten. Der fakultative Charakter einer Konsultation wird im offiziellen Anhörungsersuchen des Rates sogar ausdrücklich hervorgehoben[173]. Der Rat hat also bei den über den Vertrag hinausgehenden Konsultationen bisher nicht erkennen lassen, daß er damit einer rechtlichen Verpflichtung nachkommen will. Gewohnheitsrechtliche Anhörungspflichten sind deshalb im gegenwärtigen Zeitpunkt zu verneinen[174].

2. Abgeleitetes Gemeinschaftsrecht?

Die Ausweitung der vertraglichen Konsultationspflichten durch abgeleitetes Gemeinschaftsrecht ist in verschiedener Weise vorstellbar.

Einmal könnte man daran denken, Kompetenznormen des Vertrages in sekundäre Vorschriften des Rates zu übernehmen und sie dabei zusätzlich an die Parlamentsanhörung zu binden. Zur Rechtfertigung ließe sich anführen, damit würde nur die rechtlich unbedenkliche Praxis zusätzlicher Anhörungen kodifiziert und das Parlament der Tendenz des Vertrages entsprechend gestärkt.

Dennoch bestehen gegen ein derartiges Verfahren erhebliche rechtliche Einwände. Unter bewußter Umgehung der Revisionsklausel des Art. 236 liefe es auf eine Änderung der vertraglichen Beschlußfassungsregeln hinaus. Durch eine sekundäre Bestimmung würde in die ranghöhere Rechtsordnung des Vertrages eingegriffen. Der Rückgriff auf eine Vertragsermächtigung ohne Anhörungspflicht läßt sich daher durch die Schaffung abgeleiteter Zuständigkeiten nicht ausschließen[175].

Eine andere Beurteilung ist allerdings geboten, soweit der Vertrag selbst die autonome Ergänzung seiner Kompetenznormen ermöglicht. So ist der Rat gem. Art. 84 Abs. 2 ermächtigt, ohne vorherige Parlamentsanhörung ganz neue Zuständigkeiten zum Erlaß von Vorschriften für die Seeschiffahrt und die Luftfahrt einzurichten. Bei der näheren Ausgestaltung solcher Kompetenzen hat er sich an den im Vertrag enthaltenen Vorbildern zu orientieren. So wäre es nicht nur zulässig, son-

---

[173] Vgl. etwa EP-Dok 78, 79/65—66; 93/68—69; 71/69—70.

[174] Zum gleichen Ergebnis kommen *Hoffmann* (1961), S. 93; *Houben* (1964), S. 174 f.; *Kronenburg* (1966), S. 129.

[175] Aus dem gleichen Grunde hält *Everling*, Ophüls-Festschrift, S. 34 Anm. 7, die Ersetzung einer im Vertrag vorgesehenen qualifizierten Mehrheit durch das Erfordernis der Einstimmigkeit für unzulässig.

dern auch sinnvoll und wünschenswert, wenn er die Anhörung des Parlaments vorschreiben würde[176].

Im übrigen enthält das abgeleitete Gemeinschaftsrecht bisher keine einzige Konsultationspflicht, die nicht schon im Vertrag selbst normiert wäre[177].

---

[176] *Erdmenger*, S. 131, sowie *N. N.*, Europäisches Transportrecht 1966, S. 361 f., bejahen sogar eine entsprechende Pflicht des Rates; vgl. auch *Stabenow*, Groeben-Boeckh, Art. 84 Anm. 9.

[177] Der Ratsbeschluß vom 15. 4. 1964 zur Einsetzung eines Ausschusses für mittelfristige Wirtschaftspolitik (Abl. 1964, S. 1031) sieht zwar zum Programmentwurf der Kommission die Anhörung des Parlaments vor (Ziff. 2 Abs. 2). Er enthält aber nur ein internes, politisches Engagement, aus dem sich eine Rechtspflicht nicht herleiten läßt. Vgl. auch *Meier*, EuR 1967, S. 327 ff.

Vierter Abschnitt

Verfahren der Parlamentsanhörung

Im Vertrag wird der Ablauf des Anhörungsverfahrens nicht näher beschrieben. Die folgende Untersuchung ist daher in besonderem Maße angewiesen auf eine Erfassung der Gemeinschaftspraxis und ihrer rechtlichen Probleme.

Streng genommen erfaßt die Konsultation nur den Zeitraum vom förmlichen Anhörungsersuchen bis zur Kenntnisnahme von der erbetenen Meinungsäußerung. Eine Beschränkung auf diesen Ausschnitt des Rechtsetzungsverfahrens unter Ausschluß der vorangehenden und der nachfolgenden Phase wäre jedoch nicht sachgerecht[1]. Um das Verständnis der parlamentarischen Mitwirkung zu erleichtern, wird daher zunächst das Geschehen bis zum offiziellen Konsultationsersuchen (A), sodann die Ausarbeitung und Übermittlung der Stellungnahme (B) und schließlich deren Auswertung durch Rat und Kommissio (C) behandelt. Das mögliche Wiederaufleben von Anhörungspflichten wird zunächst ausgeklammert und in einem besonderen Abschnitt erörtert[2].

A. Verfahren bis zum offiziellen Anhörungsersuchen

I. Ablauf im Normalfall

1. Ausarbeitung des Vorschlags

Die Befugnis zur Rechtsetzungsinitiative liegt nach dem institutionellen System der Gemeinschaft grundsätzlich bei der Kommission. Deren Vorschlagsmonopol schließt vorbereitende Kontakte mit den Mitgliedstaaten, dem Rat und dem Europäischen Parlament nicht aus. Allerdings können solche Fühlungnahmen je nach Art und Umfang die Rolle des Parlaments sowie der übrigen an der Rechtsetzung beteiligten Organe erheblich beeinflussen. Verschiedene Probleme, die sich in der Praxis ergeben haben, sollen anschließend gesondert behandelt werden[3].

---

[1] Vgl. auch *Lassalle,* Rapp. institutionnels, S. 36.

[2] Vgl. den 5. Abschnitt.

[3] In diesem Abschnitt unter A II—IV.

Der „Vorschlag“ der Kommission muß so vollständig und präzise formuliert sein, daß er als solcher, durch einfache Billigung des Rates, zum verbindlichen Rechtsakt erhoben werden kann. Er darf nicht nur Möglichkeiten aufzeigen, sondern muß sich zu allen Problemen abschließend äußern[4].

Diese strengen Anforderungen ergeben sich aus der vom Vertrag gewollten Aufgabenteilung zwischen den Organen. Die Kommission würde sich ihrer besonderen Verantwortung für die Wahrung des Gemeinschaftsinteresses entziehen, wenn sie die Ergänzung eines unvollständigen Entwurfs dem Rat und seinen Hilfsorganen überließe. Das Parlament könnte weder seine Anhörungs- noch seine Kontrollbefugnisse wirksam wahrnehmen. Würde es nur allgemein zu einem „Problem“ konsultiert, so müßte es die Stellungnahme für den Rat in Unkenntnis eines wichtigen Umstandes, nämlich der Haltung der Kommission, abgeben. Es könnte auch schwerlich eine Kommission kontrollieren, die nicht selbst eindeutig Stellung bezogen hat.

Die bisherigen Kommissionsvorschläge entsprechen jedoch — von unbedeutenden Zweifelsfällen abgesehen[5] — den genannten Grundsätzen.

2. Weiterleitung

Nach der Verabschiedung eines Vorschlags leitet ihn die Kommission an den Rat und in der Regel auch an das Parlament weiter.

a) Offizielle Befassung des Rates

Mit der offiziellen Befassung des Rates wird das Rechtsetzungsverfahren förmlich eröffnet. Soweit die Anhörung im Vertrag nicht vorgeschrieben ist, fordert die Kommission den Rat in der Regel dazu auf, das Parlament fakultativ zu konsultieren[6]. Der Bezugsvermerk des Vorschlags enthält dann meist schon die Formel „nach Anhörung des Europäischen Parlaments“[7].

---

[4] Ebenso *Merkel*, S. 46; *Renard-Payen*, Rev. trim. eur. 1965, S. 535 f.

[5] Bedenken bestanden gegen den ersten Richtlinienvorschlag auf dem Gebiet des Filmwesens v. 26. 6. 1962; dazu *Leemans*-Bericht, EP-Dok 120/62—63, Ziff. 2 ff. Die verallgemeinernde Kritik bei *Renard-Payen*, Rev. trim. dr. eur. 1965, S. 536, erscheint jedoch übertrieben.

[6] Vgl. dazu den 3. Abschnitt unter IV 1.

[7] Jedem Vorschlagsentwurf, der dem Kommissionskollegium zur Verabschiedung vorgelegt wird, ist eine Empfehlung des verantwortlichen Kommissionsmitglieds zur Anhörung bzw. Nichtanhörung des Parlaments beigefügt.

b) Informelle Übermittlung an das Parlament

Dem Parlament übermittelt die Kommission ihren Vorschlag „zur Information", und zwar innerhalb von 8 Tagen nach der Befassung des Rates[8]. Mitgeteilt werden alle Vorschläge, zu denen die Konsultation obligatorisch oder von der Kommission vorgeschlagen ist.

Da die parlamentarische Stellungnahme vom Rat beantragt wird, erscheint die direkte Übermittlung ohne Einschaltung des Rates auf den ersten Blick ungewöhnlich. Sie liegt jedoch im Rahmen normaler parlamentarischer Beziehungen zwischen Kommission und Parlament, wie sie sich aus Art. 139 Abs. 2 und Art. 140 Abs. 2 und 3 ergeben. Wegen ihrer politischen Verantwortung vor dem Parlament könnte sich die Kommission kaum weigern, über einen so bedeutenden Teil ihrer Tätigkeit wie die Vorschläge an den Rat unverzüglich Rechenschaft abzulegen[9]. Außerdem entspricht die rasche Information des Parlaments einem praktischen Bedürfnis: sie ermöglicht die frühzeitige Vorbereitung einer Stellungnahme und beschleunigt damit das Rechtsetzungsverfahren.

3. Anhörungsbeschluß des Rates

Nach der Übermittlung an den Rat kommt der Kommissionsvorschlag automatisch auf die Tagesordnung des Ausschusses der Ständigen Vertreter, der gem. Art. 4 FuV die Arbeiten des Rates vorzubereiten hat. Verfahrensbeschlüsse wie die Konsultation des Parlaments erscheinen in der Regel im politisch weniger wichtigen „Ersten Teil" der Tagesordnung, der von den Stellvertretern der Ständigen Vertreter behandelt wird[10]. Unter Beteiligung von Beamten der Kommission[11] prüft dieses Gremium die Frage der Parlamentsanhörung und beginnt gelegentlich schon einen ersten Meinungsaustausch zur Sache[12]. Sobald sich die Ausschußmitglieder und die Vertreter der Kommission über das weitere Verfahren einig sind, wird ein entsprechender Vorschlag als „A-Punkt" auf die Tagesordnung der nächsten Ratstagung gesetzt.

---

[8] *Noel/Amphoux*, Novelles, Nr. 599.

[9] In diesem Sinne Kom.-Präs. *Rey*: „Dem Rat gegenüber sind wir zur ersten Information verpflichtet, und unmittelbar danach müssen wir so schnell wie möglich das Parlament informieren." (EP-Verh. v. 22. 1. 1969, S. 39.)

[10] Diese Aufgliederung der Tagesordnung erfolgte im Jahre 1962; näher dazu *Noel*, EuR 1967, S. 35 f.

[11] Art. 16 Abs. 4 MR-GO.

[12] Im Frühjahr 1969 wünschte die luxemburgische Delegation noch vor dem Anhörungsbeschluß betr. den Richtlinienvorschlag der Kommission zur Herstellung der Dienstleistungsfreiheit für bestimmte Anwaltstätigkeiten (EP-Dok 44/69—70) eine „Vordebatte" über die gem. Art. 55 Abs. 1 beschränkte Gemeinschaftskompetenz, gab sich dann aber mit einem Vorbehalt im Ratsprotokoll zufrieden.

Über diese „A-Punkte“ findet grundsätzlich keine Aussprache statt. Der Rat bestätigt nur die Übereinkunft der Ständigen Vertreter[13].

Zwischen der Befassung des Rates mit dem Kommissionsvorschlag und dem Beschluß über die Anhörung vergehen manchmal nur wenige Tage[14], ziemlich selten dauert es länger als einen Monat. Verzögerungen sind meist auf grundlegende Meinungsverschiedenheiten über den Inhalt des Vorschlags, manchmal auch über den Zeitpunkt einer obligatorischen oder die Zweckmäßigkeit einer fakultativen Konsultation zurückzuführen[15]. Dann kann es auch im Rat — jetzt in Gegenwart der Kommissionsmitglieder[16] — zu einer ersten Sachprüfung oder zur Aussprache über Verfahrensfragen kommen.

In rechtlicher Hinsicht ist ein vorbereitender Meinungsaustausch im Rat bzw. im Ausschuß der Ständigen Vertreter noch vor dem Beschluß über die Parlamentsanhörung grundsätzlich nicht zu beanstanden. Bedenklich wird es allerdings, wenn — wie noch näher zu erörtern[17] — bereits in diesem Zeitpunkt Änderungen des Kommissionsvorschlags angestrebt werden.

Nach Befassung mit dem Kommissionsvorschlag muß der Rat eine obligatorische Konsultation in angemessener Frist beschließen. Schlichte Untätigkeit käme einer vorläufigen oder endgültigen Ablehnung ohne Parlamentsanhörung gleich und wäre daher vertragswidrig. Nur im Einverständnis mit der Kommission darf der Rat eine obligatorische Anhörung hinausschieben, um den Vorschlag zunächst gründlicher prüfen zu können. Die Kommission muß ihre Zustimmung zu einer solchen Verfahrensweise vor dem Parlament verantworten.

4. Anhörungsersuchen an das Parlament

In Ausführung des Anhörungsbeschlusses richtet der amtierende Präsident des Rates ein Schreiben an den Präsidenten des Parlaments, in dem er um die Stellungnahme zum beigefügten Vorschlag der Kommission ersucht.

---

[13] Ausführlich zum Verfahren der „A-Punkte“: *Noel*, EuR 1967, S. 48 f. — In besonders dringlichen Fällen wird die Konsultation gelegentlich auch im schriftl. Verfahren (Art. 6 MR-GO) beschlossen, vgl. EP-Dok 71/69—70.

[14] Vgl. etwa EP-Dok 78/62—63; 76/64—65; 72/68—69.

[15] Vgl. etwa EP-Dok 104/60—61 (Durchführungs-VO zu den Art. 85, 86); 112/60—61 (Entscheidung zur Erhebung einer Abgabe auf bestimmte Agrarverarbeitungserzeugnisse); 153/64—65 (VO über eine gemeinsame Begriffsbestimmung des Warenursprungs).

[16] Art. 3 c MR-GO.

[17] In diesem Abschnitt unter A V.

a) *Förmliche Befassung*

Die förmliche Befassung soll garantieren, daß die Abgeordneten ihr beratendes Mitwirkungsrecht in voller Kenntnis ihrer Verantwortung wahrnehmen können. Vertragswidrig wäre eine bloße Unterrichtung des Parlaments über den vorliegenden Kommissionsvorschlag[18]. Der Rat kann auch nicht von einer Konsultation absehen, weil ihm Stellungnahmen vorliegen, die das Parlament bei anderer Gelegenheit — evtl. aus eigener Initiative — abgegeben hat[19].

b) *Angabe einer Rechtsgrundlage*

In dem Schreiben des Ratspräsidenten wird regelmäßig die Rechtsgrundlage der Anhörung genannt bzw. auf den fakultativen Charakter der Konsultation hingewiesen. Das Fehlen einer entsprechenden Angabe läßt meist darauf schließen, daß sich der Rat über die Rechtsgrundlage des Kommissionsvorschlags und damit möglicherweise auch über die obligatorische oder fakultative Natur der beschlossenen Anhörung uneinig war[20].

c) *Fristsetzung*

Normalerweise setzt der Rat dem Parlament für die Vorlage seiner Stellungnahme keine Frist. Nicht selten wird jedoch auf die Dringlichkeit einer Frage hingewiesen oder der Wunsch geäußert, das Parlament möge seine Stellungnahme in der laufenden oder der nächsten Sitzung ausarbeiten[21] bzw. die Ratsentscheidung bis zu einem bestimmten Termin ermöglichen[22]. Von seinem Recht, eine Sondersitzung des Parlaments oder die Dringlichkeit einer Aussprache zu beantragen[23], hat der Rat anscheinend noch nie formell Gebrauch gemacht.

Die Möglichkeit, dem Parlament eine Frist zu setzen, ist zwar im Vertrag nicht erwähnt[24]. Grundsätzlich kann sie jedoch nicht ausgeschlossen werden[25]. Allerdings muß den Abgeordneten zur Ausarbeitung ihrer

---

[18] So schon EuGH I, S. 33 (Rs. 1/54).

[19] Das Parlament kann jedoch auf ein förmliches Anhörungsersuchen des Rates früher beschlossene Stellungnahmen übermitteln, wenn es diese noch für ausreichend hält; ähnlich Kom.-Mitgl. *Schaus*, EP-Verh. v. 19. 1. 1966, S. 61.

[20] Vgl. z. B. EP-Dok 94/64—65 (Futtermittel-Richtl.: Art. 43 oder 100?); EP-Dok 110/64—65 (Erdölmindestvorräte-Richtl.: Art. 103?); EP-Dok 153/64—65 (Warenursprungs-VO: auch Art. 235?).

[21] Vgl. etwa EP-Dok 183/68—69; 132/67—68; 110/64—65; 63/67—68; 77/69—70.

[22] EP-Dok 41/63—64 — Zur Fristsetzung gegenüber dem WSA vgl. *Fischer*, S. 91 f.

[23] Art. 139 Abs. 2 EWGV / Art. 1 Abs. 4 EP-GO bzw. Art. 14 Abs. 1 EP-GO.

[24] Vgl. aber Art. 198 Abs. 2 für den WSA.

[25] A. A. *Louis*, Règlements, S. 41 Anm. 64.

Stellungnahme auch bei offensichtlicher Dringlichkeit[26] eine angemessene Zeit gelassen werden[27]. Dabei sind die Schwierigkeiten des Konsultationsgegenstandes und die Arbeitsmöglichkeiten des Parlaments zu berücksichtigen.

Durch die späte Befassung mit dringlichen Vorschlägen wird das Parlament vor die Alternative gestellt, entweder unter äußerstem Zeitdruck zu arbeiten oder aber die Verantwortung für eine Verzögerung im Fortgang der Integration zu übernehmen. Außerdem besteht die Gefahr, daß im Rat bereits abschließende Verhandlungen beginnen[28] und eine gründliche Prüfung der parlamentarischen Stellungnahme vor der Beschlußfassung unterbleibt.

d) Bemerkungen des Rates zum Vorschlag

Manchmal hat der Rat in seinem Anhörungsersuchen hervorgehoben, daß zum Vorschlag der Kommission „ein allgemeines grundsätzliches Einvernehmen noch nicht erzielt wurde"[29].

Die Befugnis, eigene Bemerkungen zur Sache beizufügen, ergibt sich aus Art. 140 Abs. 4, wonach der Rat „nach Maßgabe seiner Geschäftsordnung"[30] von der Versammlung jederzeit gehört wird[31]. So wäre es auch zulässig, abweichende Standpunkte einzelner Mitgliedstaaten mitzuteilen oder auf umstrittene Aspekte des Kommissionsvorschlags und etwaige Alternativlösungen hinzuweisen. Dadurch würde die Ausarbeitung wirklichkeitsnaher Stellungnahmen gefördert und ein Dialog zwischen Rat und Parlament ermöglicht. Der Rat hat jedoch an einer solchen Entwicklung des Rechtsetzungsverfahrens bisher wenig Interesse gezeigt.

---

[26] Diese kann sich ergeben aus Fristen im Vertrag (z. B. Art. 79 [3], 87 [1], 54 [1]; 8 [7]), im abgeleiteten Gemeinschaftsrecht (z. B. Art. 7 [2] VO 25/62, Abl. 1962, S. 991) oder in politischen Vereinbarungen des Rates (z. B. Beschluß v. 15. 12. 1964 über die Einführung eines gemeinsamen Getreidepreises ab 1. 7. 1967, EWG-Bulletin 2—1965, S. 13 ff.; Beschluß v. 14. 12. 1967 über bestimmte Maßnahmen auf dem Gebiet der Verkehrspolitik (Abl. 1967, Nr. 322/4).

[27] Ebenso *Merkel*, S. 78. — Die neuere Praxis des Rates, gelegentlich sehr kurzfristige Stellungnahmen zu beantragen, ist von den Abg. wiederholt heftig kritisiert worden, vgl. insbes. *Lücker*, EP-Verh. v. 3. 7. 1968, S. 110, sowie die EP-Entschließungen v. 19. 10. 1967 (Abl. 1967, Nr. 268/23), v. 1. 12. 1967 (Abl. 1967, Nr. 307/30) u. v. 30. 6. 69 (Abl. 1969, Nr. C 97/26).

[28] Zur Problematik der „Parallelberatungen" in diesem Abschnitt unter B V.

[29] EP-Dok 104/60—61 (Konsultation zum Vorschlag einer ersten Durchführungs-VO zu den Art. 85, 86) u. EP-Dok 134/61—62 (Konsultation zum Vorschlag einer Richtl. über die Aufstellung gemeinsamer Regeln für den internationalen Güterkraftverkehr). — Vgl. auch das bei *Houben*, S. 103 Anm. 256, erwähnte Anhörungsersuchen des EAG-Ministerrats.

[30] Vgl. Art. 19 MR-GO.

[31] Zust. *Wohlfarth*, JIR Bd. 9 (1959/60), S. 22; *Bebr*, Judicial Control, S. 34.

5. Veröffentlichung des Vorschlags

a) *Praxis der Kommission*

Bis 1965 veröffentlichte die Kommission den Wortlaut ihrer Vorschläge an den Rat, soweit die Konsultation obligatorisch oder von ihr vorgeschlagen war, regelmäßig in Sonderbeilagen zum EWG-Bulletin[32]. Am 26. 5. 1965 beschloß sie, künftig das Amtsblatt der Europäischen Gemeinschaften zu benutzen.

Die Veröffentlichung erfolgte stets erst *nach* dem förmlichen Anhörungsersuchen des Rates an das Parlament, dem der Inhalt der Vorschläge schon vorher, grundsätzlich aber nicht vor der Befassung des Rates[33], mitgeteilt wird.

Während der am 1. 7. 1965 ausgebrochenen Krise der Gemeinschaft war auch die Veröffentlichungspraxis der Kommission Gegenstand französischer Kritik[34]. Im Luxemburger Ratsbeschluß vom 29. 1. 1966 über die Zusammenarbeit mit der Kommission wird darauf hingewiesen, daß die Vorschläge an den Rat erst veröffentlicht werden dürfen, nachdem dieser damit befaßt worden ist und die Texte sich in seinem Besitz befinden; das Recht zur Veröffentlichung im Amtsblatt wird der Kommission jedoch nicht bestritten[35].

Zu einer ausdrücklichen Übereinkunft zwischen Rat und Kommission gem. Art. 15 FuV[36] ist es bisher nicht gekommen. Das Verhalten der Kommission entspricht aber dem vom Rat geäußerten Wunsch.

b) *Würdigung*

Rechtlich ist die Kommission nicht verpflichtet, ihre Vorschläge zu veröffentlichen. Andererseits bestehen keine Bedenken gegen die Veröffentlichung im Amtsblatt[37], wenn sie erst nach Befassung des Rates als dem Adressaten des Dokuments erfolgt. Die amtliche Bekannt-

---

[32] Außerdem werden sie durch ihre Sprechergruppe der Presse zugänglich gemacht.

[33] Aufsehenerregender Ausnahmefall war eine Rede von Kom.-Präs. *Hallstein* vor dem Europ. Parlament, in der er die Vorstellungen der Kommission zur Agrarfinanzierung, zur Schaffung eigener Einnahmen der Gemeinschaft u. zur Ausweitung der Parlamentsbefugnisse in den Grundzügen erläuterte, bevor die entspr. Vorschläge förmlich verabschiedet u. dem Rat zugeleitet worden waren; vgl. EP-Verh. v. 24. 3. 1965, S. 171 ff.

[34] Vgl. Ziff. 2 des Aide-mémoire v. 17. 1. 1966, EWG-Bulletin 3-1966, S. 6.

[35] Vgl. Ziff. 2 der Verlautbarung, EWG-Bulletin 3-1966, S. 8 f.

[36] Früher Art. 162 EWGV.

[37] Dieses enthält auch die Stellungnahmen von Parlament und WSA sowie die Beschlüsse des Rates und erleichtert damit eine vollständige Information über den Gang der Rechtsetzung.

machung erfüllt eine wichtige Funktion. Sie unterstreicht die politische Bedeutung der Vorschläge und stellt die Verantwortung der Kommission gegenüber der Öffentlichkeit klar[38]. Außerdem ermöglicht sie den interessierten Kreisen eine frühzeitige Reaktion, deren Kenntnis für das Parlament bei der Ausarbeitung seiner Stellungnahme besonders nützlich ist[39].

II. Vorwegnahme der Rechtsetzung durch politische Vereinbarungen?

1. Praxis der „Entschließungen" und „Beschlüsse"

Nicht selten kommt es schon im Frühstadium der Gemeinschaftsrechtsetzung, noch vor Verabschiedung eines Kommissionsvorschlags, zu förmlichen Vereinbarungen des Rates. In „Entschließungen" oder „Beschlüssen" werden für bestimmte Sachbereiche Aktionsprogramme mit entsprechenden Fristen[40], gewisse allgemeine Grundsätze[41], gelegentlich aber auch schon detaillierte Einzelregelungen[42] festgelegt.

Diese Praxis stieß im Parlament wiederholt auf heftige Kritik: die Abgeordneten fürchten, solche Ratsvereinbarungen noch vor ihrer eigenen Stellungnahme könnten den Inhalt späterer Rechtsakte faktisch vorwegnehmen und das Anhörungsrecht des Parlaments entwerten[43].

---

[38] *Noel/Amphoux*, Novelles Nr. 599; kritisch dagegen *Neunreither*, Gerbet-Pépy, S. 118 Anm. 7.

[39] Die Kritik im *Furler*-Bericht, EP-Dok 31/63—64, Ziff. 63, dürfte kaum noch zutreffen.

[40] Vgl. „Beschluß" über bestimmte Maßnahmen auf dem Gebiet der gemeinsamen Verkehrspolitik v. 14. 12. 1967 (Abl. 1967, Nr. 322/4); „Entschließung" über gemeinsame Maßnahmen im Veterinärbereich v. 14. 3. 1968 (Abl. 1968, Nr. C 22/18); „Entschließungen" über Programme zur Beseitigung der technischen Hemmnisse im Warenverkehr mit gewerblichen Erzeugnissen und mit Lebensmitteln v. 28. 5. 1969 (Abl. 1969, Nr. C 76/1 ff.).

[41] Vgl. „Entschließung" über Grundsätze der gemeinsamen Marktorganisation für Fette v. 23. 12. 1963 (Abl. 1964, S. 602); „Entschließung" über die gegenseitige Anerkennung der Kontrollen v. 28. 5. 1969 (Abl. 1969, Nr. C 76/7); „Entschließung" zur Mehrwertsteuer v. 9. 12. 1969 (Abl. 1969, Nr. C 163/1).

[42] Vgl. Beschluß über die Ergänzung sämtlicher Marktordnungen durch einen Hinweis auf die Ziele der Art. 39 u. 110 v. 23. 12. 1963 (im Abl. nicht veröffentlicht, vgl. aber EWG-Bulletin 1-1964, S. 19); „Entschließung" über die Änderung von Art. 11 der Marktordnung für Obst und Gemüse v. 15. 12. 1964 (im Abl. nicht veröffentlicht, vgl. aber EWG-Bulletin 2-1965, S. 18); „Entschließung" über die Anpassung von Richtlinien an den technischen Fortschritt v. 28. 5. 1969 (Abl. 1969, Nr. C 76/8).

[43] Vgl. die EP-Entschließungen v. 24. 3. 1964 (Abl. 1964, S. 942) und v. 8. 5. 1969, Teil II (Abl. 1969, Nr. C 63/19) sowie die Ausführungen der Abg. *Baas*, EP-Verh. v. 20. 1. 1965, S. 115, u. *Dehousse*, EP-Verh. v. 25. 3. 1965, S. 228, u. v. 17. 10. 1967, S. 27.

2. Rechtliche Würdigung

Vor einer rechtlichen Würdigung der Verfahrensweise des Rates ist zunächst die Natur der umstrittenen „Entschließungen" und „Beschlüsse" zu klären.

a) Natur der „Entschließungen" und „Beschlüsse"

Es handelt sich um Organakte, die — anders als die in Art. 189 genannten Verordnungen, Richtlinien und Entscheidungen — rechtliche Verbindlichkeit nicht beanspruchen[44]. Sie sollen nur die politischen Absichten des Rates in einem bestimmten Zeitpunkt und zu einem bestimmten Problem zum Ausdruck bringen[45]. Allerdings waren einzelne „Entschließungen" und „Beschlüsse", insbesondere zur Agrarpolitik, für die Entwicklung der Gemeinschaft von grundlegender Bedeutung.

b) Vereinbarkeit mit dem Vertrag

Ob die politischen Absichtserklärungen des Rates im Frühstadium der Rechtsetzung[46] mit dem Vertrag vereinbar sind, hängt weitgehend vom Inhalt dieser Akte ab.

aa) Die Aufstellung eines *Aktionsprogramms,* verbunden mit einem Zeitplan, sowie die Festlegung bestimmter *Grundsätze* für die künftige Tätigkeit des Rates dienen der allgemeinen Ausrichtung der Gemeinschaftspolitik. Diese erfolgt sinnvollerweise vor dem Erlaß entsprechender Rechtsvorschriften, deren Inhalt damit noch nicht im einzelnen vorweggenommen wird.

Nach dem Vertrag ist die Mitwirkung des Parlaments in dieser Phase auf ein allgemeines Beratungsrecht beschränkt, d. h. die Abgeordneten können ihre grundsätzlichen Vorstellungen auf Ersuchen des Rates oder der Kommission oder auch aus eigener Initiative äußern; sie müssen aber noch nicht förmlich konsultiert werden. Das Recht auf Anhörung

---

[44] Vgl. EuGH X, S. 1344 f. (Rs. 90, 91/63).

[45] Vgl. die Antwort des Rates auf die schriftl. Anfragen *Vredeling* Nr. 47 und 115/65—66 (Abl. 1966, S. 1121); ebenso *Jozeau-Marigné*-Bericht, EP-Dok 110/67—68, Ziff. 8, sowie *Bülow,* EuR 1969, S. 175.

[46] Nicht gemeint sind „Entschließungen" und „Beschlüsse" des Rates, die erst *nach* der Vorlage eines Kommissionsvorschlags und der Stellungnahme des Parlaments ergehen (vgl. die „Beschlüsse" zur Agrarfinanzierung v. 11. 5. 1966, EWG-Bulletin 7-1966, S. 14 ff., und die „Entschließungen" zu den Marktordnungen für Milch und Rindfleisch v. 29. 5. 1968, EWG-Bulletin 7-1968, S. 9 ff.). Haben solche Vereinbarungen Vorschlagsumgestaltungen zur Folge, so stellt sich zunächst die Frage, ob das Parlament erneut gehört werden muß (dazu im 5. Abschnitt unter B I—V). Ist diese zu bejahen, weil es sich de iure um neue Vorschläge handelt, so besteht zusätzlich das Problem der Vorwegnahme der Rechtsetzung.

im nachfolgenden Rechtsetzungsverfahren, das jedenfalls primär der Stellungnahme zum konkreten Kommissionsvorschlag dient, ohne jedoch eine Äußerung zur allgemeinen Orientierung der Gemeinschaftspolitik auszuschließen, bleibt dabei unberührt.

Politische Absichtserklärungen des Rates, die sich auf ein Aktionsprogramm oder allgemein gehaltene Richtlinien beschränken, wecken daher in institutioneller Hinsicht keine Bedenken[47].

bb) Etwas anderes gilt für „Entschließungen" und „Beschlüsse", die bereits *detaillierte materielle Regelungen* oder gar den Wortlaut künftiger Rechtsvorschriften enthalten. Dazu kann es insbesondere bei den abschließenden Ratsverhandlungen über einen Kommissionsvorschlag kommen, wenn einzelne Mitgliedstaaten ihre Zustimmung davon abhängig machen, daß ihnen Vorteile in ganz anderen Bereichen verbindlich zugesichert werden[48], oder wenn die vom Rat bevorzugte Lösung aus Gründen der Sachlogik eine gleichzeitige Einigung über Maßnahmen auf anderen Gebieten erfordert[49].

Derartige Vereinbarungen sind rechtlich zwar noch unverbindlich. Je schwieriger aber ihr Zustandekommen, desto unwahrscheinlicher ist ein späterer Meinungswandel des Rates[50]. Praktisch steht der Inhalt des Rechtsaktes fest. Sein Erlaß in dem vertraglich vorgeschriebenen Verfahren ist nur noch eine Formalität. Unter diesen Umständen hat das Parlament später keine Möglichkeit mehr, die de facto abgeschlossene Willensbildung des Rates durch seine obligatorisch eingeholte Stellungnahme zu beeinflussen. Das Vorschlagsrecht der Kommission ist ebenfalls nur formal gewährleistet. Es werden also die Vertragsbestimmungen über das Rechtsetzungsverfahren ausgehöhlt und die institutionellen Kräfteverhältnisse zugunsten des Rates verändert.

Ein wiederholter Rückgriff auf detaillierte Absichtserklärungen in Bereichen, in denen der Kommissionsvorschlag und die Anhörung des Parlaments obligatorisch sind, erscheint deshalb auch ohne erkennbare Umgehungsabsicht des Rates mit dem Vertrag nicht vereinbar[51].

---

[47] Hinsichtlich der Programme übereinstimmend der *Burger*-Bericht, EP-Dok 215/68—69, Ziff. 61.

[48] Vgl. „Entschließung" des Rates v. 15. 12. 1964 betr. Änderung der Marktordnung für Obst und Gemüse zugunsten Italiens (EWG-Bulletin 2-1965, S. 18); verwirklicht durch VO Nr. 65/65 v. 13. 5. 1965 (Abl. 1965, S. 1458).

[49] Vgl. die Ausführungen von Kom.-Mitgl. *Levi Sandri*, EP-Verh. v. 24. 3. 1964, S. 153, zum Ratsbeschluß v. 23. 12. 1963 über die Ergänzung sämtlicher Marktordnungen durch einen Hinweis auf die Ziele der Art. 39 u. 110; verwirklicht durch VO Nr. 46/64 (Abl. 1964, S. 1141).

[50] So auch der Abg. *Burger*, EP-Verh. v. 8. 5. 1969, S. 144 f.

[51] Ähnlich EP-Entschließung v. 8. 5. 1969, Ziff. 10 (Abl. 1969, Nr. C 63/18), sowie *Burger*-Bericht, EP-Dok 215/68—69, Ziff. 60 f, und *Jozeau-Marigné*-Bericht, EP-Dok 110/67—68, Ziff. 8.

Manchmal sprechen allerdings erhebliche sachliche Gründe für eine vorweggenommene politische Einigung, etwa wenn bestimmte institutionelle Probleme, die sich in künftigen Rechtsvorschriften immer wieder stellen werden, eine einheitliche Musterlösung erfordern. Legt die Kommission in solchen Fällen einen „Entwurf" vor und wird das Parlament dazu gehört, so läßt sich eine „Entschließung" des Rates ausnahmsweise rechtfertigen[52].

III. Zusammenarbeit zwischen Kommission und Mitgliedstaaten während der Vorschlagsausarbeitung

Die Ausarbeitung von Vorschlägen obliegt zwar allein der Kommission, während der Rat als Vertretung der Mitgliedstaaten zur abschließenden Entscheidung berufen ist. Dennoch zeigen beide Seiten ein Interesse an frühzeitiger Fühlungnahme. Die institutionelle Rolle des Parlaments kann je nach Art und Intensität einer solchen Zusammenarbeit nachhaltig beeinträchtigt werden.

1. Bisherige Praxis

In der Praxis richten sich die Kontakte der Kommission mit Rat und nationalen Instanzen weitgehend nach dem jeweiligen Stand der Vorschlagsausarbeitung. Dabei lassen sich grundsätzlich drei Phasen unterscheiden, die allerdings je nach der behandelten Materie und den Umständen des Einzelfalles von unterschiedlicher Bedeutung und Dauer sein können: die Vorbereitungsarbeiten bis zum ersten Referentenentwurf, die weitere Beratung des Vorschlagsentwurfs und die Verabschiedung des Vorschlags durch die Kommission[53].

Oft bittet die Kommission schon im ersten Stadium um die Entsendung von Sachverständigen der Mitgliedstaaten oder sie beauftragt eigene Beamte mit der Sammlung notwendiger Dokumentationen bei den innerstaatlichen Verwaltungen. Daneben kommt es nicht selten zu politischen Kontakten auf Regierungsebene, sei es, daß die Kommission erste Orientierungen in einem Memorandum niederlegt und darüber einen Meinungsaustausch im Rat herbeiführt, sei es, daß einzelne Kommissionsmitglieder die nationalen Hauptstädte besuchen oder sonstige Kontakte mit verantwortlichen Politikern der Mitgliedstaaten

---

[52] Vgl. „Entschließung" v. 28. 5. 1969 (Abl. 1969, Nr. C 76/8) u. „Entwurf" der Kommission, dem Rat vorgelegt am 7. 3. 1968 (Abl. 1968, Nr. C 48/30), sowie Stellungnahme des Parlaments v. 3. 10. 1968 (Abl. 1968, Nr. C 108/39).

[53] Vgl. die Darstellungen bei *Houben*, S. 98 f.; *von Meibom*, Mitwirkung, S. 149 ff.; *Bruns*, Entwicklungstendenzen, S. 121 f.; *Hallstein*, Die echten Probleme, S. 12 f.

unterhalten[54]. Alle diese Fühlungnahmen mit den nationalen Instanzen dienen der Erkundung ihrer grundsätzlichen Haltung, ihrer besonderen Schwierigkeiten und der Erfolgschancen, die bestimmte Lösungen haben könnten.

Zur Beratung des ersten Vorschlagsentwurfs bittet die Kommission wiederum um die Unterstützung von Experten der staatlichen Behörden, die einzeln oder zur Teilnahme an sog. „Arbeitsgruppen" nach Brüssel eingeladen werden[55]. Sie erscheinen „à titre personnel", verpflichten also noch nicht die Regierungen, denen die Ansicht ihrer Experten bei den späteren Verhandlungen im Rat nicht entgegengehalten werden kann. Unter dem Vorsitz eines Vertreters der Kommission[56] diskutieren die Arbeitsgruppen Probleme, die mehr technische als politische Schwierigkeiten aufwerfen[57]. Die nationalen Beamten sollen als Sachverständige beurteilen, wie sich die in Aussicht genommene Lösung auf die innerstaatlichen Rechtsordnungen auswirken würde. Da sie die grundsätzliche Haltung und die Interessen ihrer Regierungen hinreichend kennen, liefert ihre Reaktion auch schon Anhaltspunkte, wie die Vorstellungen der Kommission bei den Mitgliedstaaten ankommen werden.

Manchmal schlägt allerdings der bloße Meinungsaustausch in den Arbeitsgruppen in regelrechte Verhandlungen um: die „Sachverständigen" betätigen sich als Interessenvertreter ihrer Regierungen und schließen im Wege gegenseitigen Nachgebens erste Kompromisse[58]. Die Beamten der Kommission haben sich solchen Tendenzen offenbar nicht in allen Fällen widersetzt. Vorverhandlungen im eigenen Hause und unter eigenem Vorsitz stellen nämlich auch für die Kommission eine Versuchung dar, zumal die eingeladenen nationalen Beamten später die offiziellen Stellungnahmen ihrer Regierungen vorbereiten und auch bei den Verhandlungen im Rahmen des Rates wieder mitwirken. Das Ergebnis solcher Beratungen ist dann ein „geradezu ausgehandelter

---

[54] Hervorzuheben sind die Bemühungen von Kom.-Vizepräs. *Mansholt* um regelmäßige Kontakte zu den nationalen Landwirtschaftsministerien. Die Intensität der Beziehungen zwischen der Kommission und den einzelnen Regierungen der Mitgliedstaaten läßt sich allerdings nur schwer beurteilen.

[55] Darüber hinaus ist die Zusammenarbeit mit den Mitgliedstaaten in gewissen Fällen durch die Schaffung beratender Ausschüsse institutionalisiert worden, ausf. dazu *Lassalle*, Cah. dr. eur. 1968, S. 395 ff. (insbes. S. 404 ff.).

[56] Unzutreffend die Darstellung bei *Wagner*, Beschlußrecht, S. 205, wonach sich die Kommission stets an die Ständigen Vertreter wendet und ihren Vorschlag erst ausarbeitet, wenn die Stellungnahme eines von den Ständigen Vertretern einberufenen Expertenausschusses vorliegt; vgl. auch *Everling*, AWD 1966, S. 460.

[57] So *Noel*, Arbeitsweise, S. 11.

[58] *Bruns*, Entwicklungstendenzen, S. 121 f.; ähnlich *Lagrange*, Rev. trim. dr. eur. 1967, S. 25, und *van Miert*, Chron. pol. etr. 1969, S. 209 f.

Entwurf"[59], der bereits weitgehend die Zustimmung der Experten gefunden hat[60].

Abschließend befaßt sich die Kommission selbst mit dem Entwurf, gibt ihm die endgültige Fassung und erhebt ihn offiziell zum Vorschlag[61].

Wenn auch die Zusammenarbeit mit dem Rat und den nationalen Instanzen manchmal sehr eng ist, so hat sich die Kommission doch nicht auf eine gleichförmige und obligatorische Verfahrensweise festgelegt. Sie entscheidet über ihr Vorgehen jeweils im Einzelfall nach Zweckmäßigkeitsgesichtspunkten und politischem Ermessen[62].

Dieses unabhängige und elastische Verhalten der Kommission hat nicht immer das Wohlwollen sämtlicher Mitgliedstaaten gefunden[63]. Der Rat hält es in seinem Luxemburger Beschluß vom 29. 1. 1966 für „wünschenswert, daß die Kommission ... in geeigneter Weise über die Ständigen Vertreter mit den Regierungen der Mitgliedstaaten Fühlung aufnimmt"[64].

Die Kommission hat aber den „Heptalog" des Rates nie als für sie verbindlich anerkannt[65] und obligatorische Fühlungnahmen oder gar „Vorkonsultationen", die außerdem nur über die Ständigen Vertreter erfolgen dürften, abgelehnt[66]. Dagegen bemüht sie sich weiterhin in pragmatischer Weise um die jeweils angemessenen Kontakte nicht nur zum Rat, sondern auch unmittelbar zu den nationalen Regierungen[67].

---

[59] *Bruns*, Entwicklungstendenzen, S. 122.

[60] Vgl. etwa den ersten Vorschlag für eine Futtermittel-Richtl. (EP-Dok 94/64—65): wie die Kommission in der beigefügten Begründung ausdrücklich hervorhebt, hatten die nationalen Experten dem materiellen Inhalt der geplanten Richtl. schon vor der offiziellen Befassung des Rates am 12. 10. 1964 einmütig zugestimmt. Wegen Meinungsverschiedenheiten über die Rechtsgrundlage und die Kompetenzverteilung zwischen Kommission und Rat war die Richtl. jedoch bis Ende 1969 noch nicht verabschiedet.

[61] Damit ist auch in der Praxis ein wesentlicher Einschnitt erreicht; unzutreffend *Wagner*, Beschlußrecht, S. 204, der von einem „dauernd verbundenen Verfahren" spricht, „dessen beide Teile sich nicht trennen lassen"; wie hier *Bruns*, Entwicklungstendenzen, S. 123.

[62] Vgl. *Noel/Amphoux*, Novelles, Nr. 562.

[63] Nach dem Aide-mémoire der franz. Regierung, das während der außerordentlichen Ratstagung in Luxemburg vorgelegt wurde, „*muß* die Kommission vor der endgültigen Annahme eines Vorschlags von besonderer Bedeutung für die Mitgliedstaaten die Regierungen auf entsprechendem Niveau konsultieren", vgl. EWG-Bulletin 3-1966, S. 6.

[64] Vgl. EWG-Bulletin 3-1966, S. 8.

[65] So Kom.-Präs. *Rey*, EP-Verh. v. 3. 7. 1968, S. 128.

[66] Kom.-Mitgl. *Levi Sandri*, EP-Verh. v. 9. 3. 1966, S. 131.

[67] Vgl. Kom.-Mitgl. *Levi Sandri*, a.a.O., u. Kom.-Präs. *Rey*, EP-Verh. v. 20. 9. 1967, S. 14, 35.

2. Rechtfertigung der Zusammenarbeit

Eine gewisse Zusammenarbeit von Kommission und Mitgliedstaaten schon während der Vorbereitung von Vorschlägen ist mit dem Vertrag ohne weiteres vereinbar. Sie läßt sich unter mehreren Gesichtspunkten rechtfertigen.

Das *Initiativrecht* verpflichtet die Kommission zur Suche nach Lösungen, die sachlich vertretbar, zugleich aber auch politisch durchsetzbar sind.

Sachgemäße Vorschläge setzen eine umfassende Kenntnis der tatsächlichen Verhältnisse voraus, die sich die Kommission ohne Unterstützung staatlicher Stellen kaum verschaffen könnte[68]. Angesichts der ungenügenden Personalausstattung vieler ihrer Dienststellen ist die Kommission auch auf die technischen Kenntnisse nationaler Experten angewiesen.

Damit ihre Vorschläge Aussicht auf Billigung durch den Rat haben, muß sich die Kommission frühzeitig ein realistisches Bild von der Haltung der Mitgliedstaaten und den entsprechenden politischen Möglichkeiten machen. Vielfältige Kontakte auf allen Ebenen geben dabei eine wertvolle Orientierungshilfe[69]. Auch aus der Sicht des Parlaments erscheint es wenig sinnvoll, zu Vorschlägen konsultiert zu werden, die so wirklichkeitsfremd sind, daß sie bei den anschließenden Verhandlungen im Rat mit Sicherheit weitgehend umgeformt werden müssen.

Darüber hinaus begründet Art. 15 FuV[70] für Rat und Kommission eine *allgemeine* Kooperationspflicht bei der Wahrnehmung ihrer Befugnisse. „Eine klare Zuweisung von Zuständigkeiten an verschiedene Organe in einem Verfahren, das auf einheitliche Ergebnisse zielt, ist nur denkbar, wenn sie ergänzt wird durch das Gebot der Zusammenarbeit“[71].

3. Grenzen der Zusammenarbeit

Der wünschenswerten Zusammenarbeit zwischen Kommission und Mitgliedstaaten im Frühstadium des Rechtsetzungsverfahrens sind je-

[68] So Kom.-Präs. *Hallstein*, EP-Verh. v. 17. 10. 1962, S. 120; dies wird im *Deringer*-Bericht, EP-Dok 74/62—63, Ziff. 122, anerkannt. — Vgl. auch Art. 213 des Vertrages.

[69] In diesem Sinne Kom.-Präs. *Hallstein*, EP-Verh. v. 17. 1. 1961, S. 48.

[70] Früher Art. 162 EWGV.

[71] Kom.-Präs. *Hallstein*, EP-Verh. v. 17. 10. 1962, S. 119. — Die systematische Beteiligung der nationalen Verwaltungen an der Vorbereitung von Gemeinschaftslösungen hat im übrigen eine überaus positive Nebenwirkung. Indem die Brüsseler Besprechungen bei einer stetig wachsenden Zahl nationaler Beamter (dazu *Noel/Amphoux*, Novelles, Nr. 548) das Verständnis für die Notwendigkeiten und besonderen Schwierigkeiten der Wirtschaftsintegration fördern, schaffen sie zugleich eine wichtige Voraussetzung für die loyale Anwendung des einmal erlassenen Gemeinschaftsrechts in den Mitgliedstaaten.

doch durch die vertragliche Kompetenzaufteilung Grenzen gesetzt, auf deren Beachtung insbesondere das Parlament größten Wert legen muß.

a) Wahrung des Initiativrechts der Kommission

Einmal darf die Kooperation das allein der Kommission zustehende Initiativrecht nicht beeinträchtigen. Die Kommission muß ihre Vorschläge in voller Unabhängigkeit ausarbeiten und über die Vorlage an den Rat frei entscheiden können. Ein *Zwang* zu vorherigem Meinungsaustausch oder „Vorkonsultation" sowie die Bindung an ein starres und ausschließliches Verfahren würden ihre Handlungsfreiheit vertragswidrig einschränken[72]. Erkundungsgespräche und die bloße Beratung durch nationale Experten stehen dagegen mit dem Vertrag im Einklang[73].

b) Wahrung des parlamentarischen Anhörungsrechts

Eine zu enge Zusammenarbeit zwischen Kommission und Rat gefährdet vor allem die wirksame Ausübung des parlamentarischen Anhörungsrechts. Es soll den Abgeordneten die Möglichkeit geben, auf die Willensbildung von Rat und Kommission einzuwirken. Sie müssen also *vor* der Beschlußfassung gehört werden und zwar zu einem Text, der noch nicht mehr als ein *Vorschlag* ist. Die „Konsultation" zu einem mühsam ausgehandelten Kompromiß, der sich praktisch kaum noch ändern läßt und de facto bereits als Entscheidung gelten kann[74], wäre sinnlos und vertragswidrig. Deshalb darf die Kommission — bei aller notwendigen Information und Beratung — die eigentlichen Verhandlungen mit den Mitgliedstaaten nicht vom Rat in den eigenen Zuständigkeitsbereich vorverlagern[75].

c) Wahrung des parlamentarischen Kontrollrechts

Schließlich sind auch die Kontrollbefugnisse des Parlaments zu wahren. Sie bestehen nach dem Vertrag nur gegenüber der Kommission, nicht gegenüber dem Rat. Eine wirksame Kontrolle ist aber ausge-

---

[72] So auch Kom.-Mitgl. *Levi Sandri*, EP-Verh. v. 9. 3. 1966, S. 131; zust. die Abg. *Metzger* und *Illerhaus*, a.a.O., S. 113 u. 116; ähnlich *Mégret*, Novelles Nr. 641, u. *Alting von Geusau*, Europ. Org., S. 197. — Vor allem bestünde die Gefahr, daß zu wichtigen Fragen Vorschläge gar nicht erst vorgelegt würden, wenn die Abstimmung mit den Mitgliedstaaten schwierig ist, vgl. die Kritik des *Deringer*-Berichts, EP-Dok 74/62—63, Ziff. 122 f.

[73] Ebenso *Everling*, AWD 1966, S. 460.

[74] Vgl. *Alting von Geusau*, Europ. Org., S. 197, u. *Lagrange*, Rev. trim. dr. eur. 1967, S. 25.

[75] So auch *Houben*, S. 99; *von Meibom*, Mitwirkung, S. 160; *Mégret*, Novelles Nr. 641 f.

schlossen gegenüber einem „europäischen Nebelgebilde"[76], einer Mischverwaltung von Kommission und Rat, deren Ergebnisse nur beiden zugerechnet werden können, ohne daß sich der jeweilige Einzelanteil erkennen ließe[77]. Angesichts des ständigen Dialogs zwischen Kommission und Rat ist die Gefahr einer solchen Vermengung der Verantwortung nicht zu leugnen. Die Kommission muß also auch aus diesem Grunde eine Teilhabe des Rates an ihrem Vorschlagsrecht vermeiden.

IV. Einflußnahme des Parlaments auf den Kommissionsvorschlag

Auch das Parlament sucht den Inhalt von Vorschlägen schon vor deren Verabschiedung durch die Kommission zu beeinflussen. Es verlangt einen vorherigen Gedankenaustausch „in jedem einzelnen Fall"[78]. Darüber hinaus wurde von einzelnen Abgeordneten immer wieder, wenn auch mit unterschiedlichem Nachdruck, eine „Vorkonsultation"[79] oder gar die Zustimmung des Parlaments[80] für notwendig erklärt, ehe die Kommission ihre Vorschläge dem Rat vorlegt.

1. Bisherige Praxis

Die bisherige Praxis der Kommission entspricht den Vorstellungen des Parlaments nur teilweise. Meist beschränkt sich die Einwirkung der Abgeordneten auf einen informellen Meinungsaustausch mit Vertretern der Kommission im Rahmen der zuständigen Parlamentsausschüsse[81].

Die einzelnen Kommissionsmitglieder werden regelmäßig eingeladen, über die allgemeinen Absichten und konkreten Rechtsetzungs-

---

[76] So der *Rossi*-Bericht, EP-Dok 74/64—65, Ziff. 341.

[77] Vgl. die Kritik des *Deringer*-Berichts, EP-Dok 74/62—63, Ziff. 123; dies wird auch von Kom.-Präs. *Hallstein*, EP-Verh. v. 17. 10. 1962, S. 121, anerkannt; ähnlich *Alting von Geusau*, Cah. dr. eur. 1966, S. 238, u. *Lagrange*, Rev. trim. dr. eur. 1967, S. 25.

[78] So *Furler*-Bericht, EP-Dok 31/63—64, Ziff. 70, der weiter ausführt: „Das Parlament wird es künftig sehr kritisieren müssen, wenn die Kommissionen Verordnungsvorschläge dem Ministerrat übermitteln, ohne seinen Ausschüssen Gelegenheit gegeben zu haben, zu den darin behandelten Themen im einzelnen Stellung zu nehmen." — Dazu EP-Entschließung v. 27. 6. 1963, Ziff. II a 1 (Abl. 1963, S. 1916).

[79] So *van Kauvenbergh*-Bericht, EP-Dok 17/58—59, S. 23; *Janssens*-Bericht, EP-Dok 71/59—60, Ziff. 18; *Nederhorst*, EP-Verh. v. 18. 10. 1960, S. 304; vgl. auch EP-Entschließung v. 27. 6. 1963, Ziff. II a 1 (Abl. 1963, S. 1916).

[80] So der Abg. *van der Goes van Naters*, EP-Verh. v. 21. 10. 1964, S. 135.

[81] Im Plenum werden aktuelle Rechtsetzungsvorhaben, zu denen ein Vorschlag noch nicht vorliegt, nur selten erörtert; vgl. aber die mündl. Anfrage an die Kommission betr. Eigeneinnahmen der Gemeinschaft, Harmonisierung der Steuern u. Neugestaltung der Parlamentsbefugnisse, EP-Verh. v. 2. 7.

pläne in ihrem Arbeitsbereich zu berichten. Zu einer solchen vorherigen Information ist die Kommission grundsätzlich bereit, soweit es nicht um Fragen von großer Dringlichkeit, besonderer Vertraulichkeit oder geringer Bedeutung geht[82]. Zur Wahrung ihrer Handlungsfreiheit hat sich die Kommission allerdings nicht an eine regelmäßige und obligatorische Verfahrensweise gebunden. Im Umgang mit den Ausschüssen bleibt daher den einzelnen Kommissionsmitgliedern ein gewisser Ermessensspielraum, insbesondere hinsichtlich des *Umfangs* und des *Zeitpunktes* der Unterrichtung. Diese beschränkt sich manchmal auf eine Darstellung der anstehenden Probleme und der verschiedenen Lösungsmöglichkeiten, oft werden aber auch die ersten Orientierungen der Kommission zu den betreffenden Rechtsetzungsvorhaben in großen Zügen mitgeteilt. In der Regel erfolgt die Unterrichtung mündlich. Gelegentlich wird sie jedoch ergänzt durch schriftliche Unterlagen, die von den einzelnen Kommissionsmitgliedern in eigener Verantwortung vorgelegt werden können, soweit sie auf früheren Entscheidungen des Kollegiums beruhen und keine neuen politischen Verpflichtungen enthalten. In jedem Fall legt die Kommission Wert darauf, daß ihre Erklärungen vor dem Ausschuß vertraulich bleiben und ohne ihre vorherige Zustimmung nicht veröffentlicht werden[83].

Den Erläuterungen der Kommissionsvertreter folgt meist ein Gedankenaustausch, der den Abgeordneten eine erste Meinungsäußerung zur allgemeinen Problematik des Rechtsetzungsvorhabens oder den konkreten Vorstellungen der Kommission ermöglicht[84]. Die Anregungen des Ausschusses sind für die Kommission manchmal von großem Wert, und sie schlagen sich dann im später verabschiedeten Vorschlag nieder[85].

Allerdings werden die Absichten und Pläne der Kommission in den Parlamentsausschüssen keineswegs immer und in gleicher Weise besprochen. Öfters haben die Abgeordneten erst nach der offiziellen Be-

---

1969, S. 112 ff. — Zur allg. Ausrichtung der Gemeinschaftspolitik nimmt das Parlament vor allem bei der Vorlage des jährl. Gesamtberichts und besonderer Aktionsprogramme der Kommission Stellung.

[82] Vgl. Kom.-Präs. *Hallstein*, EP-Verh. v. 27. 6. 1963, S. 191.

[83] Dies ist nicht immer der Fall gewesen. Zu einem Zwischenfall kam es am 10. 12. 1963: nachdem die Kom.-Mitgl. *Rey* und *Marjolin* den Außenhandelsausschuß über Fragen, die von der Kommission noch nicht abschließend behandelt waren, vertraulich informiert hatten, wurde vom Parlament ein Pressekommuniqué veröffentlicht, das unvollständige und entstellte Angaben enthielt.

[84] z. B. im März 1965 über die Regelung der Agrarfinanzierung im Landwirtschaftsausschuß, im Juni 1969 über die Reform des Europäischen Sozialfonds im Ausschuß für Sozial- u. Gesundheitsfragen. — Zu „Verhandlungen" — wie *von Meibom*, Mitwirkung, S. 151, meint — kommt es dabei allerdings nicht.

[85] Beispiele nennen *Forsyth*, S. 126, sowie der *Bech*-Bericht, EP-Dok 43/64—65, S. 1; vgl. auch *Rossi*, EP-Verh. v. 30. 6. 1969, S. 13.

fassung des Rates von einem Rechtsetzungsvorhaben erstmals Kenntnis erhalten[86].

Im Einzelfall hängt viel vom Ermessen des verantwortlichen Kommissionsmitglieds, vor allem aber von der Initiative und Sachkunde des jeweils zuständigen Ausschusses ab[87].

Über den geschilderten Meinungsaustausch ist die Kommission während der Ausarbeitung von Vorschlägen für Rechtsakte des Rates bisher nicht hinausgegangen. So hat sie selbst noch nie die Stellungnahme zu einem Vorschlagsentwurf beantragt und insbesondere eine förmliche „Vorkonsultation" des Parlaments oder seiner Ausschüsse vermieden[88].

2. Rechtliche Würdigung

Ob sich die weitergehenden Forderungen der Abgeordneten *rechtlich* untermauern lassen, ja, ob sie mit dem institutionellen Gefüge der Gemeinschaft überhaupt vereinbar sind, erscheint durchaus zweifelhaft.

a) Pflicht zu informellem Meinungsaustausch?

Eine Informations*pflicht* der Kommission bereits vor der Befassung des Rates[89] wird nicht aus der Anhörungs-, sondern meist aus der Kontrollbefugnis des Parlaments herzuleiten gesucht[90]. In der Tat erstreckt sich die parlamentarische Kontrolle auch auf die Vorschlagstätigkeit der Kommission. Letztere schuldet dem Parlament aber erst Rechenschaft, *nachdem* sie einen Vorschlag an den Rat, den offiziellen Adressaten, übermittelt hat. Nur diese Auffassung entspricht der vertraglichen Kompetenzverteilung. Danach obliegt die Ausarbeitung der Vorschläge allein der Kommission. Ein *Zwang* zu frühzeitigem Meinungsaustausch müßte die Kommission schon in der Phase der Willensbildung ohne Ausweichmöglichkeit dem politischen Druck des Parlaments aussetzen. So würde eine mittelbare Beteiligung der Abgeordne-

---

[86] Kritisch der *Dehousse*-Bericht, EP-Dok 33/64—65, S. 10, sowie der Abg. *Vals*, EP-Verh. v. 14. 3. 1967, S. 47; zu optimistisch ist wohl die Darstellung bei *Lassalle*, Rapp. institutionnels, S. 34 f.

[87] Ähnlich *Illerhaus*-Bericht, EP-Dok 118/66—67, Ziff. 20.

[88] Wohl hat die Kommission gelegentlich bestimmte „Mitteilungen" oder „Memoranden" nach der Übermittlung an den Rat auch dem Parlament bzw. seinen zuständigen Ausschüssen übersandt und dabei betont, „daß sie es begrüßen würde, die Ansicht des Europäischen Parlaments zu den Leitgedanken des Dokuments zu erfahren", vgl. EP-Dok 138/61—62 und schriftl. Anfrage *Vredeling* Nr. 36/62 (Abl. 1962, S. 1595).

[89] Zur Information während der Ausarbeitung der parlamentarischen Stellungnahme in diesem Abschnitt unter B III 2.

[90] So *Janssens*-Bericht, EP-Dok 71/59—60, Ziff. 18, und *Furler*-Bericht, EP-Dok 31/63—64, Ziff. 46.

ten am Vorschlagsrecht ermöglicht und die unabhängige Stellung der Kommission gefährdet[91]. Im übrigen sieht der Vertrag die Anhörung anderer Gremien durch die Kommission nur in seltenen Ausnahmefällen von besonderer Bedeutung vor[92]. Auch daraus läßt sich — im Wege des Umkehrschlusses — das Fehlen weitergehender Verpflichtungen entnehmen[93].

b) Zulässigkeit des informellen Meinungsaustausches

Es stellt sich sogar die Frage, ob die Kommission den Ausschußwünschen nach frühzeitigem Meinungsaustausch über geplante Vorschläge in freier Ermessensentscheidung nachkommen darf.

Eine wirksame Ausübung des Initiativrechts ist nur möglich, wenn sich die Kommission *alle* sachlichen und politischen Bewertungselemente verschaffen kann. Dazu gehört — vor allem in kritischen Fällen — die Kenntnis der allgemeinen Vorstellungen und ersten Reaktionen des Parlaments[94]. Auch wegen der Pflicht zur nachträglichen Rechenschaft muß die Kommission eine Möglichkeit haben, die grundsätzliche Haltung der Abgeordneten zu erkunden.

Da bei den im übrigen vertraulichen Erörterungen im Ausschuß noch keine Vorschlagsentwürfe, sondern nur allgemeine Orientierungen mitgeteilt werden, bleibt auch der Anspruch des Rates gewahrt, für ihn bestimmte Kommissionsvorschläge als erster zu erfahren. Schließlich erleichtert und beschleunigt eine laufende Information der Parlamentsausschüsse die Ausarbeitung der später vom Rat beantragten Stellungnahme. Kommission und Rat sind daran in gleicher Weise interessiert[95].

Die Kommission kann also auf freiwilliger Grundlage an einem frühzeitigen Meinungsaustausch teilnehmen, wenn dabei ihre alleinige Verantwortung für den Vorschlagsinhalt gewahrt bleibt.

c) Zulässigkeit einer „Vorkonsultation"?

Ob die Kommission noch weiter gehen und eine förmliche „Vorkonsultation" des Plenums oder seiner Ausschüsse herbeiführen dürfte, erscheint dagegen zweifelhaft.

Sicher mag es in Erwartung politischer Schwierigkeiten mit dem Rat verlockend erscheinen, die ausdrückliche Unterstützung des Parla-

---

[91] Übereinstimmend *Noel/Amphoux*, Novelles Nr. 560 f.; ähnliche Bedenken finden sich in einer Stellungnahme des EP-Rechtsausschusses, vgl. EP-Dok 118/66—67, Anl. V, S. 21, Ziff. 7.

[92] So Art. 69 und Art. 43 Abs. 2 S. 1.

[93] *Noel/Amphoux*, Novelles Nr. 560.

[94] Vgl. auch *van Miert*, Chron. pol. etr. 1969, S. 226 f.

[95] Ähnlich Kom.-Präs. *Hallstein*, EP-Verh. v. 27. 6. 1963, S. 191.

ments zu einem möglichst frühen Zeitpunkt zu suchen. Rechtlich wird eine solche Verfahrensweise ebenfalls mit dem Hinweis auf die politische Verantwortung vor dem Parlament zu rechtfertigen gesucht[96].

Die Anhörung der Abgeordneten zu einem Vorschlagstext noch vor der Befassung des Rates, von dem das obligatorische Konsultationsersuchen auszugehen hat, wäre aber mit der vertraglichen Kompetenzverteilung im Rechtsetzungsverfahren kaum vereinbar. Das Vorschlagsrecht gegenüber dem Rat würde nicht mehr von der Kommission allein, sondern *gemeinsam* mit dem Parlament wahrgenommen. Ein solche Teilung der Verantwortung müßte die Unabhängigkeit der Kommission auf die Dauer beeinträchtigen und zu einer Verschiebung der institutionellen Kräfteverhältnisse führen[97]. Dies gälte erst recht für eine Bindung der Kommission an die vorherige Zustimmung des Parlaments.

Eine „Vorkonsultation" seitens der Kommission würde auch die nachfolgende obligatorische Anhörung durch den Rat weitgehend entwerten, vor allem, wenn die Vorstellungen des Parlaments durch entsprechende Vorschlagsänderungen der Kommission schon berücksichtigt wären. Zusätzliche Bedenken bestünden gegen eine öffentliche Parlamentsdebatte noch vor der offiziellen Befassung des Rates, für den die Kommissionsvorschläge in erster Linie bestimmt sind. Schließlich würde eine „Vorkonsultation" das jetzt schon langwierige Rechtsetzungsverfahren der Gemeinschaft weiter erschweren[98].

Der im Parlament geäußerte Wunsch nach einer „Vorkonsultation" seitens der Kommission ist also mit dem Vertrag unvereinbar und aus rechtlichen wie praktischen Gründen nicht zu verwirklichen[99].

Die angeführten rechtlichen Einwände gelten allerdings nicht für den Fall, daß der Rat bereits mit einem Vorschlag befaßt ist und entgegen einer Kommissionsempfehlung die fakultative Anhörung des Parlaments ablehnt. Unter solchen Umständen liegt es im Ermessen der Kommission, selbst die Initiative zur Konsultation zu ergreifen und sich der politischen Unterstützung durch das Parlament zu vergewissern[100].

---

[96] So *Houben*, S. 100 f., der auch auf eine auslegende Erklärung der niederländischen Delegation zu Art. 43 sowie auf die Erläuterungen der niederländischen Regierung zum EWGV verweist.

[97] Übereinstimmend *Noel/Amphoux*, Novelles Nr. 561.

[98] So auch der Abg. *Fischbach*, EP-Verh. v. 24. 11. 1959, S. 148.

[99] Zum gleichen Ergebnis kommt Kom.-Präs. *Hallstein*, EP-Verh. v. 27. 6. 1963, S. 191, nach einer ursprünglich eher positiven Stellungnahme (vgl. EP-Verh. v. 23. 6. 1958, S. 106); vgl. auch die Bedenken des Abg. *Rossi*, EP-Verh. v. 27. 6. 1963, S. 187.

[100] Abweichend *Wohlfarth*, JIR Bd. 9 (1959/60), S. 23, der nur dem Rat ein

V. Vorschlagsänderungen vor dem Anhörungsersuchen?

Dem Parlament kann es nicht gleichgültig sein, ob es zum ursprünglichen Vorschlag der Kommission gehört wird oder zu einer geänderten Kompromißfassung, die bereits den abweichenden Vorstellungen der Ratsmitglieder Rechnung trägt. Art. 149 berechtigt Rat wie Kommission zur Vorschlagsänderung, läßt aber nicht eindeutig erkennen, ob solche Änderungen auch schon vor einer obligatorischen Anhörung des Parlaments erfolgen dürfen.

1. Änderungen durch den Rat?

Die sofortige Vorschlagsänderung durch den *Rat* könnte sinnvoll erscheinen, wenn die Abgeordneten sonst zu Vorschriften konsultiert werden, denen der Rat keinesfalls zustimmen will. Da die Kommission ihren Vorschlag nicht nur dem Rat, sondern regelmäßig auch dem Parlament „zur Information" übermittelt[101], wäre sie bei einer sofortigen Änderung durch den Rat nicht gehindert, sich in der späteren Konsultationsdebatte der offenen Unterstützung des Parlaments zu vergewissern. Im übrigen müßte der Rat einen von ihm geänderten Vorschlag logischerweise selbst vor dem Parlament und seinen Ausschüssen verteidigen[102].

Eine solche Lösung ist jedoch mit dem Vertrag kaum vereinbar. Nach dem klaren Wortlaut der einschlägigen Bestimmungen entscheidet der Rat erst *nach* Anhörung des Parlaments. Mit einem Änderungsbeschluß, der gem. Art. 149 Abs. 1 nur einstimmig gefaßt werden kann, wäre aber die Haltung des Rates präjudiziert und das Parlament von einer Beteiligung an der Willensbildung praktisch ausgeschlossen. Die Anhörung muß deshalb nicht nur der endgültigen Verabschiedung eines Rechtsakts, sondern auch einem Ratsbeschluß über Änderungen des Kommissionsvorschlags zeitlich vorausgehen[103]. Konsultationsgegenstand ist der Vorschlag der Kommission, den der Rat vorher auch dann

---

Recht zur Parlamentsanhörung zubilligt; vgl. auch *Hoffmann*, S. 94. — Art. 22 EP-GO sieht die Möglichkeit eines Ersuchens der Kommission um Stellungnahmen ausdrücklich vor.

[101] Vgl. oben unter A I 2 b.

[102] Dies geschieht z. B. im Haushaltsverfahren, wo gem. Art. 203 Abs. 3 der Rat — nicht die Kommission — den Budget-Entwurf aufstellt, vgl. *Bruch*, Europ. Gemeinschaft 5-1968, S. 26.

[103] Vgl. *Bebr*, Judicial Control, S. 33: „... Council must as a rule, before taking any action, consult with the Assembly"; ebenso *Noel*, Arbeitsweise, S. 9. — Der Ratsbeschluß zur Aufstellung des Haushaltsentwurfs, der vom Vorentwurf der Kommission abweichen kann, erfordert nur eine qualifizierte Mehrheit, läßt also eine spätere Änderung aufgrund der parlamentarischen Stellungnahme schon eher möglich erscheinen.

nicht ändern darf, wenn er ihm in seiner ersten Fassung unannehmbar erscheint[104].

Praktische Nachteile können im übrigen dadurch ausgeglichen werden, daß der Rat in dem Anhörungsersuchen an das Parlament seine abweichenden Vorstellungen in geeigneter Weise mitteilt[105].

2. Änderungen durch die Kommission?

Vorstellbar ist allerdings, daß sich der Rat nach einem ersten Meinungsaustausch an die *Kommission* wendet, um diese zu einer Vorschlagsänderung noch vor der Parlamentsanhörung zu verlassen[106].

a) Änderungspflicht auf Verlangen des Rates?

Sicherlich wäre die Kommission nicht verpflichtet, einem solchen Verlangen nachzukommen. Ihre Unabhängigkeit und die Alleinverantwortung bei der Wahrnehmung des Initiativrechts schließen es aus, daß sie vom Rat — gleich in welchem Zeitpunkt — zu einer Vorschlagsänderung gezwungen werden kann.

b) Recht zur Änderung

Fraglich bleibt jedoch, ob die Kommission auf Anregung des Rates zur Vorschlagsänderung noch vor einer obligatorischen Stellungnahme des Parlaments *berechtigt* wäre.

Auch dagegen bestehen schwere institutionelle Bedenken. Die vertraglich vorgeschriebene Mitwirkung des Parlaments an der Willensbildung von Rat und Kommission, der gerade bei wesentlichen Meinungsverschiedenheiten unter den Mitgliedstaaten besondere Bedeutung zukommen könnte, würde bei dieser Verfahrensweise erheblich behindert. Eine Konsultation erscheint kaum noch sinnvoll, wenn der Kommissionsvorschlag schon vorher im Wege des Kompromisses geändert und der Inhalt der Ratsentscheidung damit weitgehend vorweggenommen worden ist[107]. Darüber hinaus wäre die parlamentarische

---

[104] Ebenso *Wohlfarth*, JIR Bd. 9 (1959/60), S. 22; *Alting von Geusau*, Europ. Org., S. 138; *Houben*, S. 102.

[105] Dazu oben unter A I 4 d.

[106] Vgl. das im *Deringer*-Bericht, EP-Dok 57/61—62, Ziff. 3, kritisierte Ergebnis der Ratstagung v. 14./15. 11. 1960.

[107] Ebenso *Deringer*-Bericht, EP-Dok 57/61—62, Ziff. 3, sowie *Houben*, S. 102, und *Kronenburg*, S. 130. — Die genannten Einwände gelten z. B. für das — allerdings fakultative — Anhörungsersuchen des Rates zum Entscheidungsvorschlag über die schrittweise Vereinheitlichung der Handelsabkommen zwischen den Mitgliedstaaten und Drittländern und über die Aushandlung gemeinschaftlicher Abkommen, vgl. EP-Dok 128/69—70.

Kontrolle über die Vorschlagstätigkeit der Kommission gefährdet, wenn die Abgeordneten mit Texten befaßt würden, die nicht der Kommission allein zugerechnet werden könnten, sondern bereits die gemeinsamen Vorstellungen von Rat und Kommission enthielten.

Trotz dieser gewichtigen Vorbehalte erscheint eine frühzeitige Vorschlagsänderung nicht in jedem Fall vertragswidrig[108]. Sie kann im übrigen auch auf andere Umstände als Einwände des Rates, etwa auf eine Änderung der tatsächlichen Verhältnisse oder auf parlamentarische Anregungen noch vor der offiziellen Konsultation zurückzuführen sein. Die Kommission muß jedoch die Parlamentsbefugnisse respektieren und auch für den geänderten Vorschlagsinhalt die volle Verantwortung übernehmen.

In der Regel hat sich die Kommission Bemühungen des Rates um eine Vorschlagsänderung noch vor der Parlamentsänderung bisher mit Nachdruck widersetzt[109].

B. Ausarbeitung und Übermittlung der parlamentarischen Stellungnahme

I. Verfahrensablauf im Normalfall

In diesem Abschnitt des Anhörungsverfahrens lassen sich drei Phasen unterscheiden: eine Vorentscheidung über die Stellungnahme zum Kommissionsvorschlag fällt bereits während der Beratung in den Parlamentsausschüssen; es folgen Aussprache und Abstimmung im Plenum sowie Übermittlung und Veröffentlichung der Stellungnahme.

1. Ausschußberatung

Das Anhörungsersuchen des Rates wird zunächst vervielfältigt, zusammen mit dem Kommissionsvorschlag als Sitzungsdokument verteilt und vom Parlamentspräsidenten im Einvernehmen mit dem Präsidium an den zuständigen Ausschuß überwiesen[1].

---

[108] So auch *Daig*, Groeben-Boeckh, Art. 149 Anm. 5.

[109] Vgl. z. B. das bei *van Miert*, Chron. pol. etr. 1969, S. 226, geschilderte Verhalten anläßlich der ersten Aussprache des Rates über den Vorschlag für die spätere Wettbewerbs-VO Nr. 17; dagegen hatte die EAG-Kommission im Nov. 1958 noch vor der Anhörung des Parlaments ein Verzeichnis von Änderungen vorgelegt, die sie an ihrem ursprünglichen Richtlinienvorschlag über Grundnormen für den Gesundheitsschutz „unter Berücksichtigung der Stellungnahme des Wirtschafts- und Sozialausschusses sowie der Bemerkungen der verschiedenen nationalen Delegationen“ vorzunehmen beabsichtigte, vgl. *Bertrand*-Bericht, EP-Dok 52/58—59, S. 5 f.

[1] Art. 22 Abs. 1 EP-GO. — Ende 1969 bestanden die folgenden 12 Ausschüsse: Politischer Ausschuß; Wirtschaftsausschuß; Finanz- und Haushaltsausschuß; Landwirtschaftsausschuß; Ausschuß für Sozial- und Gesundheits-

a) *Praktischer Ablauf*

Der Ausschuß benennt einen Berichterstatter, der beauftragt wird, den Ausschußbericht vorzubereiten und ihn vor dem Parlament zu vertreten[2]. In grundsätzlich nichtöffentlicher Sitzung[3] wird nach einer schriftlichen oder auch nur mündlichen Einführung des Berichterstatters[4] der Kommissionsvorschlag geprüft und über eine Stellungnahme beraten. Da letztere vom Parlament in Form einer Entschließung verabschiedet wird, enthält der endgültige Ausschußbericht einen Entschließungsantrag, der näher begründet ist. In dem Bericht wird das Ergebnis der Abstimmung genannt, ggf. auch die Ansicht der Minderheit dargelegt[5]. Dazu kommt es allerdings nicht sehr häufig, weil die Ausschüsse ihre Berichte meist einstimmig verabschieden[6]. Anschließend wird der Bericht dem Parlamentspräsidium übermittelt mit der Bitte, die weitere Beratung im Plenum zu veranlassen.

b) *Mitberatende Ausschüsse*

Sind für einen Konsultationsantrag mehrere Ausschüsse zuständig, so wird einer als federführend, die übrigen als mitberatend bestimmt; es dürfen jedoch in der Regel nicht mehr als 3 Ausschüsse gleichzeitig mit einer Frage befaßt werden[7].

Die zeitliche Koordinierung der Ausschußarbeiten bereitet bisher erhebliche Schwierigkeiten, und nicht selten treffen Stellungnahmen zu spät ein[8]. Neuerdings kann der federführende den mitberatenden Ausschüssen eine Frist setzen[9].

Die Stellungnahme mitberatender Ausschüsse darf Änderungswünsche zum Kommissionsvorschlag enthalten, darüber hinaus auch Vorschläge für Teile des Entschließungsantrages des federführenden Ausschusses,

---

fragen; Ausschuß für Außenwirtschaftsbeziehungen; Rechtsausschuß; Ausschuß für Energie, Forschung und Atomfragen; Verkehrsausschuß; Ausschuß für die Assoziation mit Griechenland; Ausschuß für die Assoziation mit der Türkei; Ausschuß für die Beziehungen zu den afrikanischen Ländern und Madagaskar.

[2] Art. 42 Abs. 1 S. 1 EP-GO.

[3] Art. 40 Abs. 1 EP-GO.

[4] Dazu EP-Präs. *Scelba,* EP-Verh. v. 6. 10. 1969, S. 5.

[5] Art. 42 Abs. 1 S. 2 u. Abs. 2 EP-GO,

[6] Während der Sitzungsperiode 1968/69 wurden dem Parlament 75 Konsultationsberichte im Rechtsetzungsverfahren vorgelegt. Davon waren 49 einstimmig angenommen worden, bei 9 hatte es Enthaltungen und bei 17 Gegenstimmen gegeben; vgl. auch die bei *Forsyth,* S. 79, genannten Zahlen für die Sitzungsperiode 1962/63.

[7] Art. 38 Abs. 3 EP-GO; vgl. auch Art. 44 Abs. 1 EP-GO.

[8] Vgl. etwa EP-Dok 9/68—69, S. 2.

[9] Vgl. EP-Präs. *Scelba,* EP-Verh. v. 6. 10. 1969, S. 5.

jedoch keinen eigenen Entschließungsantrag[10]. Manchmal nehmen der Vorsitzende oder der Berichterstatter, in besonderen Fällen auch weitere Mitglieder des mitberatenden an den Sitzungen des federführenden Ausschusses mit beratender Stimme teil[11]. Die Stellungnahme des mitberatenden Ausschusses wird dem Bericht des federführenden Ausschusses meist als Anlage beigefügt; vertritt sie einen abweichenden Standpunkt, so *muß* sie in dem Bericht dargelegt werden[12]. In der Praxis kommt es jedoch zwischen den beteiligten Ausschüssen nur selten zu Meinungsverschiedenheiten[13].

c) Teilnahme von Kommission und Rat

Kommission und Rat können auf besondere Einladung an den Ausschußsitzungen teilnehmen[14].

Die *Kommission* hat zugesagt, sich an allen Ausschußsitzungen zu beteiligen, soweit diese — was meist der Fall ist — in Brüssel oder auch in Straßburg bzw. Luxemburg stattfinden[15]. Allerdings sind die Kommissionsmitglieder aus praktischen Gründen nicht immer persönlich anwesend[16]. Stets nehmen jedoch hohe Beamte der zuständigen Generaldirektionen sowie des Juristischen Dienstes teil[17].

Die Mitwirkung in den Parlamentsausschüssen erfüllt einen doppelten Zweck. Sie ermöglicht es der Kommission, ihren Vorschlag näher zu erläutern und die Abgeordneten umfassend zu informieren[18]. Zugleich gibt sie Gelegenheit, die Unterstützung des Ausschusses zu gewinnen und damit den Bericht sowie den Entschließungsentwurf für das Plenum zu beeinflussen.

Der *Rat*, der die Stellungnahme des Parlaments beantragt, hat trotz wiederholter Aufforderungen der Abgeordneten[19] bisher noch nie an Ausschußberatungen über Konsultationen im Rechtsetzungsverfahren teilgenommen[20]. Diese Haltung läßt sich nicht allein mit dem Hinweis

[10] Art. 44 Abs. 2 u. 5 EP-GO.

[11] Art. 44 Abs. 6 EP-GO.

[12] Art. 44 Abs. 3 EP-GO.

[13] Vgl. aber *Spénale*, EP-Verh. v. 9. 12. 1969, S. 4, sowie EP-Dok 107 u. 108/62—63.

[14] Art. 40 Abs. 2 S. 1 EP-GO.

[15] Kom.-Präs. *Rey*, EP-Verh. v. 3. 7. 1968, S. 130.

[16] In der EP-Entschließung v. 3. 7. 1968, Ziff. 28 (Abl. 1968, Nr. C 72/37) wird eine stärkere persönliche Mitwirkung der jeweils zuständigen Kommissionsmitglieder verlangt.

[17] Und zwar gem. Art. 40 Abs. 2 S. 2 EP-GO.

[18] Zum Informationsrecht des Parlaments in diesem Abschnitt unter B III 2.

[19] Vgl. u. a. *Janssens*-Bericht, EP-Dok 71/59—60, Ziff. 8, sowie EP-Präs. *Scelba*, EP-Verh. v. 3. 6. 1969, S. 5.

auf die zahlreichen anderweitigen Verpflichtungen der Ratsmitglieder[21] erklären. Der Rat ist für den Gegenstand der Ausschußberatung, den Kommissionsvorschlag, nicht verantwortlich, und er beginnt die eigenen Beratungen in aller Regel erst nach Vorliegen der parlamentarischen Stellungnahme[22]. Seine Vertreter könnten daher in diesem frühen Zeitpunkt allenfalls erste persönliche Ansichten äußern; sie wären jedoch kaum in der Lage, einen Standpunkt „des Rates“ zu verteidigen. Etwaigen Informationspflichten gegenüber dem Parlament[23] kann der Rat auch ohne Beteiligung an den Ausschußsitzungen nachkommen. Immerhin gäbe die Anwesenheit wenigstens eines Ratsmitglieds den Abgeordneten Gelegenheit, ihre Vorstellungen unmittelbar und eindringlicher zur Geltung zu bringen[24]. Eine Stärkung des parlamentarischen Einflusses im Rechtsetzungsverfahren wäre jedoch eher zu erwarten vom Dialog zwischen Rat und Parlament in einem späteren Zeitpunkt, wenn auch der Rat zum Kommissionsvorschlag Stellung bezogen hat[25].

d) *Teilnahme von Interessenvertretern und Experten*

Nach der Geschäftsordnung des Parlaments kann „jede sonstige Person“ auf besonderen Beschluß des Ausschusses eingeladen werden, an einer Sitzung teilzunehmen und dort das Wort zu ergreifen[26]. Damit wird insbesondere die Beiziehung von Sachverständigen und von Vertretern betroffener Interessengruppen ermöglicht. Bei Fragen, die über einen längeren Zeitraum behandelt werden, haben die Ausschüsse davon in bescheidenem Umfang Gebrauch gemacht[27]. Öffentliche Anhörungen wurden jedoch noch nicht veranstaltet.

Im übrigen liegen den Parlamentsausschüssen etwaige Stellungnahmen des Wirtschafts- und Sozialausschusses zum gleichen Kommissionsvorschlag in der Regel vor ihrer endgültigen Beschlußfassung vor[28].

---

[20] Nach einem Grundsatzbeschluß vom 16.—17. 3. 1959 verzichtet der Rat auf eine Teilnahme an den Sitzungen der Parlamentsausschüsse. Ausnahmen sind die Beratungen über Haushalts- u. Assoziierungsfragen. Neuerdings hat der Rat den Ausschuß der Ständigen Vertreter beauftragt, Möglichkeiten einer erweiterten Mitarbeit in den Ausschüssen zu prüfen, vgl. MR-Präs. *Thorn*, EP-Verh. v. 3. 6. 1969, S. 5.

[21] So aber die Ratspräs. *Pella*, EP-Verh. v. 24. 11. 1959, S. 125; *Schaus*, EP-Verh. v. 28. 3. 1960, S. 16; Thorn, EP-Verh. v. 7. 5. 1969, S. 77.

[22] Zu Ausnahmefällen in diesem Abschnitt unter B V.

[23] Dazu in diesem Abschnitt unter B III 1.

[24] Vgl. auch *Battista*, EP-Verh. v. 21. 11. 1962, S. 94.

[25] Dazu in diesem Abschnitt unter C II 2 a.

[26] Art. 40 Abs. 2 S. 2 EP-GO.

[27] Vgl. *Deringer*-Bericht, EP-Dok 74/62—63, Ziff. 159 bb; *Dittrich*, EP-Verh. v. 13. 3. 1967, S. 11; *Herr*, EP-Verh. v. 16. 3. 1967, S. 197; *Santero*, EP-Verh. v. 8. 5. 1969, S. 171; *de Winter*, EP-Verh. v. 3. 7. 1969, S. 189; EP-Information 1969/ 8, S. 30, 32.

[28] Dazu in diesem Abschnitt unter B IV.

2. Plenarberatung

Die Plenarberatung über das Konsultationsersuchen des Rates erscheint im Tagesordnungsentwurf des erweiterten Präsidiums, der dem Parlament zur Genehmigung unterbreitet werden muß[29].

a) Praktischer Ablauf

Grundlage der Plenarberatung ist der Bericht des zuständigen Ausschusses, der im normalen Verfahren spätestens 24 Stunden vorher verteilt sein muß[30]. Zwar soll der Berichterstatter grundsätzlich von der mündlichen Vorlage seines Berichts absehen, es sei denn, nach der Beschlußfassung im Ausschuß hat sich ein neuer Tatbestand ergeben oder eine Erläuterung zum Inhalt des Berichts erscheint unerläßlich[31]. Trotzdem verzichtet der Berichterstatter in der Praxis nur selten auf eine kurze Einführung.

Es beginnt die allgemeine Aussprache, die meist von Sprechern der Parlamentsfraktionen[32] eröffnet wird. Anschließend sprechen weitere Abgeordnete im eigenen Namen, manchmal auch Vertreter mitberatender Ausschüsse[33]. Dem folgt die Prüfung der Texte, d. h. des Kommissionsvorschlages sowie des Entschließungsantrags, wobei meist Absatz für Absatz vorgegangen wird. Jeder Abgeordnete kann Änderungsanträge einreichen, die sich auf den zur Prüfung vorliegenden Text beziehen müssen[34]. Im Namen des zuständigen Ausschusses äußert sich der Berichterstatter zu den einzelnen Änderungsanträgen, die vor dem vom Ausschuß vorgeschlagenen Text zur Abstimmung gestellt werden[35]. Nach der Prüfung der Texte können die Abgeordneten nur noch kurze Erklärungen zu ihrer Abstimmung abgeben[36]. Dann folgt die Schlußabstimmung über den gesamten Entschließungsantrag.

b) Teilnahme von Kommission und Rat

Der Kommission und dem Rat wird während der allgemeinen Aussprache und der Prüfung der Texte „auf ihren Wunsch" das Wort erteilt[37].

---

[29] Art. 12 Abs. 1 u. 2 EP-GO.

[30] Art. 26 Abs. 1; 13 EP-GO.

[31] Beschluß des erweiterten Präsidiums, vgl. EP-Verh. v. 11. 5. 1967, S. 128.

[32] Christliche Demokraten; Sozialisten; Liberale und Nahestehende; Europäische Demokratische Union.

[33] Insbesondere, wenn ein mitberatender Ausschuß seine Stellungnahme erst nach Verabschiedung des Berichts im federführenden Ausschuß abgeben konnte, vgl. Art. 44 Abs. 4 EP-GO.

[34] Art. 29 Abs. 1 u. 2 EP-GO.

[35] Art. 29 Abs. 3 EP-GO.

[36] Art. 26 Abs. 3; 31, Abs. 5 EP-GO.

[37] Art. 31 Abs. 3 EP-GO.

Die *Kommission* ist auch bei der öffentlichen Plenardebatte fast immer vertreten, und zwar nicht nur, um ihren Vorschlag weiter zu erläutern und die politischen Optionen zu rechtfertigen. Einer Zusage aus dem Jahre 1963 entsprechend[38] nimmt das jeweils verantwortliche Kommissionsmitglied nach Möglichkeit auch schon zum Entschließungsantrag sowie den verschiedenen Diskussionsbeiträgen Stellung. Diese meist noch persönliche Äußerung läßt bereits erkennen, welche Änderungswünsche Aussicht auf Berücksichtigung durch die Kommission haben; die Beschlußfassung des Kollegiums bleibt jedoch in der Regel vorbehalten[39]. Nur in Ausnahmefällen veranlaßt das zuständige Kommissionsmitglied über den Ausschußbericht schon vor der Tagung des Parlaments eine Beratung seiner Institution[40], um dann in der Plenardebatte die Haltung der Kommission vortragen zu können[41].

Die aktive Beteiligung der Kommission an der Aussprache im Plenum macht ihre Verantwortung vor dem Parlament deutlich und trägt zu einer Klärung der politischen Fronten bei.

Der *Rat* hat sich trotz zuweilen heftiger Kritik der Abgeordneten[42] auch an den Konsultationsdebatten im Plenum bisher noch nie beteiligt[43]. Angesichts der grundsätzlichen Bereitschaft zur Teilnahme an Sitzungen des Parlaments[44] dürfte diese Haltung im wesentlichen die gleichen Gründe haben, die bereits für das Fernbleiben des Rates von den Ausschußberatungen genannt wurden[45].

---

[38] Vgl. Präs. *Hallstein*, EP-Verh. v. 27. 6. 1963, S. 191.

[39] Vgl. Kom.-Mitgl. *Schaus*, EP-Verh. v. 23. 3. 1965, S. 131: „Ich erkläre mich hiermit einverstanden und werde meiner Kommission in diesem Sinne einen Vorschlag unterbreiten ..." — Weitere Beispiele bei *Louis*, Règlements, S. 39 Anm. 48. — Näher zur Auswertung durch die Kommission in diesem Abschnitt unter C I.

[40] Die Tagesordnung der Kommission enthält regelmäßig den Punkt „Vorbereitung der Tagung des Parlaments", der Gelegenheit zu einer solchen Beratung bietet.

[41] So etwa Kom.-Mitgl. *von der Groeben*, EP-Verh. v. 2. 7. 1968, S. 30; vgl. aber auch die Antwort der Kommission auf die schriftl. Anfrage *Vredeling* Nr. 189/69 (Abl. 1969, Nr. C 132/4).

[42] Vgl. *Duvieusart*, EP-Verh. v. 8. 1. 1959, S. 57; *Janssens*-Bericht, EP-Dok 101/62—63, Ziff. 5; EP-Präs. *Scelba*, EP-Verh. v. 3. 6. 1969, S. 5; ebenso die EP-Entschließung v. 27. 11. 1959 (Abl. 1959, S. 1267).

[43] Auch das belgische Ratsmitglied *Snoy et d'Oppuers* sprach in der Mehrwertsteuer-Debatte v. 9. 10. 1969 (EP-Verh., S. 148 ff.) nicht im Namen des Rates, sondern erläuterte die Haltung seiner Regierung.

[44] Vgl. die Verbalnote der Räte, zitiert im Schreiben des EP-Präs. *Schuman* v. 15. 5. 1959, Anl. I zum EP-Dok 71/59—60; ebenso die Ratspräs. *Piccioni*, EP-Verh. v. 21. 11. 1962, S. 150, u. *Thorn*, EP-Verh. v. 3. 6. 1969, S. 5.

[45] Allerdings sind stets Beamte des Ratssekretariats anwesend, die über den Ablauf der Debatten informatorische Aufzeichnungen anfertigen.

c) *Inhalt der Entschließungen*

In der Stellungnahme des Parlaments wird der Kommissionsvorschlag sehr selten rundweg abgelehnt[46], öfters schon ohne Änderungswünsche gebilligt[47]. In den meisten Fällen jedoch machen die Abgeordneten Änderungsvorschläge, ohne dabei die Lösung der Kommission in den Grundzügen anzutasten[48]. Die Entschließungen enthalten dann eine Schlußformel, in der die Kommission ersucht wird, „die nachstehenden Änderungsvorschläge gem. Art. 149 Abs. 2 des Vertrages zu übernehmen". Bei wichtigen Vorschlägen wird außerdem der zuständige Parlamentsausschuß beantragt, „aufmerksam zu verfolgen, ob die Kommission die Änderungsvorschläge des Europäischen Parlaments in ihren ursprünglichen Vorschlag übernimmt, und gegebenenfalls darüber zu berichten"[49].

Die spezielle Aufforderung an die Kommission mag angesichts des Konsultationsersuchens des Rates überraschen. Da aber das Parlament eher auf die ihm verantwortliche Kommission als auf den politisch nicht kontrollierten Rat Druck ausüben kann, entspricht diese Praxis durchaus der institutionellen Struktur der Gemeinschaft.

Der sachliche Gehalt der parlamentarischen Stellungnahmen ist — auch bei den Abgeordneten selbst — nicht ohne Kritik geblieben. Tatsächlich wurden manche „Kompromisse ohne jeden praktischen Wert und ohne jede Überzeugungskraft" geschlossen[50]. Dies ist jedoch nicht zuletzt auf die Eigenart des Anhörungsverfahrens selbst zurückzuführen. Anders als in den nationalen Parlamenten werden keine unmittelbar geltenden Gesetze, sondern unverbindliche Stellungnahmen verabschiedet. Dies muß die Neigung zur politischen Auseinandersetzung naturgemäß mindern. Darüber hinaus versprechen sich die Abgeordneten ein stärkeres Gewicht und größere Aussicht auf Berücksichtigung von möglichst einstimmigen Stellungnahmen, was ebenfalls den Verzicht auf scharfe Frontstellungen nahelegt[51]. Immerhin ist es bis in

---

[46] Vgl. aber die Entschließung v. 19. 1. 1966 betr. Änderung von Art. 11 der VO Nr. 23 (Abl. 1966, S. 374); aufschlußreich auch die Plenardebatte v. 8. 5. 1969, EP-Verh., S. 170 ff., über einen ablehnenden Entschließungsantrag, der schließlich an den Ausschuß zurückverwiesen wurde.

[47] Vgl. etwa die Entschließungen v. 18. 6. 1965 (Abl. 1965, S. 2057), v. 17. 10. 1966 (Abl. 1966, S. 3451) u. vom 16. 3. 1967 (Abl. 1967, S. 982).

[48] Eine Ausnahme sind die Änderungswünsche zur Marktorganisation für Rohtabak: zum „Lulling-Plan" vgl. Kom.-Vizepräs. *Mansholt*, EP-Verh. v. 3. 7. 1969, S. 191.

[49] Diese Praxis geht zurück auf die EP-Entschließung v. 20. 10. 1966, Ziff. 7 u. 8 (Abl. 1966, S. 3465).

[50] So der Abg. *Kriedemann*, Europ. Gemeinschaft 5/1968, S. 25; vgl. auch *van Dijk*, EP-Verh. v. 17. 10. 1962, S. 135.

[51] Ausführlicher dazu *Sattler*, S. 209 ff.

die jüngste Zeit — wenn auch selten — zu leidenschaftlichen Debatten und umkämpften Abstimmungen gekommen[52].

3. Übermittlung und Veröffentlichung

Die vom Parlament beschlossene Stellungnahme wird zusammen mit dem zugrundeliegenden Ausschußbericht unverzüglich dem Rat als dem Antragsteller, zugleich aber auch der Kommission übermittelt[53]. Ebenso wie der ursprüngliche Vorschlag und der spätere Ratsbeschluß erscheint auch die parlamentarische Stellungnahme im Amtsblatt der Europäischen Gemeinschaften[54].

II. Verfahren in Sonderfällen

Nicht alle Anhörungsersuchen des Rates werden in dem dargestellten Normalverfahren behandelt. Den Besonderheiten mancher Konsultationsanträge entsprechend sieht die Geschäftsordnung des Parlaments gewisse Verfahrenserleichterungen vor.

1. Überwiegend technische Konsultationen

Manche nach dem Vertrag obligatorische Konsultationen beziehen sich auf überwiegend technische Fragen ohne erkennbare politische Bedeutung[55]. Um die Verhandlungen des Parlaments damit nicht unnötig zu belasten, wurde das *Abstimmungsverfahren ohne Aussprache* eingeführt[56].

Die Ausschüsse müssen sich bei allen Berichten, für die sie zuständig sind, zum Verfahren der Prüfung im Plenum — mit oder ohne Aussprache — äußern[57]. Im Einvernehmen mit der Kommission können sie beantragen, daß über ihren Entschließungsantrag abgestimmt wird, ohne daß ein Redner das Wort ergreift. Die Fraktionen, die von diesem

---

[52] Vgl. etwa die Beratung über die gemeinsame Marktorganisation für Rohtabak, EP-Verh. v. 3. 7. 1969, S. 191 ff.

[53] Art. 22 Abs. 2 EP-GO; die vom Rat beantragte Stellungnahme v. 27. 6. 1966 (Abl. 1966, S. 2429) wurde auch den Regierungen der Mitgliedstaaten übermittelt.

[54] Seit 1968 im Teil C („Mitteilungen und Bekanntmachungen"), und zwar im Rahmen der Sitzungsprotokolle des Parlaments, die innerhalb eines Monats veröffentlicht werden, vgl. Art. 17 Abs. 4 EP-GO.

[55] Vgl. z. B. die Entschließungen v. 23. 6. 1967 betr. Sortierung von Rohholz (Abl. 1967, Nr. 156/59), v. 3. 10. 1968 betr. Vermessung von Tankern (Abl. 1968, Nr. C 108/36) u. v. 8. 5. 1969 betr. Messung der Schüttdichte von Getreide (Abl. 1969, Nr. C 63/27).

[56] Die jetzige Regelung in Art. 27 EP-GO geht zurück auf einen Beschluß des erweiterten Präsidiums v. 25. 5. 1965, der erstmals am 30. 1. 1967(!) angewandt wurde.

[57] Vgl. EP-Präs. *Scelba*, EP-Verh. v. 6. 10. 1969, S. 6.

Antrag unterrichtet werden, lassen ihre Sprecher nur dann in die Rednerliste eintragen, wenn sich eine Intervention nach Durchsicht des Berichts als unbedingt erforderlich erweist. In der ersten Sitzung jeder Tagung, spätestens aber einen Tag vor der Behandlung im Plenum, gibt der Präsident bekannt, welche Fragen ohne Aussprache behandelt werden können. Kommen die entsprechenden Punkte der Tagesordnung an die Reihe und liegen bis dahin keine Wortmeldungen vor, so läßt der Präsident unmittelbar über die Schlußfolgerungen des Ausschusses abstimmen.

Dieses Verfahren hat sich inzwischen bewährt. Es wird jedoch immer noch zu selten angewandt.

2. Dringliche Konsultationen

Zur Erhaltung der Funktionsfähigkeit der Gemeinschaft sind gelegentlich äußerst kurzfristige Stellungnahmen des Parlaments erforderlich.

a) Dringlichkeitsverfahren

Art. 14 der Geschäftsordnung des Parlaments sieht daher ein Dringlichkeitsverfahren vor. Die Dringlichkeit kann dem Parlament vom Präsidenten, von mindestens zehn Abgeordneten, von der Kommission oder vom Rat vorgeschlagen werden. Sie ist ohne besonderen Beschluß gegeben, wenn sie schriftlich von einem Drittel der Parlamentsmitglieder beantragt wird. Die Dringlichkeit begründet einen absoluten Vorrang der Eintragung in die Tagesordnung. Das Plenum kann über die Konsultation ohne Bericht oder auf der Grundlage eines mündlichen Berichts des zuständigen Ausschusses beraten. Von dieser Möglichkeit wird auch in bedeutenden Angelegenheiten ziemlich häufig Gebrauch gemacht[58].

b) Weitere Beschleunigungsmöglichkeiten

Die kurzfristige Abgabe dringender Stellungnahmen ist jedoch mit dem Dringlichkeitsverfahren allein nicht gewährleistet. Die eigentliche Schwierigkeit ergibt sich aus den zahlreichen Unterbrechungen der jährlichen Sitzungsperiode, die im Sommer und am Jahresende besonders lange dauern[59]. Dadurch kann nicht nur der Erlaß von Rechtsakten, die an die obligatorische Parlamentsanhörung gebunden sind,

---

[58] Vgl. z. B. die Entschließungen v. 14. 6. 1965 (Abl. 1965, S. 1986), v. 16. 3. 1967 (Abl. 1967, S. 991), v. 17. 5. 1968 (Abl. 1968, Nr. C 55/34) und v. 30. 6. 1969 (Abl. 1969, Nr. C 97/24).

[59] Vom 6. 7. 1968 bis zum 29. 9. 1968; vom 1. 7. 1966 bis zum 17. 10. 1966 (zum Beispiel).

erheblich verzögert werden; die Abgeordneten riskieren auch, daß im Rat bereits abschließende Verhandlungen beginnen, ehe die parlamentarische Stellungnahme vorliegt[60].

aa) Als Abhilfe wurde erwogen, die Zustimmung der Abgeordneten zum Entschließungsantrag des zuständigen Ausschusses — in Anlehnung an Regelungen der Geschäftsordnungen von Kommission und Rat[61] — im *schriftlichen* Verfahren einzuholen. Der Wortlaut des Entschließungsantrags müßte allen Abgeordneten schriftlich mitgeteilt werden, wobei zur Äußerung von Vorbehalten oder Änderungsanträgen eine Frist zu setzen wäre, Anträge, zu denen bis zum Ablauf der Frist kein Abgeordneter einen Vorbehalt angemeldet hätte, wären vom Parlament angenommen.

Die Öffentlichkeitsfunktion des Parlaments gerade in wichtigen Angelegenheiten wird zwar durch ein schriftliches Verfahren gefährdet. Falls aber jedem einzelnen der 142 Abgeordneten ein Widerspruchsrecht eingeräumt würde, bestünden kaum Bedenken rechtlicher Natur. Die praktischen Schwierigkeiten, sämtlichen Abgeordneten die Mitwirkung zu ermöglichen, sind jedoch so groß, daß für die Anhörung des Parlaments ein schriftliches Verfahren ungeeignet erscheint[62].

bb) Weiter wurde vorgeschlagen, vom Rat beantragte dringende Stellungnahmen zwischen den Tagungen des Parlaments *vom zuständigen Ausschuß* abgeben zu lassen[63]. Nach dem Vertrag muß jedoch das Parlament selbst konsultiert werden. Die Delegation von Anhörungsbefugnissen an Hilfsorgane ist daher unzulässig[64].

cc) Eine Lösung des Dringlichkeitsproblems ist also nur zu erwarten von *häufigeren Plenartagungen,* die bei Bedarf auch vom Rat oder der Kommission beantragt werden können[65]. Tatsächlich ist es seit Mitte 1967 zunehmend zu ein- oder zweitägigen Sondertagungen — meist am Sitz des Sektretariats in Luxemburg — gekommen[66]. Diese Neuerung hat sich bisher durchaus bewährt.

---

[60] Dazu auch Kom.-Vizepräs. *Mansholt* sowie der Abg. *Vredeling,* EP-Verh. v. 11. 5. 1967, S. 176 u. 156; näher zum zweiten Aspekt in diesem Abschnitt unter B V.

[61] Art. 11 Kom-GO u. Art. 6 MR-GO.

[62] Auch der EP-Rechtsausschuß hält ein solches Verfahren für „kaum durchführbar und auch nicht wünschenswert", vgl. *Jozeau-Marigné*-Bericht, EP-Dok 110/67—68, Ziff. 38.

[63] So der Abg. *Scelba* in der Sitzung des Rechtsausschusses v. 24. 4. 1967; vgl. auch *Boscary-Monsservin,* EP-Verh. v. 11. 5. 1967, S. 153.

[64] Ebenso *Jozeau-Marigné*-Bericht, EP-Dok 110/67—68, Ziff. 38.

[65] Art. 139 Abs. 2 des Vertrages sowie Art. 1 Abs. 4 EP-GO.

[66] Im Jahre 1967:2; 1968:6; 1969:5. — Vgl. auch EP-Präs *Scelba,* EP-Verh. v. 6. 10. 1969, S. 6.

Allerdings sind die europäischen Abgeordneten, die auch den Verpflichtungen ihrer nationalen Mandate nachkommen müssen, inzwischen an die Grenze ihrer Leistungsfähigkeit gelangt. Ein dringendes Gebot ist daher die allmähliche Beseitigung der Doppelmandate, die bei der Einführung direkter Wahlen zum Europäischen Parlament beginnen könnte. Bei aller Kritik an der Schwerfälligkeit des Anhörungsverfahrens darf allerdings nicht übersehen werden, daß der eigentliche Engpaß der Gemeinschaftsrechtsetzung nicht beim Parlament, sondern beim Rat besteht, insbesondere seitdem nach dem Vertrag mögliche Mehrheitsbeschlüsse nur noch in äußerst seltenen Ausnahmefällen gefaßt werden.

III. Vollständige Information des Parlaments

Eine Anhörung ist nur sinnvoll und kann nur dann als ordnungsgemäß angesehen werden, wenn das konsultierte Organ über Beurteilungselemente verfügt, die eine Prüfung aller wesentlichen Probleme und die Abwägung verschiedener Lösungsmöglichkeiten gestatten[67]. Um die vom Rat beantragte Stellungnahme zum Kommissionsvorschlag abgeben zu können, muß also das Parlament die tatsächlichen und rechtlichen Voraussetzungen der geplanten Vorschriften kennen. Häufig bedarf es zu Einzelfragen zusätzlicher Auskünfte und besonderer Erläuterungen, die es sich nicht selbst verschaffen kann.

1. Anspruch gegenüber dem Rat

Zunächst ist an einen Informationsanspruch gegenüber dem Rat zu denken.

Da die obligatorischen Stellungnahmen vom Rat einzuholen sind, trifft diesen eine Rechtspflicht, im Rahmen seiner Möglichkeiten dem Parlament die benötigten Informationen zu beschaffen. Tatsächlich hat der Rat schon frühzeitig seine Bemühungen zugesagt, „den Ausschüssen die Auskünfte zu geben, die sie gegebenenfalls benötigen, um ihre Arbeiten erfolgreich durchführen zu können"[68].

Die praktischen Auswirkungen der Informationspflicht des Rates sind allerdings begrenzt. Für den Konsultationsgegenstand trägt der Rat nämlich keine Verantwortung. Er hat den Kommissionsvorschlag meist nur zur Kenntnis genommen und vor dem Anhörungsersuchen selten mehr als einen ersten Meinungsaustausch gehabt. Die vorläufigen Re-

---

[67] Dies ist von den Generalanwälten des Gerichtshofs wiederholt hervorgehoben worden, vgl. *Lagrange*, EuGH I, S. 126, u. *Roemer*, EuGH I, S. 273; ebenso *Luchaire*, A. O. Bd. IV, S. 205; vgl. auch EP-Entschließung v. 17. 10. 1967, Ziff. 3 (Abl. 1967, Nr. 268/8).

[68] Verbalnote der Räte an das Parlament, zitiert im Schreiben des EP-Präs. *Schuman* v. 15. 5. 1959, Anl. I zu EP-Dok 71/59—60.

aktionen der einzelnen Mitgliedstaaten sind zwar wichtige Beurteilungselemente, und soweit sie bereits im Rat mitgeteilt wurden, können dem Anhörungsersuchen entsprechende Bemerkungen beigefügt werden. Zur Auskunft über die Haltung der Mitgliedstaaten ist der Rat aber nicht verpflichtet. Abgesehen von zwischenzeitlichen Vorschlagsänderungen[69] kann er sich in der Regel darauf beschränken, Arbeitsdokumente der Kommission, die er zu Einzelproblemen erhalten hat, an das Parlament weiterzuleiten[70]. Auch einer direkten Übermittlung solcher Unterlagen durch die Kommission an das Parlament darf er sich nicht widersetzen.

2. Anspruch gegenüber der Kommission

Meist hat das Parlament erforderliche Informationen unmittelbar von der Kommission verlangt[71].

Diese stellt zwar nicht den Konsultationsantrag; von ihr stammt jedoch der Vorschlag, den sie vor den Abgeordneten politisch verantworten muß. Dazu gehört die Erteilung sämtlicher Auskünfte, die zur wirksamen Ausübung der parlamentarischen Kontrollbefugnisse benötigt werden. Im Rechtsetzungsverfahren kann sich die Kommission kaum je auf den vertraulichen Charakter gewünschter Informationen berufen, zumal die Ausschußsitzungen nicht öffentlich sind, was eine jedenfalls relative Geheimhaltung gewährleistet[72].

Im übrigen hat die Kommission selbst größtes Interesse daran, ihre Haltung vor den Abgeordneten zu erläutern, um sich das Vertrauen und die Unterstützung des Parlaments zu sichern. Sie ist den Auskunftsverlangen daher in der Regel bereitwillig nachgekommen[73].

In der Praxis vollzieht sich die Information des Parlaments in vielfältigen Formen. Schon der Kommissionsvorschlag enthält neben der in Art. 190 vorgeschriebenen Begründung des Rechtsakts meist eine Einleitung mit ausführlicheren Erläuterungen. Gewisse Arbeitsdokumente, die für den Rat und seine Hilfsorgane bestimmt sind, werden auch den zuständigen Parlamentsausschüssen übermittelt, wenn ihnen mehr als rein technische Bedeutung zukommt[74]. Auf Wunsch der Ausschüsse legt die Kommission informatorische Aufzeichnungen zu Einzelproble-

---

[69] Dazu bereits in diesem Abschnitt unter A V.

[70] Vgl. z. B. das Anhörungsersuchen in EP-Dok 71/69—70, das als Anlage einen umfangreichen Bericht der Kommission enthält.

[71] Vgl. die Entschließung vom 16. 5. 1968 (Abl. 1968, Nr. C 55/33), mit der eine Stellungnahme für den Rat vertagt wird, bis nähere Auskünfte der Kommission vorliegen.

[72] Vgl. auch *Luchaire*, A. O. Bd. IV, S. 203.

[73] Vgl. etwa Kom.-Vizepräs. *Mansholt*, EP-Verh. v. 16. 5. 1968, S. 166, sowie *Lefèbre*, EP-Verh. v. 18. 6. 1968, S. 11.

[74] So *Noel/Amphoux*, Novelles Nr. 602.

men vor und beantwortet Fragebögen, die manchmal äußerst detailliert sind[75]. Hinzu kommt eine umfassende mündliche Information, vor allem während der vertraulichen Ausschußberatungen, aber auch bei Stellungnahmen von Kommissionsmitgliedern im Plenum.

IV. Berücksichtigung von Stellungnahmen des Wirtschafts- und Sozialausschusses

1. Forderung des Parlaments

Das Europäische Parlament hat immer wieder verlangt, daß ihm etwaige Stellungnahmen des Wirtschafts- und Sozialausschusses zu den Kommissionsvorschlägen frühzeitig genug zugeleitet werden, so daß es sie bei seinem politischen Urteil berücksichtigen kann[76]. Der Vertrag schreibt zwar nur an acht Stellen neben der Anhörung des Parlaments zugleich auch die des Wirtschafts- und Sozialausschusses vor[77]. Der Rat konsultiert jedoch den Ausschuß nicht selten fakultativ, so daß sich das angeschnittene Problem relativ häufig stellt.

2. Würdigung

Die Forderung des Parlaments gibt Anlaß zu rechtlichen und zu Zweckmäßigkeitserwägungen.

a) Rechtliche Erwägungen

Ein Rechtsanspruch des Parlaments, Stellungnahmen des Wirtschafts- und Sozialausschusses verwerten zu können, läßt sich dem Vertrag nicht entnehmen. Gem. Art. 198 Abs. 1 übt der Ausschuß seine Konsultativfunktion nur gegenüber dem Rat und der Kommission aus. Obwohl er nicht zu den in Art. 4 Abs. 1 abschließend genannten Gemeinschaftsorganen gehört[78], ist eine Unterordnung oder gar Weisungsgebundenheit gegenüber dem Parlament zu verneinen. Andererseits wird die institutionelle Struktur der Gemeinschaft durch die Weiterleitung von Stellungnahmen des Wirtschafts- und Sozialausschusses auch an das Parlament nicht beeinträchtigt[79].

---

[75] Vgl. z. B. EP-Dok 36/64—65, Anlage I, sowie das Ausschußdokument PE 16.409 v. 25. 10. 1966.

[76] Entschließung v. 18. 10. 1962, Ziff. 18 (Abl. 1962, S. 2672); vgl. auch *Deringer*-Bericht, EP-Dok 74/62—63, Ziff. 130; *Kapteyn*-Bericht, EP-Dok 107/62—63, S. 11 (Anlage); *Furler*-Bericht, EP-Dok 31/63—64, Ziff. 64, 72; *Vredeling*-Bericht, EP-Dok 81/63—64, Ziff. 58. — Bei den einzelnen Parlamentsausschüssen besteht allerdings ein unterschiedliches Interesse.

[77] Art. 54 Abs. 1 u. 2; 63 Abs. 1 u. 2; 75 Abs. 1; 100; 126; 127.

[78] *Thiesing*, Groeben-Boeckh, Vorb. 2 zu Art. 193 ff.

[79] Vgl. auch *Wohlfarth*, Kom., Art. 198 Anm. 3. — Eine Beteiligung des WSA an den Arbeiten des Parlaments — wie sie im Jahre 1960 gewünscht wurde

b) Zweckmäßigkeitserwägungen

Abgesehen von rechtlichen Erwägungen erscheint es jedenfalls zweckmäßig, wenn sich das Parlament bei der Abgabe seiner politischen Stellungnahme auch auf den interessengeprägten Sachverstand des Wirtschafts- und Sozialausschusses stützen kann[80]. Eine spürbare Verzögerung des Anhörungsverfahrens muß dabei jedoch vermieden werden.

3. Praktische Durchführung

Zur praktischen Verwirklichung der Forderung des Parlaments kommen verschiedene Maßnahmen in Betracht.

Der *Rat* könnte die Konsultation des Parlaments bis zum Vorliegen der Stellungnahme des Wirtschafts- und Sozialausschusses verschieben[81], was aber einen erheblichen Zeitverlust zur Folge hätte[82]. Sinnvoller erscheint es schon, bei gleichzeitigem Ersuchen an beide Institutionen — so die regelmäßige Praxis — dem Ausschuß eine kürzere Frist zu setzen[83].

Die offizielle Stellungnahme des Ausschusses leitet der Rat unverzüglich an das Parlament weiter[84].

Eine wichtige Initiative ist vom *Parlament selbst* ausgegangen: nach einer Vereinbarung mit dem Wirtschafts- und Sozialausschuß aus dem Jahre 1962[85] soll es unmittelbar von diesem und gleichsam offiziös alle internen Dokumente, insbesondere Sitzungsprotokolle sowie Berichte und Stellungnahmen der fachlichen Gruppen, erhalten. Zwar scheint die Praxis nicht immer zu befriedigen. Die Parlamentsausschüsse sind jedoch oft in der Lage, die Haltung des Wirtschafts- und Sozialausschusses, wie sie sich in vorbereitenden Sitzungen abzeichnet, frühzeitig kennenzulernen und zu verwerten. Im übrigen wartet das Parlament mit der Verabschiedung seiner Entschließungen häufig, bis ihm die endgültige Stellungnahme des Wirtschafts- und Sozialausschusses vorliegt[86].

— weckt dagegen rechtliche Bedenken. *Lassalle,* Cah. dr. eur. 1968, S. 396 f., schlägt vor, bei der Fusion der Verträge die Parlamentarier mit Vertretern des wirtschaftlichen und sozialen Lebens in einer einzigen Versammlung zusammenzufassen.

[80] Ebenso *Renard-Payen,* Rev. trim. dr. eur. 1965, S. 535.

[81] So *Deringer*-Bericht, EP-Dok 74/62—63, Ziff. 130.

[82] Die gleichen Bedenken äußert *Fischer,* S. 181 Anm. 1.

[83] So geschehen in dem von *Samkalden,* SEW 1962, S. 109, erwähnten Fall der ersten Kartellverordnung.

[84] Zu dieser Regelung v. März 1959 vgl. *Fischer,* S. 180.

[85] Dazu *Fischer,* S. 181.

[86] Die derzeitige Praxis geht besonders deutlich aus den Mitteilungen im EP-Bulletin 1969/70, Nr. 36, S. 15 ff., hervor; vgl. auch *Lefèbre,* EP-Verh. v. 18. 6. 1968, S. 11.

V. Gleichzeitige Verhandlungen im Rat

1. Bisherige Praxis

Im Prinzip beginnt die Erörterung des Kommissionsvorschlags im Bereich des Rates erst dann, wenn die beim Parlament beantragte Stellungnahme vorliegt und die Kommission Gelegenheit hatte, ihren Vorschlag daraufhin zu ändern[87].

Dieser Grundsatz wird jedoch in der Praxis durch zahlreiche Ausnahmen durchlöchert. Dabei sind mehrere Abstufungen zu unterscheiden.

Häufig beginnt die zuständige *Arbeitsgruppe* des Ausschusses der Ständigen Vertreter schon vorher mit der Prüfung des Kommissionsvorschlags. Auf manchen Sachgebieten, etwa in Agrarfragen, ist dies sogar fast zur Regel geworden. Der Bericht an die Ständigen Vertreter erfolgt aber meist erst nach Kenntnisnahme von der Entschließung des Parlaments. Wird diese nicht abgewartet, so enthält der Bericht in der Regel einen Hinweis auf die noch ausstehende Stellungnahme, die neue Gesichtspunkte bringen könne.

Auf der Grundlage des Arbeitsgruppenberichts beginnen dann auch schon die *Ständigen Vertreter* ihre Beratungen[88]. Allerdings werden diese nicht sehr häufig noch vor der Meinungsäußerung des Parlaments in einem Bericht an den Rat zusammengefaßt.

Manchmal tritt sogar der *Rat* selbst in Verhandlungen ein, während das Parlament noch über die beantragte Stellungnahme berät[89]. Zwar hat der Rat vor der Befassung mit einer obligatorischen Stellungnahme bisher noch nie einen endgültigen Beschluß gefaßt. In manchen Fällen wurde aber der Inhalt des späteren Rechtsaktes nicht nur in den Grundzügen, sondern auch schon in Einzelheiten offenbar weitgehend festgelegt[90]. Auch Vorschlagsänderungen der Kommission noch vor der

---

[87] So auch *Bruns*, Entwicklungstendenzen, S. 124, u. *Seidel*, CMLR 1969, S. 315 Anm. 7. — Näher zur Auswertung der parlamentarischen Stellungnahme in diesem Abschnitt unter C I—III.

[88] So z. B. die Behandlung der ersten Kartell-VO (Ende 1961) und der VO über die Normalisierung der Eisenbahnkonten (Nov. 1968).

[89] z. B. über die ersten Marktordnungsvorschläge ab Juli 1961 (näher dazu *Louis*, Règlements, S. 19 f.); über die Marktordnungen für die Endphase im Mai 1967 (vgl. EWG-Bulletin 7-1967, S. 80); über die Vorschläge für den Tabaksektor im Mai 1969 (vgl. EG-Bulletin 7-1969, S. 62); über Maßnahmen infolge der DM-Aufwertung im Nov. 1969 (vgl. dazu *Vredeling*, EP-Verh. v. 27. 11. 1969, S. 170 f.); über mehrere VO-Vorschläge betr. Obst und Gemüse im Nov. 1969 (dazu die Abg. *Mauk*, *Cifarelli*, *Richarts* und *Vredeling* sowie Kom.-Vizepräs. *Mansholt*, EP-Verh. v. 28. 11. 1969, S. 208, 210, 212, 213, 216 f.).

[90] Das gilt z. B. für die VO Nr. 2464/69 betr. die Folgen der DM-Aufwertung (Abl. 1969, Nr. L 312/4) u. für die im Amtsblatt 1969, Nr. L 318, veröffentlichten Agrarverordnungen.

Entschließung des Parlaments sind bei diesem Verfahrensablauf nicht auszuschließen[91].

Der Beginn intensiver Verhandlungen im Rat, noch bevor die Abgeordneten ihre Meinung äußern konnten, ist im Parlament immer wieder heftig kritisiert worden[92].

2. Rechtliche Würdigung

In der Tat weckt die Praxis des Rates in den geschilderten Ausnahmefällen — die Tendenz ist eher zunehmend — erhebliche Bedenken politischer, vor allem aber auch rechtlicher Natur.

Einmal besteht die Gefahr, daß sich das Parlament in seiner Stellungnahme zu Texten äußert, die wegen zwischenzeitlicher Änderungen und Ergänzungen längst überholt sind und nur noch Archivwert besitzen. Dies ist bereits mehrfach vorgekommen[93]. Derartige Konsultationen können kaum als vertragsgemäß angesehen werden, und sie gefährden den rechtlichen Bestand der späteren Ratsbeschlüsse.

Durch unverzügliche Information des Parlaments über den jeweiligen Stand der Ratsverhandlungen erscheint zwar Abhilfe möglich, und soweit die Kommission förmliche Vorschlagsänderungen vornimmt, werden diese den Abgeordneten in aller Regel übermittelt[94]. Änderungsbeschlüsse gem. Art. 149 Abs. 2 sind aber in dieser Phase der Beratungen ziemlich selten. Abweichungen vom ursprünglichen Vorschlag, die der Kommission und den Gremien des Rates annehmbar erscheinen, werden nämlich zunächst meist nur in rechtlich noch unverbindlichen „Arbeitsdokumenten" festgehalten und erst gegen Ende der Ratsverhandlungen gem. Art. 149 förmlich bestätigt[95]. Interne „Arbeitsdokumente" dieser

---

[91] So wurden die Vorschläge zur Schaffung von *zwei* Agrarfonds im Anschluß an die Ratstagung vom 29./30. 7. 1963 zusammengefaßt; der Weinmarkt-Vorschlag von 1967 wurde nach Erörterungen des Rates (vgl. z. B. EG-Bulletin 5-1969, S. 48) im April 1969 geändert und ergänzt (EP-Dok 42/69—70); vgl. auch die Aussprache über die Zucker-Marktordnung, EP-Verh. v. 2. 2. 1967, S. 169 ff.

[92] Vgl. z. B. *Furler*-Bericht, EP-Dok 31/63—64, Ziff. 68, sowie die Ausführungen der Abg. *Blondelle, Dupont* und *Vredeling*, EP-Verh. v. 11. 5. 1967, S. 139, 143, 156.

[93] Vgl. die Kritik im *Furler*-Bericht, EP-Dok 31/63—64, Ziff. 68, sowie *Neunreither*, EA 1966, S. 816. — Das gleiche Problem stellt sich beim WSA: so weist dessen Präsident den Rat in einem Schreiben v. 23. 9. 1963 darauf hin, daß seine Institution über die beabsichtigte Änderung der Agrarfonds-Vorschläge nicht informiert worden sei, was eine unnütze Prüfung überholter Texte zur Folge gehabt habe.

[94] Vgl. etwa EP-Dok 15+—17+/63—64 u. 42/69—70.

[95] Vgl. auch *Noel*, EuR 1967, S. 47.

Art gelangen aber fast nie an das Parlament[96]. Allenfalls entschließt sich die Kommission zur mündlichen Information des zuständigen Ausschusses.

Rein formal können sich Rat und Kommission darauf berufen, daß eine offizielle Vorschlagsänderung noch aussteht. Ihr Verhalten führt aber zur Aushöhlung der Vertragsregeln über das Rechtsetzungsverfahren.

Auch wenn das Parlament während der Ausarbeitung seiner Stellungnahme über neue Entwicklungen im Rat hinreichend informiert würde, bliebe ein zweiter, noch schwererwiegender Einwand: der frühzeitige Dialog zwischen Kommission und Rat kann leicht vollendete Tatsachen schaffen. Eine Stellungnahme des Parlaments ist aber kaum noch sinnvoll, wenn sich Rat und Kommission über den Text eines geplanten Rechtsaktes nach langwierigen Diskussionen weitgehend einig geworden sind. „Parallelverhandlungen" im Rat bergen daher die Gefahr einer Entwertung des parlamentarischen Anhörungsrechts.

Sicher sprechen manchmal wichtige Gründe, etwa die Schwierigkeit der Materie und die Dringlichkeit einer Entscheidung, für den sofortigen Beginn der Arbeiten im Rat. Für solche besonderen Umstände haben auch die Abgeordneten Verständnis gezeigt. Die bisherige Praxis ist aber nicht unbeeinflußt von einer gewissen Gleichgültigkeit gegenüber dem Parlament und einer Mißachtung seiner Befugnisse. Um eine Verletzung des Vertrages zu vermeiden, ist daher bei Verhandlungen im Rat bis zur obligatorischen Stellungnahme des Parlaments größere Zurückhaltung geboten.

VI. Verweigerung der Stellungnahme

1. Bisherige Praxis

Soweit ersichtlich, hat das Parlament eine vom Rat beantragte obligatorische Stellungnahme bisher nur ein einziges Mal ausdrücklich verweigert, wobei die verabschiedete Entschließung ihrem Inhalt nach einer Ablehnung des Kommissionsvorschlages gleichkam[97]. Verschiedentlich wurde eine Weigerung angedroht, dann aber im Plenum doch nicht beschlossen[98].

---

[96] Eine Ausnahme während der Beratungen über die Wein-Marktordnung führte zu heftigen parlamentarischen Reaktionen, die die Kommission zu einer förmlichen Vorschlagsänderung veranlaßten.

[97] Entschließung vom 19. 11. 1962 betr. die Aussetzung von Wettbewerbsregeln für die Seeschiffahrt und die Luftfahrt (Abl. 1962, S. 2850).

[98] Vgl. EP-Dok 107/62—63 betr. die Aussetzung von Wettbewerbsregeln für den Eisenbahn-, Straßen- u. Binnenschiffsverkehr und dazu EP-Verh. v.

Schließlich hat das Parlament mehrfach seine Beschlußfassung über einen längeren Zeitraum bewußt verzögert[99] bzw. zunächst nur „vorläufige“ Entschließungen verabschiedet[100]. In diesem Verhalten kam meist das Unbehagen über den konkreten Vorschlag oder die allgemeine Entwicklung der Gemeinschaftspolitik auf dem betreffenden Gebiet zum Ausdruck. Zugleich sollte auf Kommission und Rat politischer Druck ausgeübt werden, den Vorschlag zu ändern, zu ergänzen oder auf seine Verabschiedung ganz zu verzichten.

In keinem dieser Fälle hat der Rat ohne endgültige Stellungnahme des Parlaments entschieden — meist deshalb, weil sich seine Mitglieder über den anstehenden Beschluß noch nicht einig waren.

2. Rechtliche Würdigung

In rechtlicher Hinsicht wirft die vorläufige oder endgültige Verweigerung einer vertraglich vorgeschriebenen Stellungnahme zwei Probleme auf.

a) Rechtspflicht zur Stellungnahme

Zunächst stellt sich die Frage, ob das Parlament auf obligatorische Anhörungsersuchen des Rates zur Stellungnahme *verpflichtet* ist.

Die Vertragsbestimmungen über die Kompetenzverteilung sollen zwischen den Gemeinschaftsorganen ein bestimmtes Kräfteverhältnis garantieren und den Ausgleich gegensätzlicher Interessen ermöglichen. Dieser Zweck wäre gefährdet, wenn die Mitwirkung ganz im Belieben der Beteiligten stünde. Der Zuweisung bestimmter Einflußmöglichkeiten entspricht daher die rechtliche Verpflichtung, diese — dem Vertrag entsprechend — wahrzunehmen. Unzulässig wäre nicht nur ein genereller Verzicht des Parlaments auf seine Anhörungsbefugnisse[101]. Auch die Verweigerung der Stellungnahme im Einzelfall ist mit dem Vertrag nicht vereinbar[102].

---

19. 11. 1962, S. 10 ff. — Aufschlußreich auch EP-Verh. v. 19. 6. 1969, S. 59, 62 u. v. 28. 11. 1969, S. 213; in beiden Fällen sah sich das Parlament durch zwischenzeitliche Verhandlungen des Rates vor vollendete Tatsachen gestellt.

[99] So lag die am 20. 12. 1968 beantragte Stellungnahme zum Ausgleich der Verlagerung von Zolleinnahmen (EP-Dok 183/68—69) bis Febr. 1970 noch nicht vor; vgl. dazu EP-Verh. v. 9. 12. 1969, S. 3 ff.

[100] So im Falle der Marktordnungen für Zucker (ausf. dazu *Louis*, Règlements, S. 13 f.) und für Wein: dem Anhörungsersuchen v. 11. 7. 1967 (EP-Dok 117/67—68), ergänzt am 13. 5. 1969 (EP-Dok 42/69—70), folgte nach einer „vorläufigen“ Entschließung v. 9. 10. 1969 (Abl. 1969, Nr. C 139/29) erst am 4. 2. 1970 die „endgültige“ Stellungnahme (Abl. 1970, Nr. C 25/33).

[101] So *Holch*, EuR 1967, S. 219, u. *Jozeau-Marigné*-Bericht, EP-Dok 110/67—68, Ziff. 29 c.

[102] Anders ohne Begründung *Holch*, EuR 1967, S. 219.

b) Folgen der Weigerung

Schwieriger ist zu entscheiden, ob die Verweigerung oder bewußte Verzögerung einer obligatorischen Stellungnahme den Rat an der Beschlußfassung hindert.

Vereinzelt wird dies bejaht. Nur Art. 203 Abs. 4 nenne für die Übermittlung der parlamentarischen Stellungnahme eine Frist, nach deren Ablauf der Ratsbeschluß als endgültig anzusehen sei. Mangels einer entsprechenden Regelung müsse der Rat in den übrigen Konsultationsfällen die Entschließung des Parlaments unbedingt abwarten[103]. Auch eine Parallele zum Erfordernis des Kommissionsvorschlags scheint sich aufzudrängen: verweigert die Kommission vertragswidrig die Ausarbeitung eines Vorschlags, so kann der Rat nicht entscheiden, sondern nur den Weg der Klage beschreiten[104]; für die Anhörung des Parlaments, das ebenfalls zur Mitwirkung bei der Rechtsetzung berufen ist, darf — könnte man meinen — nichts anderes gelten.

Die genannten Argumente können jedoch kaum überzeugen. Art. 203 Abs. 4 betrifft die jährliche Haushaltsfeststellung, die schon wegen ihrer Bedeutung für das Funktionieren der Gemeinschaft einer ausdrücklichen und besonders strengen Fristregelung bedarf. Im übrigen ist das Gewicht des Parlaments im Rechtsetzungsverfahren bei der derzeitigen Struktur der Gemeinschaft mit dem der Kommission nicht entfernt zu vergleichen. Das Vorschlagsmonopol verbunden mit dem Einstimmigkeitserfordernis bei Änderungen durch den Rat verleiht der Kommission faktisch den Rang eines Entscheidungsorgans, während das Parlament bisher auf eine bloß beratende Mitwirkung beschränkt ist. Daher können der Untätigkeit des Parlaments nicht die gleichen einschneidenden Folgen zugesprochen werden. Eine Blockierung von Rechtsakten durch schlichte Verweigerung der unverbindlichen Stellungnahme erscheint ausgeschlossen, will man nicht das Recht auf Anhörung in ein Zustimmungsrecht verwandeln.

Die Konsultationspflicht des Rates ist daher erfüllt, wenn das Parlament zur Meinungsäußerung *Gelegenheit* hatte, gleichgültig, ob diese auch genutzt wurde. Die Verweigerung der Stellungnahme ebenso wie deren bewußte Verzögerung über einen längeren Zeitraum führen im Einzelfall zur Verwirkung des Anhörungsrechts[105]. Die *politische* Bedeutung eines solchen Vorgangs, der den Konflikt zwischen Gemeinschaftsorganen offenbart, ist allerdings nicht zu leugnen.

---

[103] So *Draetta*, Commentario, Art. 137 Anm. 5 a. E. und *Vinci*, S. 125 Anm. 7.

[104] H. M.; vgl. etwa *Wohlfarth*, Kom., Art. 152 Anm. 1; *Daig*, Groeben-Boeckh, Art. 152 Anm. 5; *Merkel*, S. 53 ff.

[105] Im Ergebnis übereinstimmend *Hallstein*, Ophüls-Festschrift, S. 13 Anm. 34; *Louis*, Règlements, S. 14; *Merkel*, S. 77; *Renard-Payen*, Rev. trim. dr. eur. 1965, S. 551.

C. Auswertung der parlamentarischen Stellungnahme

Die Entschließung des Parlaments ist weder für den Rat noch für die Kommission verbindlich. Ob Aussicht auf — wenigstens teilweise — Berücksichtigung besteht, hängt wesentlich auch davon ab, in welchem Verfahren die Auswertung durch die Adressaten erfolgt. Darüber hinaus ist von Interesse, ob und wie das Parlament über die Berücksichtigung seiner Stellungnahme unterrichtet wird.

I. Verhalten der Kommission bis zur Entscheidung

1. Beschluß zur Stellungnahme des Parlaments

Zur Auswertung der parlamentarischen Stellungnahme hat die Kommission ein förmliches Verfahren entwickelt, dessen Einhaltung von ihrem Generalsekretariat überwacht wird: auf Vorschlag des jeweils verantwortlichen Kommissionsmitglieds beschließt das Kollegium über Folgerungen in der Sache und hinsichtlich des weiteren Verfahrens[1].

Änderungswünsche des Parlaments werden kaum je vollständig gebilligt, allerdings ebenso selten ausnahmslos abgelehnt. Meist erklärt sich die Kommission mit einigen von ihnen einverstanden, wobei deren Bedeutung sehr verschieden sein kann.

Die Verfahrensweise gegenüber dem Rat, der noch mit dem ursprünglichen Kommissionsvorschlag befaßt ist, hängt weitgehend von der Natur der angestrebten Änderungen ab. Bei wichtigen Neuorientierungen oder Ergänzungen wird schon bald ein gem. Art. 149 Abs. 2 geänderter Vorschlag vorgelegt[2]. Handelt es sich dagegen um unbedeutende oder rein technische Änderungen, so werden die Vertreter der Kommission bei den Verhandlungen im Rat und seinen vorbereitenden Gremien angewiesen, sich für die parlamentarischen Anregungen mündlich einzusetzen. Je nach den Besonderheiten des Einzelfalles sind gewisse Abweichungen möglich.

Die beschriebene derzeitige Praxis ist ein Kompromiß zwischen früheren Verfahrensweisen der Kommission. Nachdem man anfangs bei

---

[1] Vgl. dazu Kom.-Präs. *Rey*, EP-Verh. v. 9. 10. 1969, S. 168 f. — Ggf. wird dabei auch die Stellungnahme des WSA berücksichtigt.

[2] So z. B. die Änderungen des Richtlinienvorschlages über Niederlassungsfreiheit und freien Dienstleistungsverkehr auf dem Gebiet der öffentlichen Bauaufträge im Juni 1965 (vgl. EWG-Bulletin 8-1965, S. 41 f.), der Entscheidungsvorschläge über Maßnahmen zugunsten der Arbeitnehmer der italienischen Schwefelindustrie im Januar 1966 (vgl. EWG-Bulletin 3-1966, S. 49) und des Verordnungsvorschlags zur Beseitigung von Diskriminierungen bei Frachten und Beförderungsbedingungen im Juli 1968 (vgl. EG-Bulletin 9/10-1968, S. 46).

jedem geringfügigen Meinungswandel gleich von Art. 149 Abs. 2 Gebrauch gemacht hatte, wurde bis etwa 1963 das andere Extrem praktiziert: auch bei weitgehender Billigung von Wünschen des Parlaments kam es nicht zu sofortigen Vorschlagsänderungen. Statt dessen wurde dem Rat ein „Arbeitsdokument" übermittelt, in dem — meist in zwei Spalten — neben dem noch offiziellen Vorschlag die „in Betracht kommenden Änderungen" aufgeführt waren. Die Kommissionsbeamten im Ausschuß der Ständigen Vertreter und seinen Arbeitsgruppen wurden ermächtigt, diesen Änderungen ggf. zuzustimmen bzw. sie selbst vorzuschlagen. Eine förmliche Vorschlagsänderung gem. Art. 149 Abs. 2 gab die Kommission — mitunter mit einer gewissen Feierlichkeit — erst kurz vor der Ratsentscheidung bekannt[3].

Bei dem Verfahren des „Arbeitsdokuments" blieb während der Verhandlungen der Ständigen Vertreter und ihrer Arbeitsgruppen häufig unklar, welchem der beiden voneinander abweichenden Texte die Kommission letztlich den Vorzug geben wollte. So wurde das Vorschlagsrecht der Kommission von ihr selbst ausgehöhlt. Dies mußte die parlamentarische Kontrolle von vornherein sehr erschweren, da die Haltung von Kommision und Rat gegenüber Änderungswünschen des Parlaments kaum zu unterscheiden war. Seit der Änderung des Verfahrens — nicht zuletzt veranlaßt durch den Protest des Parlaments gegen die „Mischverwaltung"[4] — kommt es in der Regel wenigstens zunächst einmal zu einer klaren Stellungnahme der Kommission, deren etwaige Mitverantwortung für den Inhalt des späteren Ratsbeschlusses leichter erkennbar wird.

2. Weiteres Verhalten während der Ratsverhandlungen

Nachdem die Kommission ihre Haltung zu der parlamentarischen Entschließung festgelegt hat, folgen im Verlaufe der Ratsdiskussionen meist weitere Vorschlagsänderungen. Diese können auch zunächst berücksichtigte Änderungsvorschläge des Parlaments betreffen. Letztere werden nämlich stets unter dem Vorbehalt übernommen, „bei der endgültigen Gestaltung des Vorschlags der Notwendigkeit Rechnung zu tragen, eine angemessene Mehrheit ... im Rat zu finden"[5].Verständlicherweise bemüht sich die Kommission in erster Linie um die Zustimmung des Rates zu einer vom Gemeinschaftsstandpunkt gerade noch vertretbaren Lösung, was manchmal zur Nichtberücksichtigung

[3] Vgl. dazu die Vorschlagsbegründung in der Sonderbeilage zum EWG-Bulletin 7-1963, S. 2, sowie die Antworten der Kommission auf die schriftl. Anfragen *Nederhorst* Nr. 32/62 (Abl. 1962, S. 1593) und *Vredeling* Nr. 143/62—63 (Abl. 1963, S. 658).

[4] Besonders deutlich der *Deringer*-Bericht, EP-Dok 74/62—63, Ziff. 123.

[5] So Kom.-Präs. *Hallstein*, EP-Verh. v. 27. 6. 1963, S. 191.

weitergehender Wünsche des Parlaments führen muß. Am Ende der Ratsdebatte ist die Kommission meist zu einer Vorschlagsänderung unter Berücksichtigung der Verhandlungsergebnisse bereit[6]. Nur selten besteht sie auf ihrem ursprünglichen bzw. dem nach der Parlamentsanhörung geänderten Vorschlag[7].

Bei bedeutenden Umgestaltungen des Vorschlags prüft die Kommission von Fall zu Fall, ob eine erneute Konsultation des Parlaments geboten erscheint. Bisher hat sie den Rat allerdings nicht sehr häufig zu einem solchen Beschluß aufgefordert[8].

3. Information des Parlaments

Das Parlament hat wiederholt verlangt, nach Abgabe seiner Stellungnahme über die Folgerungen der Kommission sowie deren weiteres Verhalten noch vor der endgültigen Ratsentscheidung unterrichtet zu werden[9].

a) Bisherige Praxis

Gegenüber diesen Wünschen hat die Kommission eine pragmatische, weitgehend am Einzelfall orientierte Praxis entwickelt.

Grundsätzlich wird zunächst nur der zuständige Parlamentsausschuß über die Haltung der Kommission unterrichtet. Das jeweils verantwortliche Kommissionsmitglied kann dabei gegebenenfalls an seine vorläufige Stellungnahme während der Plenarberatung anknüpfen. Zeitpunkt, Form und Umfang der Unterrichtung liegen allerdings weitgehend in seinem Ermessen. Gelegentlich ergreifen die betroffenen Ausschüsse oder einzelne Abgeordnete selbst die Initiative und verlangen präzise Auskünfte, wie sich die Kommission zu einzelnen Änderungswünschen des Parlaments stellt[10]. Der Ausschußunterrichtung kommt

---

[6] Eine „Vorschlagsänderung" gem. Art. 149 Abs. 2 kann in der Praxis auch so aussehen, daß die Kommission den geänderten Bestimmungen zustimmt, auf die sich der Rat geeinigt hat, vgl. die Antworten auf die schriftl. Anfragen *Vredeling* Nr. 7/67 (Abl. 1967, S. 2145) und Nr. 169/68 (Abl. 1968, Nr. C 120/5).

[7] So auch *von Meibom*, Mitwirkung, S. 156, und *Noel/Amphoux*, Novelles Nr. 599.

[8] z. B. nach Änderung verschiedener Richtlinienvorschläge zur Rechtsangleichung (September 1965) sowie des Margentarifvorschlags (Oktober 1965). — Zum Wiederaufleben der Anhörungspflicht im 5. Abschnitt unter B I—V.

[9] So der Abg. *Janssens*, EP-Verh. v. 20. 11. 1962, S. 66, und besonders deutlich der *Furler*-Bericht, EP-Dok 31/63—64, Ziff. 65, 73.

[10] Vgl. etwa die schriftl. Anfragen *Vredeling* Nr. 123/60—61 (Abl. 1961, S. 486), Nr. 15 u. 17/62 (Abl. 1962, S. 1350, 1352), Nr. 106/63 (Abl. 1963, S. 3094 u. 1964, S. 669) sowie Nr. 189, 336, 423/69 (Abl. 1969, Nr. C 132/4 u. 1970, Nr. C 16/3).

aus der Sicht des Parlaments besondere Bedeutung zu, wenn die Kommission Anregungen der Abgeordneten nur teilweise oder überhaupt nicht berücksichtigen will. Führt nämlich die Entschließung zu einer förmlichen Änderung gem. Art. 149 Abs. 2, so wird der geänderte Kommissionsvorschlag seit etwa 1964 in der Regel dem gesamten Parlament übermittelt[11].

Im weiteren Verlauf der Ratsverhandlungen informiert die Kommission die zuständigen Parlamentsausschüsse fast nie aus eigener Initiative — auch dann nicht, wenn ihr angesichts der Entwicklung im Rat ein Abgehen von der ursprünglichen, den Abgeordneten mitgeteilten Haltung unumgänglich erscheint. Änderungsvorschläge, die während der Aussprache im Rat vorgelegt werden, erhält das Parlament in der Regel nur dann unverzüglich und ohne besondere Aufforderungen, wenn eine abschließende Einigung noch nicht abzusehen ist[12]. Überhaupt ist die Kommission — nachdem sie sich zur Entschließung des Parlaments einmal geäußert hat — mit weiteren Informationen bis zur Entscheidung im Rat äußerst zurückhaltend. Allerdings hat sie verschiedenen Ausschüssen auf ausdrücklichen Wunsch im Einzelfall eine laufende Unterrichtung während der Ratsverhandlungen zugesichert und diese dann auch mündlich und in großen Zügen vorgenommen[13]. Grundsätzlich zieht es die Kommission jedoch vor, die Abgeordneten über ihr Verhalten und die Berücksichtigung der Parlamentsentschließung erst nach der Beschlußfassung des Rates zu unterrichten[14].

b) Würdigung

Bei der Würdigung der dargestellten Informationspraxis ist ein rechtlicher und ein politischer Aspekt zu berücksichtigen.

Nach dem Vertrag unterliegt die Kommission der Kontrolle des Parlaments, das ihr gem. Art. 144 *jederzeit* das Mißtrauen aussprechen kann. Dem entspricht ein Recht des Parlaments, über das Verhalten der Kommission nicht erst nach Abschluß des Rechtsetzungsverfahrens, sondern grundsätzlich fortlaufend informiert zu werden.

Noch offensichtlicher ist das *politische* Interesse des Parlaments: nur bei laufender Unterrichtung besteht die Aussicht, auch noch nach Ver-

---

[11] Soweit ersichtlich, wird er aber nur selten erneut im Amtsblatt veröffentlicht.

[12] Vgl. auch die schriftl. Anfrage *Vredeling* Nr. 82/68 (Abl. 1968, Nr. C 68/21).

[13] Vgl. dazu die schriftl. Anfragen *Vredeling* Nr. 123/60—61 (Abl. 1961, S. 486) u. Nr. 143/62—63 (Abl. 1963, S. 658).

[14] Vgl. etwa Kom.-Vizepräs. *Mansholt*, EP-Verh. v. 18. 10. 1961, S. 95, sowie die offenbar bewußt verzögerte Beantwortung der schriftlichen Anfrage *Vredeling* Nr. 106/63 (Abl. 1963, S. 3094 u. 1964, S. 669).

abschiedung einer Stellungnahme durch entsprechenden Druck auf Kommission und Rat — eventuell durch Einschaltung der nationalen Parlamente — den Inhalt der Entscheidung zu beeinflussen.

Unter beiden Gesichtspunkten ist die bisher übliche Information unbefriedigend[15].

Ein Vorwurf trifft die Kommission allerdings erst in zweiter Linie. Gelegentlich unterbreitet sie Änderungen oder beharrt auf Lösungen, die ihr sicher nicht optimal, aber angesichts der Tendenzen im Rat unvermeidlich erscheinen, wenn Schlimmeres verhindert werden soll. Wegen des Beratungsgeheimnisses[16] könnte den Abgeordneten die Situation im Rat nur sehr allgemein erläutert werden. Außerdem würde eine möglicherweise schroffe Reaktion des Parlaments den Verhandlungsspielraum weiter beschränken. Unter diesen Umständen ist es immerhin verständlich, wenn die Kommission die Ausschüsse nicht von sich aus informiert und möglichst erst nach Abschluß der Verhandlungen Rechenschaft ablegt.

Die oftmals mangelhafte Unterrichtung durch die Kommission hat das Parlament weitgehend selbst zu verantworten. Nach Verabschiedung der Entschließung verfolgt es nämlich nur noch in Ausnahmefällen den weiteren Gang des Verfahrens. Der seit dem Herbst 1966 bei wichtigen Kommissionsvorschlägen übliche Auftrag des Plenums an den zuständigen Ausschuß, „aufmerksam zu verfolgen, ob die Kommission die Änderungsvorschläge des Europäischen Parlaments in ihren ursprünglichen Vorschlag übernimmt und ihm gegebenenfalls darüber zu berichten“[17], wird höchst unsystematisch und meist nur auf die zufällige Initiative einzelner Abgeordneter wahrgenommen[18]. Auch von ihrem Fragerecht machen die Parlamentarier erstaunlich selten Gebrauch, um die Haltung der Kommission im Verlauf der Ratsverhandlungen zu klären[19].

II. Verhalten des Rates bis zur Entscheidung

1. Bisheriges Auswertungsverfahren

Zunächst soll das bisher übliche Auswertungsverfahren dargestellt und kritisch gewürdigt werden.

---

[15] Vgl. etwa die Kritik im *Illerhaus*-Bericht, EP-Dok 118/66—67, Ziff. 22.

[16] Art. 18 MR-GO; näher dazu in diesem Abschnitt unter C III 1 c bb.

[17] Vgl. EP-Entschließung v. 20. 10. 1966, Ziff. 8 (Abl. 1966, S. 3465).

[18] Vgl. aber die EP-Entschließungen v. 19. 1. 1966 (Abl. 1966, S. 361), v. 14. 3. 1969 (Abl. 1969, Nr. C 41/28) u. v. 1. 7. 1969 (Abl. 1969, Nr. C 97/41), die sich zu geänderten Kommissionsvorschlägen äußern.

[19] Ebenso schon *Forsyth*, S. 153; vgl. aber die in Anm. 10 genannten Anfragen.

a) *Praktischer Ablauf*

Bei normalem Ablauf, von dem im Einzelfall abgewichen werden kann, lassen sich im Bereich des Rates drei Phasen unterscheiden.

aa) Zunächst nimmt der Rat selbst die Stellungnahmen des Parlaments zur Kenntnis. Zur Information erscheinen sämtliche auf einer Parlamentstagung verabschiedeten Entschließungen gebündelt also sog. „B-Punkt"[20] auf der Tagesordnung der nächsten Ratssitzung. Auf Verlangen von Ratsmitgliedern kommt es bei dieser Gelegenheit zu einem Meinungsaustausch[21]. Das geschieht jedoch äußerst selten. In der Regel werden die Stellungnahmen, die sehr verschiedene Materien betreffen können, ohne Diskussion zur Kenntnis genommen[22].

bb) Vom Rat werden die Entschließungen an den Ausschuß der Ständigen Vertreter[23] überwiesen, der die Ratsentscheidungen gem. Art. 4 FuV vorzubereiten hat.

Der Ausschuß beauftragt in der Regel seine zuständige Arbeitsgruppe, den Kommissionsvorschlag vorzuprüfen und dabei auch die Anregungen und Änderungswünsche des Parlaments zu verwerten. Die Experten der Kommission wirken in den Arbeitsgruppen mit[24] und haben dabei die Möglichkeit, für Vorschläge des Parlaments einzutreten.

Die Gruppe erarbeitet einen Bericht an die Ständigen Vertreter, der neben den Übereinstimmungen die fortdauernden Meinungsverschiedenheiten darstellt und einige grundlegende Optionen hervorhebt. Dabei soll in geeigneter Weise an die Meinung des Parlaments zu den behandelten Problemen erinnert und gegebenenfalls begründet werden, warum die Arbeitsgruppe diesen Ansichten nicht folgen konnte[25]. Wird der Bericht an die Ständigen Vertreter ausnahmsweise schon vor der parlamentarischen Stellungnahme abgeschlossen[26], so enthält er meist einen entsprechenden Hinweis.

---

[20] Dazu ist — anders als bei „A-Punkten" (dazu *Noel*, EuR 1967, S. 48 f.) — eine Aussprache vorgesehen.

[21] Dieses Verfahren geht zurück auf einen Ratsbeschluß v. 16./17. 3. 1959, an dessen Formulierung die Kommission mitgewirkt hat; vgl. auch die Antworten des Rates und der Kommission auf die schriftlichen Anfragen *Vredeling* Nr. 315/67—68 u. Nr. 63/68 (Abl. 1968, Nr. C 36/12 u. C 83/3) sowie Nr. 314/67—68 u. Nr. 16/68 (Abl. 1968, Nr. C 23/5 u. Nr. C 52/6).

[22] Es ist in der Tat eher ein „Akt der Höflichkeit gegenüber dem Parlament" (so der Abg. *Vals*, EP-Verh. v. 14. 3. 1967, S. 48), wenn sie in der Tagesordnung nicht als „A-Punkte" aufgeführt werden.

[23] Im Agrarbereich nimmt der „Sonderausschuß Landwirtschaft" die Aufgaben der Ständigen Vertreter wahr.

[24] Art. 16 Abs. 4 MR-GO.

[25] So eine allgemeine Weisung der Ständigen Vertreter vom Februar 1964.

[26] Dazu bereits in diesem Abschnitt unter B V.

Die Ständigen Vertreter bemühen sich — wiederum unter Beteiligung der Kommission — um eine Lösung der verbliebenen Schwierigkeiten. Erzielen sie eine umfassende Einigung, so kommt der verabschiedete Text zur förmlichen Bestätigung als „A-Punkt" auf die Tagesordnung der nächsten Ratssitzung. Bei Rechtsetzungsvorhaben von erheblicher politischer Bedeutung gelingt allerdings selten eine Übereinkunft auf der Ebene der Ständigen Vertreter. Diese erstellen dann — ähnlich wie vorher die Arbeitsgruppe — einen Bericht an den Rat, der die Haltung der Delegationen zu den strittig gebliebenen Punkten darlegt. Auch dieser Bericht soll jeweils auf die Stellungnahme des Parlaments hinweisen, so daß der Rat sie bei seiner Aussprache voll berücksichtigen kann.

In der beinahe täglichen Verhandlungspraxis der Ständigen Vertreter und ihrer Arbeitsgruppen scheinen die parlamentarischen Änderungswünsche zu den Kommissionsvorschlägen keine wesentliche Rolle zu spielen. Von den Delegationen der Mitgliedstaaten werden sie trotz der — allerdings unterschiedlichen — Bemühungen der Kommission nicht sehr häufig aufgegriffen. Auch die interne Weisung, in Berichten an die Ständigen Vertreter und den Rat abweichende Ansichten des Parlaments zu erwähnen und zu erörtern, wird — falls überhaupt — eher wie eine lästige Pflichtübung befolgt.

cc) Der Rat selbst berät über die Stellungnahme des Parlaments allenfalls dann, wenn der zugrundeliegende Kommissionsvorschlag — meist schon in geänderter Fassung — als „B-Punkt" auf der Tagesordnung erscheint. Doch werden die Forderungen der Abgeordneten bei diesen abschließenden Verhandlungen[27] besonders selten erörtert.

b) *Würdigung*

Bei einer Würdigung des Auswertungsverfahrens im Bereich des Rates sind die rechtlichen von den politischen Aspekten zu trennen.

aa) Soll die obligatorische Anhörung keine sinnlose Formalität sein, so muß zugleich eine *Rechtspflicht* zur Kenntnisnahme und Prüfung der eingeholten Stellungnahme bejaht werden[28]. Tatsächlich bezieht der Rat die parlamentarischen Entschließungen in seine Beratungen ein — wenn auch nicht sehr wirkungsvoll und überwiegend auf der Ebene der — allerdings weisungsgebundenen — Ständigen Vertreter und ihrer Arbeitsgruppen. In rechtlicher Hinsicht dürfte das Verhalten des Rates daher kaum zu beanstanden sein.

---

[27] Die auch zur Rückverweisung an die Ständigen Vertreter führen können.

[28] So auch *Legrand-Lane/Bubba*, RMC 1961, S. 314, und *Kronenburg*, S. 153.

bb) *Politisch* jedoch ist die derzeitige Verfahrensregelung — und mehr noch ihre praktische Handhabung — höchst unbefriedigend[29].

Für das geringe Interesse des Rates lassen sich verschiedene Gründe nennen. Die manchmal zweifelhafte Qualität der parlamentarischen Stellungnahmen, eine gewisse Eigengesetzlichkeit des Ratsverfahrens in der Endphase der Rechtsetzung[30] und schließlich ein Mangel an gutem Willen mögen eine Rolle spielen. Entscheidend ist jedoch die nach der Gemeinschaftsverfassung schwache Stellung des Parlaments. Da ihm der Rat nicht verantwortlich ist, braucht er selbst bei oberflächlicher Prüfung parlamentarischer Entschließungen spätere Rechenschaft oder gar ein Mißtrauensvotum nicht zu befürchten. Wegen der Unverbindlichkeit der Stellungnahmen fehlt auch ein Zwang zum Dialog mit dem Parlament[31]. Schließlich ist es den Abgeordneten — von Ausnahmefällen abgesehen — bisher nicht gelungen, auf einzelne Ratsmitglieder über die nationalen Parlamente politischen Druck auszuüben.

2. Verbesserungswünsche des Parlaments

Eine bessere Auswertung der parlamentarischen Stellungnahmen läßt sich auf verschiedenen Wegen anstreben. Sicherlich könnten die geltenden Verfahrensregeln des Rates wirkungsvoller angewandt werden: die Ständigen Vertreter und ihre Arbeitsgruppen müßten sich mit Änderungswünschen des Parlaments tatsächlich auseinandersetzen und dies auch in ihren Berichten — vor allem, wenn sie an den Rat gehen — erkennen lassen[32].

Darüber hinaus wünscht das Parlament gewisse Ergänzungen des Auswertungsverfahrens.

a) Dialog bei Meinungsverschiedenheiten

Findet die parlamentarische Stellungnahme nicht die Zustimmung des Rates, so soll zwischen beiden Institutionen ein *Dialog* stattfinden[33], für den verschiedene Formen angeregt wurden.

---

[29] Vgl. etwa die Kritik im *Illerhaus*-Bericht, EP-Dok 118/66—67, Ziff. 18, 25.

[30] Dazu *Forsyth*, S. 157, u. *Neunreither*, EA 1966, S. 816.

[31] Weder beim jährlichen Kolloquium der Institutionen und den regelmäßigen Tätigkeitsberichten des Rates (zu diesen vertraglich nicht vorgesehenen Formen der Zusammenarbeit: *Mégret*, Novelles Nr. 673) noch bei mündlichen Anfragen mit anschließender Aussprache (Art. 47 EP-GO) ist es zwischen Rat und Parlament über laufende Rechtsetzungsvorhaben zu einem wirklichen Meinungsaustausch gekommen; kritisch auch *Dubouis*, Rev. trim. dr. eur. 1969, S. 89.

[32] In diesem Sinne *Illerhaus*-Bericht, EP-Dok 118/66—67, Ziff. 25.

[33] So schon frühzeitig der *Janssens*-Bericht, EP-Dok 71/59—60, Ziff. 22, sowie der Abg. *Fischbach*, EP-Verh. v. 24. 11. 1959, S. 148.

Beim sogenannten „*Navette*-Verfahren" teilt der Rat dem Parlament mit, aus welchen Gründen er der Entschließung nicht folgen will, und gibt dann Gelegenheit zu einer erneuten Stellungnahme. Diese würde nach dem bisher üblichen Verfahren — notfalls in einer Sondersitzung des Plenums — verabschiedet[34].

Zu denken wäre auch an einen von Rat und Parlament paritätisch besetzten *Vermittlungsausschuß*, in dem die abweichenden Ansichten erörtert und Kompromisse angestrebt werden könnten[35].

Schließlich wurde ein „Kontaktgremium" aus dem Parlamentspräsidenten und weiteren Abgeordneten vorgeschlagen, das dem Rat zu strittigen Punkten die Argumente des Parlaments vortragen soll[36].

In dringenden Fällen könnte es sich während einer laufenden Ratstagung bereithalten.

Der vom Parlament gewünschte Dialog würde das letzte Wort im Rechtsetzungsverfahren dem Rat nicht nehmen und deshalb kaum auf rechtliche Bedenken stoßen.

Die Neuerungen könnten vor allem dazu beitragen, daß der Rat die parlamentarischen Stellungnahmen ernsthafter in Betracht zieht. Zugleich würde das Parlament selbst verstärkt zur politischen Auseinandersetzung über Fachprobleme gezwungen[37]. Eine Verdeutlichung des Entscheidungsprozesses und der anteiligen Verantwortung der Organe könnte schließlich die parlamentarisch-demokratischen Elemente auf Gemeinschaftsebene stärken.

Andererseits würde das Rechtsetzungsverfahren noch schwerfälliger, ohne daß ein stärkerer Einfluß des Parlaments wirklich gesichert wäre. Dies gilt insbesondere für die Abgabe einer erneuten Stellungnahme und für das Vermittlungsverfahren. Außerdem wäre das Parlament in einem Vermittlungsausschuß angesichts der ungleichen Gewichtsver-

---

[34] So — in Anlehnung an nationale Vorbilder — die EP-Entschließung v. 27. 6. 1963, A II a 5/6 (Abl. 1963, S. 1917), die auf den *Furler*-Bericht (EP-Dok 31/63—64, Ziff. 75) zurückgeht; vgl. dazu im Deutschen Bundestag die Antwort von Außenminister *Schröder* auf die mündl. Anfrage *Holkenbrink* v. 22. 1. 1964 (BT-Sitzungsberichte, S. 4928) sowie den Antrag *Strobel* u. SPD-Fraktion v. 28. 4. 1964 (BT-Drucksache IV/2211).

[35] So der *Janssens*-Bericht, EP-Dok 101/62—63, Ziff. 9, unter Hinweis auf Art. 77 GG; dazu im Deutschen Bundestag der Antrag *Strobel* u. SPD-Fraktion, a.a.O., sowie die Abg. *Furler* und *Margulies*, BT-Sitzungsberichte v. 25. 6. 1964, S. 6595, 6598.

[36] So der *Furler*-Bericht, EP-Dok 31/63—64, Ziff. 78; ähnl. Kom.-Präs. *Hallstein*, EP-Verh. v. 27. 6. 1963, S. 193. — Ein „Kontaktverfahren" wird neuerdings auch in den EP-Entschließungen v. 30. 6. 1969, Ziff. 14, 15 (Abl. 1969, Nr. C 97/12), v. 3. 11. 1969, Ziff. 3 F (Abl. 1969, Nr. C 146/5) sowie v. 3. 2. 1970, Ziff. 4 (Abl. 1970, Nr. C 25/28) verlangt.

[37] Ähnl. *von Meibom*, Diskussionsbeitrag, Staat und Wirtschaft, S. 147.

teilung dem Rat gegenüber in einer fast hoffnungslosen Position[38]. So erscheint der dritte Vorschlag, Schaffung eines Kontaktgremiums, noch am ehesten für ein Experiment geeignet.

b) Begrenztes Einspruchsrecht

Über einen bloßen Dialog hinaus hat das Parlament schließlich ein begrenztes Einspruchsrecht verlangt: der Rat soll nur einstimmig von einer erneuten Stellungnahme abweichen, wenn diese vom Parlament mit Zweidrittelmehrheit beschlossen worden ist[39]. Dazu wird keine förmliche Vertragsänderung angestrebt, sondern eine politische Absichtserklärung des Rates im Sinne einer freiwilligen Selbstbeschränkung[40]. Die Anhörungsbefugnis des Parlaments soll auf diese Weise allmählich in ein faktisches Zustimmungsrecht umgewandelt werden[41].

Da eine entsprechende Absichtserklärung des Rates keine rechtlichen Wirkungen hätte, läge wohl kaum eine Vertragsverletzung vor[42]. Im übrigen kommt es seit der Luxemburger Ratsvereinbarung über das Verhalten bei Abstimmungen[43] nur noch selten zu Mehrheitsbeschlüssen. Bei Fortdauern dieser Gemeinschaftspraxis hätte also die vom Parlament gewünschte Regelung keine große Bedeutung. Schon die Luxemburger Übereinkunft hat jedoch auf das Funktionieren der Gemeinschaft derart negative Auswirkungen[44], daß von weiteren politisch motivierten Abweichungen vom Vertrag dringend abzuraten ist[45]. Letztlich

---

[38] Skeptisch auch der Abg. *Dehousse*, EP-Verh. v. 24. 11. 1959, S. 141, sowie der *Furler*-Bericht, EP-Dok 31/63—64, Nr. 78. — Die Erfahrungen der Beratenden Versammlung des Europarats mit dem ähnlich konstruierten „Gemeinsamen Ausschuß“ sind ziemlich unbefriedigend, vgl. *Manzanarès*, Assemblées, S. 139.

[39] So EP-Entschließung v. 27. 6. 1963, A II a 7 (Abl. 1963, S. 1917), gestützt auf den *Furler*-Bericht, EP-Dok 31/63—64, Ziff. 79; ähnl. der Antrag der FDP-Fraktion im Deutschen Bundestag v. 19. 3. 1964 (BT-Drucksache IV/2091).

[40] Der Abg. *van der Goes van Naters* spricht von einem „gentlemen's agreement, das vom Rat normalerweise anzuwenden wäre“ (EP-Verh. v. 21. 11. 1962, S. 102); ähnl. der Abg. *Janssens*, EP-Verh. v. 20. 11. 1962, S. 65, und der *Furler*-Bericht, EP-Dok 31/63—64, Ziff. 79.

[41] Besonders deutlich der Abg. *Janssens* als Sprecher des Politischen Ausschusses des Parlaments, EP-Verh. v. 20. 11. 1962, S. 66; vgl. auch *Janssens*-Bericht, EP-Dok 71/59, S. 5.

[42] Ebenso *Ortmann*, KSE 7, S. 80, und *Nicolaysen*. NJW 1964, S. 344.

[43] Vgl. EWG-Bulletin 3-1966, S. 9.

[44] Mehrheitsentscheidungen unterbleiben seither selbst dann, wenn offensichtlich keine „sehr wichtigen Interessen eines oder mehrerer Partner“ auf dem Spiel stehen; besonders deutlich die „Stellungnahme der Kommission an den Rat zu den Beitrittsgesuchen des Vereinigten Königreichs, Irlands, Dänemarks und Norwegens“ (Dok KOM (69) 1000 v. 1. 10. 1969, S. 33).

[45] Vor der Schaffung gefährlicher Präzedenzfälle wurde frühzeitig gewarnt von *Druker*, CMLR 1964, S. 187; vgl. auch die Bedenken vom Kom.-Präs. *Hallstein*, EP-Verh. v. 27. 6. 1963, S. 193, und *Ortmann*, KSE 7, S. 80.

berührt der Vorschlag des Parlaments die Machtverteilung in der Gemeinschaft. Eine wesentliche Erweiterung der Parlamentsbefugnisse setzt aber das Einverständnis der Mitgliedstaaten voraus. Ist ein solcher politischer Wille vorhanden, so wäre dem „gentlemen's agreement" eine klare Vertragsänderung vorzuziehen.

Als Ergebnis bleibt festzuhalten: gewisse Verbesserungen des Auswertungsverfahrens sind möglich, wenn auch ein weiter Spielraum für künftige Ausgestaltung ohne Vertragsrevision eher verneint werden muß[46].

3. Erwähnung der Stellungnahme im Bezugsvermerk

Bei der Verabschiedung von Rechtsakten beschließt der Rat zugleich über die Erwähnung der parlamentarischen Stellungnahme im einleitenden Bezugsvermerk.

a) Obligatorische Konsultationen

Auf obligatorisch eingeholte Stellungnahmen muß gemäß Art. 190 Bezug genommen werden[47]. So können der Gerichtshof sowie die Mitgliedstaaten und interessierte Einzelpersonen leichter nachprüfen, ob die Rechtsetzungsregeln des Vertrages beachtet wurden. Die Bezugnahme ist allerdings nicht substantieller Natur, und eine Unterlassung hat keine Nichtigkeitsfolge, wenn die obligatorische Stellungnahme tatsächlich vorlag[48].

b) Fakultative Konsultationen

Bei fakultativen Konsultationen ist die Erwährung rechtlich nicht erforderlich, aber zulässig[49]. Sie erleichtert eine Information über die Haltung des Parlaments und erscheint nach dem förmlichen Anhörungsersuchen des Rates als ein Akt der Höflichkeit.

Während die Kommission eine Bezugnahme auf fakultative Stellungnahmen des Parlaments wiederholt als „wünschenswert" bezeichnet hat[50], blieb die grundsätzliche Haltung des Rates lange Zeit offen. Von verschiedenen Ausnahmen abgesehen[51], wurden aber auch fakultative Stellungnahmen in der Regel erwähnt. Diese Praxis hat der Rat neuer-

---

[46] In diesem Sinne auch *Lassalle*, Rapp. institutionnels, S. 5.

[47] Dem entspricht Art. 11 c MR-GO.

[48] Ebenso für das französische Verwaltungsrecht *Auby*, AJDA 1956 (I), S. 63, Nr. 5.

[49] Ebenso *Daig*, Groeben-Boeckh, Art. 190, Anm. 5.

[50] Antworten auf die schriftlichen Anfragen *Vredeling* Nr. 310/68—69 (Abl. 1969, Nr. C 42/14) und Nr. 61/69 (Abl. 1969, Nr. C 81/11).

[51] Vgl. etwa VO Nr. 48/63 (Abl. 1963, S. 1777), Nr. 459/68 (Abl. 1968, Nr. L 93/1) und Nr. 2043/68 (Abl. 1968, Nr. L 303/39).

dings[52] förmlich bestätigt, sich dabei aber einstimmig beschlossene Ausnahmen vorbehalten.

Stellungnahmen, die das Parlament aus eigener Initiative abgegeben hat, werden dagegen grundsätzlich nicht angeführt.

III. Nachträgliche Unterrichtung des Parlaments

Bis zum Abschluß der Verhandlungen im Rat erfahren die Abgeordneten über die Auswertung ihrer Stellungnahmen wenig. Umso größer ist das Interesse an einer nachträglichen Unterrichtung über das Verhalten der Ratsmitglieder und der Kommission, vor allem, wenn beim Erlaß des Rechtsaktes parlamentarische Forderungen nicht berücksichtigt wurden.

1. Unterrichtung durch den Rat

Zunächst ist an eine Unterrichtung durch den Rat zu denken, der die Stellungnahme des Parlaments beantragt und schließlich die Entscheidung trifft.

a) Forderungen des Parlaments

Die Forderungen des Parlaments auf nachträgliche Aufklärung durch den Rat gehen in verschiedene Richtungen.

Mit besonderer Entschiedenheit und Ausdauer verlangt man eine Begründung „in geeigneter Form", wenn Beschlüsse des Rates von der vorher eingeholten Stellungnahme des Parlaments erheblich abweichen[53]. Vereinzelt wurde auch die Veröffentlichung der offiziellen Beratungsniederschriften und vor allem der Abstimmungsergebnisse gewünscht; jedenfalls sollten Berichte über die Verhandlungen und die Beschlüsse des Rates mit eingehender Begründung im Amtsblatt erscheinen[54]. Nur selten kam es zu schriftlichen Anfragen an den Rat, wenn dieser in konkreten Einzelfällen Änderungsvorschläge des Parlaments nicht übernommen hatte[55]. Mündliche Anfragen, eventuell mit anschließender Aussprache[56], wurden aus diesem Anlaß überhaupt noch nicht eingebracht.

---

[52] Tagung v. 22./23. 7. 1969.

[53] EP-Entschließungen v. 27. 11. 1959 (Abl. 1959, S. 1267), v. 27. 6. 1963, II a 6 (Abl. 1963, S. 1916) u. v. 20. 10. 1966, Ziff. 9 (Abl. 1966, S. 3465); Verbalnote des EP-Präs. *Scelba* an den Rat v. 7. 5. 1969 (vgl. EP-Verh. v. 3. 6. 1969, S. 4 f.).

[54] Vgl. *Deringer*-Bericht, EP-Dok 74/62—63, Ziff. 135 a. E., sowie die Abg. *van Dijk*, EP-Verh. v. 17. 10. 1962, S. 134; *Dehousse*, EP-Verh. v. 18. 10. 1962, S. 160; *Janssens*, EP-Verh. v. 20. 11. 1962, S. 66.

[55] Vgl. aber die schriftl. Anfragen *Bergmann* Nr. 4/64 (Abl. 1964, S. 1357) und *Vredeling* Nr. 30/69 (Abl. 1969, Nr. C 107/3).

[56] Art. 46 und 47 EP-GO.

b) Haltung des Rates

Der Rat war gegenüber den Informationswünschen des Parlaments bisher nicht sehr aufgeschlossen.

Während die Veröffentlichung der Sitzungsprotokolle nachdrücklich abgelehnt wurde[57], hat sich der Rat grundsätzlich bereit erklärt, erhebliche Abweichungen von parlamentarischen Stellungnahmen auf besonderen Wunsch zu begründen[58]. In der Regel blieb es allerdings bei ausweichenden Hinweisen auf die allgemeinen Aussprachen zwischen Rat und Parlament, auf die Möglichkeit schriftlicher und mündlicher Anfragen sowie die jedem Rechtsakt gem. Art. 190 beigefügte Begründung.

Erst neuerdings wurde ein spezielles Verfahren zur Unterrichtung des Parlaments im Einzelfall festgelegt[59]. Danach bittet der Parlamentspräsident auf Antrag des zuständigen Ausschusses den Präsidenten des Rates um Mitteilung der Gründe, die den Rat veranlaßt haben, beim Erlaß eines Rechtsaktes von der parlamentarischen Stellungnahme erheblich abzuweichen. Der Rat beschließt über die Zweckmäßigkeit einer Antwort sowie über deren Inhalt. Der Ratspräsident antwortet dem Parlament schriftlich oder mündlich.

Es erscheint fraglich, ob diese schwerfällige und zeitraubende Prozedur zu befriedigenden Ergebnissen führen wird. Solcher Zweifel wird bestärkt durch den gleichzeitigen, früher schon auf das Kollegialitätsprinzip und das Beratungsgeheimnis gestützten Vorbehalt des Rates, er werde keine Angaben über die Haltung seiner einzelnen Mitglieder machen[60].

Im übrigen wünscht der Rat, daß seine Antwort — abgesehen von der Möglichkeit schriftlicher oder mündlicher Anfragen — nicht Gegenstand weiterer parlamentarischer Demarchen wird[61]. Damit soll insbesondere die anschließende Abstimmung des Parlaments über einen möglicherweise kritischen Entschließungsantrag vermieden werden.

---

[57] Vgl. MR-Präs. *Pella*, EP-Verh. v. 25. 11. 1959, S. 162. — Die knappen Pressemitteilungen des Rates werden seit einiger Zeit vom Sekretariat des *Parlaments* unter Hinweis auf frühere EP-Berichte und -Entschließungen an die jeweils zuständigen Ausschüsse übermittelt.

[58] Vgl. etwa MR-Präs. *Schaus*, EP-Verh. v. 28. 3. 1960, S. 15, und *Piccioni*, EP-Verh. v. 21. 11. 1962, S. 151, sowie die Antwort auf die schriftliche Anfrage *Vredeling* Nr. 55/67 (Abl. 1967, Nr. 178/1).

[59] „A-Punkt"-Beschluß der 86. Ratstagung v. 10./11. 11. 1969; vgl. auch EP-Präs. *Scelba*, EP-Verh. v. 26. 11. 1969, S. 64.

[60] Vgl. MR-Präs. *Pella*, EP-Verh. v. 25. 11. 1959, S. 162, sowie die Antworten auf die schriftl. Anfragen *Vredeling* Nr. 55/67 (Abl. 1967, Nr. 178/1), Nr. 315/67—68 (Abl. 1968, Nr. C 36/12), Nr. 63/68 (Abl. 1968, Nr. C 83/3) und Nr. 311/68—69 (Abl. 1969, Nr. C 65/4).

[61] So der in Anm. 59 genannte Beschluß; vgl. auch das Schreiben des Rates v. 13. 6. 1962, zit. in EP-Dok 46/62—63, S. 1.

c) *Rechtliche Würdigung*

Bei einer rechtlichen Würdigung der Ratspraxis sind vor allem zwei Probleme zu erörtern.

aa) Zunächst stellt sich die Frage, ob der Rat *zur nachträglichen Unterrichtung* des Parlaments unter irgendeinem rechtlichen Gesichtspunkt *verpflichtet* ist. Dies erscheint äußerst zweifelhaft. Die bloße Anhörung begründet vielleicht eine moralische, aber gewiß keine Rechtspflicht, ein Abweichen von der unverbindlichen Stellungnahme anschließend vor dem Konsultativorgan zu rechtfertigen[62]. Kontrollbefugnisse besitzt das Parlament nach dem Vertrag nicht gegenüber dem Rat, der also den Abgeordneten für seine Beschlüsse keinerlei Rechenschaft schuldet[63].

Allerdings ist die Kommission dem Parlament verantwortlich, und zwar auch für ihr Verhalten im Rat. Deshalb hat man den Rat für verpflichtet gehalten, sämtliche Auskünfte zu erteilen, die dem Parlament zur Ausübung seiner Kontrolle über die Kommission erforderlich erscheinen[64]. Gewiß läßt sich das Verhalten der Kommission im Rechtsetzungsverfahren — und insbesondere eine Vorschlagsänderung in dessen Schlußphase — ohne Kenntnis von der Haltung des Rates kaum zutreffend beurteilen. Es ist jedoch Aufgabe der Kommision, sich vor dem Parlament entsprechend zu rechtfertigen. Den Rat trifft nur eine Unterlassungspflicht: er darf die Kommission an einer ausreichenden Unterrichtung der Abgeordneten nicht hindern. Daß er selbst keine Auskunft zu erteilen braucht, wird bestätigt durch Art. 140 Abs. 4, wonach der Rat „nach Maßgabe seiner Geschäftsordnung" von der Versammlung gehört wird. Er legt also selbst fest, in welcher Weise er zu hören ist. Die Abweichung von der weniger deutlichen Vorschrift des Art. 23 Abs. 4 EGKSV war nicht zufällig: der Rat sollte geschützt werden vor Ansprüchen des Parlaments auf Auskunft oder gar Rechenschaft.

---

[62] Ebenso *Draetta*, Commentario, Art. 137, Anm. 6; anders wohl EP-Präs. *Scelba*, der von einem „anomalen Legislativverfahren" spricht (EP-Verh. v. 3. 6. 1969, S. 5); dagegen fordert der Abg. *Margulies* eine „normale Höflichkeit, wie sie im Verkehr zwischen Institutionen üblich ist" (BT-Sitzungsberichte v. 25. 6. 1964, S. 6589); vgl. auch *Heidelberg*, S. 38.

[63] In diesem Sinne die Antwort des Rates auf die schriftl. Anfrage *Vredeling* Nr. 174/69 (Abl. 1969, Nr. C 107/24). — Die Möglichkeit, einzelne Ratsmitglieder nach nationalem Verfassungsrecht in ihren Mitgliedstaaten zur Verantwortung zu ziehen — auf die dabei verwiesen wird —, ersetzt jedoch kaum eine Kontrolle des Rates als Gemeinschaftsorgan.

[64] So *Schmutzer*, CMLR 1967—68, S. 81 f.; vgl. auch *Rossi*-Bericht, EP-Dok 74/64—65, Ziff. 399.

bb) Es bleibt aber zu prüfen, ob der Rat das Parlament — wie mehrfach zugesagt — *auf freiwilliger Grundlage* unterrichten darf[65]. Ein solches Vorgehen stößt kaum auf rechtliche Bedenken.

Zwar tagt der Rat nicht öffentlich, und seine Verhandlungen unterliegen dem *Beratungsgeheimnis*[66]. Diese Grundsätze sollen die kollektive Verantwortlichkeit des Rates als Gemeinschaftsorgan unterstreichen, das Ringen um Kompromisse in strittigen Angelegenheiten erleichtern und die wirksame Durchführung einmal gefaßter Beschlüsse gewährleisten[67]. Es handelt sich jedoch nicht um Vertragsgebote, sondern um bloßes Geschäftsordnungsrecht, das der Rat ohne weiteres ändern könnte[68]. Schon die derzeit geltende Regelung gestattet es dem Rat, Ausnahmen vom Beratungsgeheimnis zu beschließen. Der wiederholte Hinweis auf die Geschäftsordnung ist also nur ein Scheinargument.

Im übrigen gelangen durch spezialisierte Agenturen fast immer sehr detaillierte Berichte über die Ratstagungen an die Öffentlichkeit. Dies läßt eine strenge Wahrung des Beratungsgeheimnisses dem Parlament gegenüber wenig sinnvoll erscheinen.

Gegen eine umfassende Information des Parlaments über die Auswertung seiner Stellungnahme könnte man allerdings einwenden, dies ermögliche faktisch eine vom Vertrag nicht vorgesehene *Kontrolle über den Rat*[69]. Dem Parlament fehlt es jedoch gegenüber dem Rat an jeder Sanktionsmöglichkeit. So ist die Änderung der institutionellen Kräfteverhältnisse kaum zu erwarten von einer bloßen Unterrichtung des Parlaments, die erst nachträglich und möglicherweise ohne jede Aussprache erfolgt. Gerade wegen der fehlenden Kontrolle über den Rat erscheint es wünschenswert, den Verhandlungen über grundlegende Fragen stärkere Publizität zu geben und die Verantwortung der einzelnen Ratsmitglieder zu verdeutlichen[70].

---

[65] Art. 19 MR-GO begründet kein förmliches Antragsrecht des Parlaments, schließt aber eine Anregung an den Rat, sich vor den Abgeordneten zu äußern, nicht aus.

[66] Art. 3 a und 18 MR-GO; der Arbeitsstil entspricht also mehr einer internationalen Konferenz als einer gesetzgebenden Länderkammer.

[67] Dazu auch MR-Präs. *Piccioni*, EP-Verh. v. 21. 11. 1962, S. 151, sowie *Sattler*, S. 108 ff.

[68] Ebenso *Janssens*-Bericht, EP-Dok 71/59—60, Ziff. 15, und *Vergès*, S. 136.

[69] Schon beim heutigen Stand der Entwicklung bejahen *Manzanarès*, Parlement, S. 238, „un certain contrôle de fait" und *Mégret*, Novelles, Nr. 673, „un contrôle indirect et embryonnaire". Solche Komplimente an die Adresse des Parlaments erscheinen jedoch wenig realistisch; vgl. auch *Hoffmann*, S. 139, dessen Darstellung immer noch zutrifft.

[70] Die Vorteile größerer Publizität unterstreicht schon der *Janssens*-Bericht, EP-Dok 71/59—60, Ziff. 15.

Keinesfalls läßt sich die bisherige Zurückhaltung des Rates mit rechtlichen Argumenten verteidigen: es ist allein eine Frage politischer Zweckmäßigkeit.

2. Unterrichtung durch die Kommission

Auch die Kommission, die grundsätzlich an den Aussprachen im Rat teilnimmt[71] und ihren Vorschlag gem. Art. 149 Abs. 2 bis zuletzt ändern kann, hat genaue Kenntnis von der weiteren Behandlung der parlamentarischen Stellungnahme.

a) Forderungen des Parlaments

Das Parlament verlangt von ihr eine regelmäßige Unterrichtung über ihr Verhalten während der Ratsverhandlungen und die Angabe von Gründen, wenn sie bei der endgültigen Gestaltung ihres Vorschlages der Entschließung des Parlaments nicht gefolgt ist[72]. Außerdem soll die Kommission bei Abweichen eines Ratsbeschlusses von der parlamentarischen Stellungnahme durch eine Erklärung im Amtsblatt deutlich machen, ob ein entsprechender Kommissionsvorschlag zugrunde gelegen hat oder ob der Vorschlag der Kommission gemäß Art. 149 Abs. 1 vom Rat geändert wurde[73].

Gelegentlich wurde auch in schriftlichen — bisher nicht in mündlichen — Anfragen an die Kommission Auskunft über ihre Haltung bei der Verabschiedung bestimmter Ratsbeschlüsse verlangt[74].

b) Haltung der Kommission

Die Kommission ist bereit, den Informationswünschen des Parlaments regelmäßig nachzukommen; sie macht allerdings Vorbehalte hinsichtlich der Form der Unterrichtung.

Grundsätzlich berichtet das verantwortliche Kommissionsmitglied mündlich vor dem zuständigen Parlamentsausschuß. Diese Unterrichtung über die Behandlung der Vorschläge im Rat und den Standpunkt, den die Kommission dabei — insbesondere zur Entschließung des Parlaments — eingenommen hat, ist vertraulich und geht oft sehr in Einzelheiten. Manchmal allerdings erfolgt sie erst auf Drängen des Ausschusses oder beschränkt sich auf allgemeine Erklärungen. Viel hängt auch von der Person des jeweiligen Berichterstatters ab.

---

[71] Art. 3 b MR-GO.

[72] EP-Entschließungen v. 27. 6. 1963, II a 3 (Abl. 1963, S. 1916) und v. 20. 10. 1966, Ziff. 9 (Abl. 1966, S. 3466).

[73] So der Abg. *Nederhorst* in der schriftl. Anfrage Nr. 96/61—62 (Abl. 1962, S. 1218); vgl. auch die schriftl. Anfrage *Vredeling* Nr. 169/68 (Abl. 1968, Nr. C 120/5).

[74] Vgl. etwa die Anfragen *Vredeling* Nr. 143/62—63 (Abl. 1963, S. 658) und *Bergmann* Nr. 3/64 (Abl. 1964, S. 1217).

Erläuterungen vor dem Plenum — etwa bei der Beantwortung mündlicher Anfragen oder der Debatte über den jährlichen Gesamtbericht — schließt die Kommission nicht aus[75]. In der Praxis kommt es dazu jedoch nur selten[76].

Der Wunsch nach einer amtlichen Veröffentlichung ihrer abschließenden Haltung im Rat stieß bei der Kommission auf wechselnde Sympathien. Einer ersten Ablehnung[77] folgten die Zusage des Präsidenten Hallstein vor dem Plenum[78] und eine interne Verfahrensregelung[79], die jedoch nicht angewandt wurde[80]. Auch bei der Beantwortung schriftlicher Anfragen, die im Amtsblatt erfolgt, hat es die Kommission wiederholt vermieden, klar zu sagen, ob sie vor umstrittenen Ratsbeschlüssen ihre Vorschläge selbst geändert oder ob dies der Rat getan hatte[81].

c) *Rechtliche Würdigung*

In rechtlicher Hinsicht wirft die nachträgliche Unterrichtung des Parlaments durch die Kommission andere Probleme auf als die bereits erörterte Haltung des Rates.

aa) Die *Verpflichtung der Kommission* steht außer Zweifel. Nach dem Vertrag unterliegt die Kommission der politischen Kontrolle durch das Parlament[82]. Grundsätzlich muß sie daher alle zur Wahrnehmung dieser Kontrollbefugnis zweckdienlichen Erläuterungen und insbesondere Rechenschaft über ihr Verhalten im Rat geben[83].

bb) Fraglich erscheint jedoch, ob die Informationspflicht der Kommission ohne jede *Einschränkung* gilt. Das in der Geschäftsordnung

---

[75] So die Antwort auf die schriftl. Anfrage *Nederhorst* Nr. 32/62 (Abl. 1962, S. 1593).

[76] Vgl. aber Kom.-Vizepräs. *Mansholt*, EP-Verh. v. 3. 7. 1968, S. 131 f.

[77] Vgl. die in Anm. 75 zitierte Äußerung.

[78] EP-Verh. v. 27. 6. 1963, S. 192; dazu die schriftl. Anfrage *Vredeling* Nr. 7/67 (Abl. 1967, S. 2145).

[79] Vom 1. 6. 1965; darin war eine Mitteilung im EWG-Bulletin vorgesehen, auf die im Amtsblatt verwiesen werden sollte.

[80] Die genaue Haltung der Kommission im Rat läßt sich den Berichten im Bulletin nur selten entnehmen, vgl. aber Nr. 8-1965, S. 60. — Gelegentlich erhält das Parlament in der Schlußphase vorgelegte Änderungen der Kommission *nach* der Beschlußfassung des Rates „zur Information"; vgl. etwa *Faller*-Bericht, EP-Dok 168/66—67.

[81] Vgl. etwa die Antwort auf die schriftl. Anfrage *Vredeling* Nr. 169/68 (Abl. 1968, Nr. C 120/5). — Allerdings ist der Fall des Art. 149 Abs. 1 von dem des Art. 149 Abs. 2 in der Praxis oft schwer zu unterscheiden.

[82] Vgl. die Art. 137, 140 Abs. 3, 143, 144.

[83] Dies wurde auch von Kom.-Präs. *Hallstein*, EP-Verh. v. 27. 6. 1963, S. 192, anerkannt.

des Rates vorgeschriebene Beratungsgeheimnis könnte Pflichtenkollisionen hervorrufen: zur Rechtfertigung einer Abweichung von der Entschließung des Parlaments wird sich die Kommission nicht selten auf die Haltung der Ratsmitglieder während der Verhandlungen berufen. Die im Vertrag selbst vorgesehene parlamentarische Verantwortung der Kommission geht zwar dem autonomen Geschäftsordnungsrecht des Rates vor[84], und der Wortlaut der einschlägigen Bestimmung scheint dies ausdrücklich zu bestätigen[85]. Eine allzu großzügige Berichterstattung der Kommission über das Geschehen im Rat könnte jedoch ihre eigene Anwesenheit bei den Verhandlungen gefährden[86]. Jedenfalls würden die Beziehungen zum Rat außerordentlich belastet. Die Kommission kann aber nicht verpflichtet sein, dem Parlament Auskünfte zu erteilen, deren Verbreitung die unerläßliche, ebenfalls im Vertrag vorgeschriebene Zusammenarbeit mit dem Rat[87] beeinträchtigen müßte.

Die eigentliche Schwierigkeit liegt darin, Ausmaß und Verfahren der Unterrichtung im Einzelfall festzulegen. Ziel muß es sein, die Kontrollbefugnisse des Parlaments voll zu respektieren, ohne die Zusammenarbeit mit dem Rat zu gefährden[88]. Zwar stellen Mitteilungen in vertraulichen Sitzungen der Parlamentsausschüsse grundsätzlich keine „Verbreitung" von Geheimnissen dar[89]. Einen gewissen Ermessensspielraum wird man der Kommission jedoch nicht verweigern können: letztlich muß sie selbst abwägen, welche politischen Risiken sie eingeht, wenn sie vom Parlament erbetene Auskünfte über die abschließende Behandlung einer Stellungnahme ganz oder teilweise verweigert. Im übrigen haben auch die Abgeordneten wiederholt Verständnis für die schwierige Lage der Kommission bekundet[90].

Bei einer Würdigung der bisherigen Praxis ist der Kommission wohl zuzustimmen, „daß das von ihr gewählte Verfahren das Parlament effektiv in die Lage versetzt, seine Kontrollbefugnisse auszuüben"[91]. Eher bestehen Zweifel, ob das Parlament seine Möglichkeiten stets mit dem gebotenen Nachdruck genutzt hat.

---

[84] So auch *Schmutzer*, CMLR 1967—68, S. 81.

[85] Art. 19 MR-GO gilt „unbeschadet anderer einschlägiger Bestimmungen"; vgl. aber die Antwort des Rates auf die schriftl. Anfrage *Vredeling* Nr. 55/67 (Abl. 1967, Nr. 178/1).

[86] Ausdrücklich ist diese nur in Art. 3 b MR-GO vorgesehen.

[87] Vgl. Art. 162.

[88] In diesem Sinne auch Kom.-Präs. *Hallstein*, EP-Verh. v. 27. 6. 1963, S. 192.

[89] So mit besonderem Nachdruck *Luchaire*, A. O. Bd. IV, S. 203.

[90] Vgl. *Furler*-Bericht, EP-Dok 31/63—64, Ziff. 74; *Rossi*, EP-Verh. v. 27. 6. 1963, S. 187; *Dehousse*, EP-Verh. v. 17. 10. 1967, S. 28.

[91] So die Antwort auf die schriftliche Anfrage *Vredeling* Nr. 169/68 (Abl. 1968, Nr. C 120/5).

Fünfter Abschnitt

Wiederaufleben von Anhörungspflichten

Zur Erfüllung einer Anhörungspflicht muß die Stellungnahme des Parlaments grundsätzlich nur einmal eingeholt werden. Bis zum Beschluß des Rates kann es aber zu erheblichen Tatsachenänderungen (A) oder zur grundlegenden Umgestaltung des ursprünglichen Vorschlags (B) kommen. In beiden Fällen stellt sich die Frage, ob nicht die Konsultationspflicht wieder auflebt, der Rat also auch rechtlich gebunden ist, das Parlament nochmals anzuhören.

A. Änderung der tatsächlichen Umstände

I. Problemstellung

Zwischen der Verabschiedung einer parlamentarischen Stellungnahme und dem entsprechenden Ratsbeschluß vergehen manchmal Jahre[1]. Bei so erheblichem Zeitablauf ist es leicht vorstellbar, daß sich die tatsächlichen Umstände, die der Entschließung des Parlaments zugrunde lagen, wesentlich ändern. Das gilt in besonderem Maße für den Bereich der Wirtschaft, in dem sich die tatsächlichen Beurteilungselemente sehr kurzfristig wandeln können[2].

Eine Tatsachenänderung besonderer Art ist gegeben, wenn bestimmte *politische* Voraussetzungen, von denen das Parlament in seiner Entschließung ausdrücklich oder stillschweigend ausgegangen ist, noch vor der Beschlußfassung des Rates entfallen. So hatte das Parlament in seiner Stellungnahme zum sog. „Krisenpaket“ vom Frühjahr 1965, in

---

[1] Vgl. etwa die Richtlinie Nr. 69/335 betr. indirekte Steuern auf die Ansammlung von Kapital v. 17. 7. 1969 (Abl. 1969, Nr. L 249/25): EP-Entschließung v. 18. 6. 1965 (Abl. 1965, S. 2057); VO Nr. 1017/68 betr. Wettbewerbsregeln für den Verkehr v. 19. 7. 1968 (Abl. 1968, Nr. L 175/1): EP-Entschließung v. 27. 11. 1964 (Abl. 1964, S. 3505); Richtlinie Nr. 68/161 betr. Erhebung über Schweinebestände v. 27. 3. 1968 (Abl. 1968, Nr. L 76/13): EP-Entschließung v. 27. 11. 1964 (Abl. 1964, S. 3509).

[2] Vgl. etwa das rasche Anwachsen struktureller Überproduktion im Agrarbereich, das die verantwortlichen Gemeinschaftsorgane früher als erwartet zu einer allgemeinen Überprüfung der geltenden Marktmechanismen zwang; aufschlußreich die Äußerungen von Kom.-Vizepräs. *Mansholt*, EP-Verh. v. 3. 7. 1969, S. 191 f.

dem Kommissionsvorschläge zur Agrarfinanzierung, zur Schaffung von Eigenmitteln der Gemeinschaft und zur Erweiterung der parlamentarischen Haushaltsbefugnisse zusammengefaßt waren, besonders betont, „daß sich diese Vorschläge gegenseitig ergänzen und ein unteilbares Ganzes bilden", deshalb auch nur gleichzeitig zu prüfen und in Kraft zu setzen seien[3]. Der Rat hat aber das von der Kommission geknüpfte politische Band zwischen den drei Vorschlägen später gelöst und ohne erneute Konsultation allein die Regelung der Agrarfinanzierung verabschiedet[4].

Unter solchen Umständen erscheint es zweifelhaft, ob der Rat wirklich von einer neuen Parlamentsanhörung absehen und einen Beschluß auf die bereits vorliegende, inzwischen jedoch längst überholte Stellungnahme stützen kann.

II. Rechtliche Würdigung

Die obligatorische Anhörung im Rechtsetzungsverfahren garantiert dem Parlament eine begrenzte Mitwirkung. Soll diese mehr als eine reine Formalität sein, so müssen sich die Volksvertreter in voller Kenntnis der Sachlage äußern können, d. h. unter Berücksichtigung sämtlicher Beurteilungselemente, die im Zeitpunkt des Ratsbeschlusses maßgeblich sind. An dieser Voraussetzung einer ordnungsgemäßen Konsultation fehlt es, wenn die von den Abgeordneten in Betracht gezogenen Umstände beim Abschluß der Verhandlungen im Rat gar nicht mehr gegeben oder wenn schwerwiegende neue Tatsachen eingetreten sind. Daher muß das Parlament in solchen Fällen erneut Gelegenheit zur Stellungnahme erhalten[5].

Wann eine Änderung der tatsächlichen Gegebenheiten so bedeutsam ist, daß sich das Parlament nochmals äußern muß, läßt sich nicht generell bestimmen. Entscheidend sind die Besonderheiten des Einzelfalles, die im Hinblick auf die ratio der obligatorischen Anhörung gewürdigt werden müssen.

Bisher hat es eine erneute Befassung des Parlaments allein wegen grundlegender Tatsachenänderungen noch nicht gegeben, und soweit ersichtlich ist es in dieser Frage auch zu keinem ernsthaften Konflikt gekommen.

Im übrigen braucht eine obligatorische Konsultation dem Ratsbeschluß keineswegs unmittelbar vorauszugehen. Sind seit der ersten Entschlie-

---

[3] Vgl. Entschließung vom 12. 5. 1965, Ziff. 2 (Abl. 1965, S. 1660).

[4] VO Nr. 130/66 (Abl. 1966, S. 2965).

[5] Zu ähnlichen Ergebnissen kommt *Auby*, AJDA 1956 I, S. 61 Nr. 2 für das französische Verwaltungsrecht.

ßung des Parlaments die tatsächlichen Umstände im wesentlichen unverändert geblieben, so läßt der Zeitablauf allein, mag er noch so erheblich sein, die Anhörungspflicht nicht wieder aufleben[6]. Die zeitliche Begrenzung der Gültigkeit obligatorischer Stellungnahmen — wie sie im Parlament angeregt wurde[7] — wäre daher für den Rat ohne rechtliche Bedeutung. Starke Verzögerungen beim Erlaß von Rechtsakten geben jedoch regelmäßig Anlaß, die Frage der erneuten Konsultation zu prüfen.

Schließlich werden wichtige Tatsachenänderungen nicht selten zu entsprechenden Abweichungen vom ursprünglichen Kommissionsvorschlag führen: damit stellt sich — wenn auch unter einem anderen Gesichtspunkt — ebenfalls das Problem eines Wiederauflebens der Anhörungspflicht.

B. Umgestaltung des Kommissionsvorschlags

I. Problemstellung

Der vom Rat schließlich verabschiedete Rechtsakt stimmt selten mit dem ursprünglichen Vorschlag der Kommission überein. Im Laufe des Rechtsetzungsverfahrens kommt es zu Vorschlagsänderungen, zu denen gem. Art. 149 Abs. 2 die Kommission selbst, gem. Art. 149 Abs. 1 aber auch der Rat berechtigt ist. Außerdem kann die Kommission einen dem Rat übermittelten Vorschlag ganz zurückziehen[1] und ihn durch einen anderen Vorschlag ersetzen.

Wird der ursprüngliche Vorschlag schon vor der Befassung des Parlaments geändert[2], so konsultiert der Rat gleich zur geänderten Fassung. Offizielle Vorschlagsänderungen erfolgen in der Regel aber erst nach Anhörung des Parlaments. Dann ist zu entscheiden, ob die vorliegende Stellungnahme ausreicht oder ob das Parlament nochmals gehört werden soll. Die primär politischen Aspekte dieser Entscheidung sind nicht zu übersehen. Ist aber die Mitwirkung des Parlaments nicht nur fakultativ, sondern im Vertrag ausdrücklich angeordnet, so ergibt sich zugleich ein rechtliches Problem: wie weit können Rat und Kommission von dem im Parlament erörterten Vorschlag abweichen, ohne daß die vertragliche Anhörungspflicht wieder auflebt?

---

[6] Ebenso *Auby-Drago*, Bd. II, Nr. 1118 für das französische Verwaltungsrecht.

[7] Vgl. *Jozeau-Marigné*, EP-Verh. v. 17. 10. 1967, S. 22.

[1] Jedenfalls dann, wenn der Rat die sachliche Prüfung des Vorschlages noch nicht aufgenommen oder sie — z. B. wegen erheblicher Meinungsverschiedenheiten — eingestellt hat.

[2] Dazu oben im 4. Abschnitt unter A V.

Angesichts der Häufigkeit von Vorschlagsänderungen und der möglichen Folgen einer Vertragsverletzung ist diese Frage von erheblicher praktischer Bedeutung. Eine Antwort setzt voraus, daß Klarheit über Funktion und Grenzen der Änderungsbefugnisse gem. Art. 149 besteht. Erst anschließend ist zu erörtern, unter welchen Voraussetzungen das Parlament erneut konsultiert werden muß.

II. Haltung der Gemeinschaftsorgane

Zunächst soll noch kurz geprüft werden, ob und gegebenenfalls wie sich die vier Organe der Gemeinschaft grundsätzlich zur Frage der erneuten Parlamentsanhörung geäußert haben.

1. Parlament

Das Parlament, die am stärksten betroffene Institution, hat sich frühzeitig und mit besonderem Nachdruck um eine Wahrung seiner Anhörungsbefugnisse bemüht[3]. In mehreren Entschließungen[4] ist seine grundsätzliche Haltung festgelegt — verbunden mit der Aufforderung an Rat und Kommission, diese anzuerkennen: „Das Parlament wird zu allen wesentlichen Bestimmungen derjenigen Texte konsultiert, die der Rat anzunehmen beabsichtigt, selbst wenn dazu mehrere Konsultationen zu ein und demselben Textentwurf erforderlich sind"[5]. In verschiedenen Ausschußberichten an das Plenum wird dieser Grundsatz nicht nur politisch, sondern auch rechtlich begründet[6].

2. Kommission

Die Kommission kann eine erneute Anhörung zwar nicht selbst beschließen, steht aber angesichts ihrer parlamentarischen Verantwortung sowie als „Hüterin des Vertrages"[7] oft vor der Frage, ob sie dafür beim Rat eintreten soll.

Eine Rechtspflicht zur erneuten Konsultation bejaht die Kommission nur bei fundamentalen Änderungen, für die sich jedoch ein allge-

---

[3] Schon in der Entschließung v. 20. 12. 1961 (Abl. 1962, S. 72) — vor dem Erlaß der ersten Marktordnungen — wurde der Rat ersucht, „keine Entscheidung zur Schaffung neuer Organe ohne vorherige Konsultation des Parlaments zu treffen".

[4] Vom 18. 10. 1962, Ziff. 15 (Abl. 1962, S. 2672); v. 20. 10. 1966, Ziff. 6 (Abl. 1966, S. 3465); v. 17. 10. 1967, Ziff. 1 c (Abl. 1967, Nr. 268/7).

[5] So die in Anm. 4 zuletzt genannte Entschließung.

[6] Besonders hervorzuheben ist der *Jozeau-Marigné*-Bericht über die juristischen Probleme der Konsultation des Europäischen Parlaments, EP-Dok 110/67—68.

[7] Vgl. Art. 155 UAbs. 1.

meines Kriterium nicht definieren lasse[8]. Vor dem Parlament und seinen Ausschüssen wurde diese Haltung mehrfach erläutert und eine Verletzung der Anhörungspflicht anerkannt, „wenn der Rat etwas prinzipiell Neues in die Verordnung eingeführt hat, das demnach nicht Gegenstand der Konsultation gewesen ist“[9].

Im Oktober 1967 — während der Debatte über den Jozau-Marigné-Bericht — hat sich Kommissionspräsident Rey der bereits erwähnten These des Parlaments angeschlossen — allerdings unter dem Vorbehalt, daß „in Fällen äußerster Dringlichkeit“ eine erneute, an sich wünschenswerte Konsultation unterbleiben kann[10].

3. Rat

Der Rat, der über die neue Anhörung entscheidet, hat trotz der verschiedenen Entschließungen des Parlaments eine grundsätzliche Festlegung jahrelang vermieden.

Im November 1968 gab er erstmals eine sehr allgemein gehaltene Zusage: „Sollte der Rat Änderungen in Aussicht nehmen, die sich auf wichtige Fragen beziehen, welche dem Parlament noch nicht unterbreitet worden sind, so werden wir selbstverständlich prüfen, ob eine erneute Anhörung möglich ist[11].“

De facto fällt die Entscheidung über eine erneute Konsultation des Parlaments bereits im Ausschuß der Ständigen Vertreter[12], der im März 1966 die folgenden Grundsätze aufgestellt hat: „Eine erneute Anhörung wird nicht als obligatorisch betrachtet, wenn die Änderungen über den sachlichen Gehalt des ursprünglichen Vorschlags nicht hinausgehen; sie kann aber in Sonderfällen, insbesondere in Anbetracht der Frist, über die der Rat bis zur Genehmigung der betreffenden Bestimmung verfügt, oder wegen der Bedeutung der vorgeschlagenen Änderung als zweckmäßig anerkannt werden[13].“

4. Gerichtshof

Der Gerichtshof der Gemeinschaften, gem. Art. 164 berufen zur „Wahrung des Rechts bei der Auslegung und Anwendung des Vertrages“, ist mit Fragen der erneuten Parlamentsanhörung bisher nicht

---

[8] In diesem Sinne ein Grundsatzbeschluß v. 26. 5. 1965.

[9] So Kom.-Präs. *Hallstein*, EP-Verh. v. 17. 10. 1962, S. 122.

[10] EP-Verh. v. 17. 10. 1967, S. 31 f.

[11] So MR-Präs. *Medici*, EP-Verh. v. 26. 11. 1968, S. 20 f.

[12] Vgl. den 4. Abschnitt unter A I 3.

[13] Der Juristische Dienst des Ratssekretariats hatte — abweichend von früheren Stellungnahmen — diese ziemlich restriktive Lösung vorgeschlagen.

befaßt worden[14]. Urteile in anderen Rechtssachen enthalten kaum Anhaltspunkte, nach welchen Grundsätzen das hier erörterte Problem entschieden würde[15].

III. Änderungsbefugnisse gem. Art. 149

Umgestaltungen des ursprünglichen Vorschlags im Laufe des Rechtsetzungsverfahrens erfolgen regelmäßig unter Berufung auf Art. 149 Abs. 1 oder Abs. 2[16]. Die Auswirkungen dieser Bestimmung auf die vertraglichen Anhörungspflichten lassen sich erst beurteilen, wenn über Funktion und Grenzen der dem Rat und der Kommission eingeräumten Änderungsbefugnisse Klarheit besteht.

1. Funktion des Art. 149

Art. 149 hat im institutionellen System der Gemeinschaft ein doppelte Funktion.

a) Zwang zur Zusammenarbeit zwischen Rat und Kommission

In erster Linie zwingt er Rat und Kommission beim Erlaß von Rechtsvorschriften zu einem „subtilen Zusammenspiel"[17]. Der Rat kann mit dem Kommissionsvorschlag nicht nach Belieben verfahren, und die Kommission kann sich nach der Vorschlagsübermittlung nicht gleichgültig zurückziehen. Da beide Organe zur Änderung des ursprünglichen Vorschlags berechtigt sind, müssen sie sich gemeinsam um einen Kompromiß bemühen, der dem Gemeinschaftsinteresse Rechnung trägt, zugleich aber den Vertretern der Mitgliedstaaten annehmbar erscheint. Art. 149 ist in der Tat „die zentrale Bestimmung für die Zusammenarbeit zwischen Kommission und Rat"[18] und — bei konsequenter Anwendung der vertraglichen Abstimmungsregeln — eine Sicherung gegen längeren Stillstand der Gemeinschaft.

b) Möglichkeit der Berücksichtigung von Parlamentswünschen

Darüber hinaus gibt Art. 149 die Möglichkeit, durch Vorschlagsänderungen die Entschließungen des Parlaments zu berücksichtigen.

---

[14] Zu den Möglichkeiten seiner Befassung im 6. Abschnitt.

[15] Zum Urteil in der Rs. 111/63, EuGH XI, S. 893 ff. (insbesondere S. 918 f.) vgl. Anm. 29.

[16] „ Wird der Rat kraft dieses Vertrags auf Vorschlag der Kommission tätig, so kann er Änderungen dieses Vorschlags nur einstimmig beschließen. — Solange ein Beschluß des Rates nicht ergangen ist, kann die Kommission ihren ursprünglichen Vorschlag ändern, insbesondere in den Fällen, in denen die Versammlung zu diesem Vorschlag gehört wurde."

[17] So *Merkel*, S. 50.

[18] So *Wohlfarth*, Kom., Art. 149, Anm. 1; vgl. auch *Jozeau-Marigné*, EP-Dok 110/67—68, Ziff. 11.

Für die Kommission ist dies im Abs. 2 ausdrücklich hervorgehoben. Das gleiche gilt für den Rat, der ja die parlamentarische Stellungnahme beantragt. Forderungen der Abgeordneten sind allerdings nur *ein* mögliches Motiv für Vorschlagsänderungen, die der unverbindlichen Stellungnahme des Parlaments durchaus zuwiderlaufen können.

2. Grenzen des Art. 149

Trotz ihrer wichtigen Funktionen sind die Änderungsbefugnisse gem. Art. 149 nicht unbeschränkt.

a) „Änderung" im allgemeinen Sprachgebrauch

Schon nach dem allgemeinen Sprachtgebrauch deckt der Begriff der „Änderung" kaum jede beliebige Abweichung. Zwischen dem ursprünglichen Konzept und der abweichenden Fassung muß eine direkte Beziehung, ein erkennbarer Zusammenhang, erhalten bleiben. So kann der Vorschlag für eine Getreide-Marktordnung nicht durch „Änderung" in eine Tabak-Richtlinie oder eine Wettbewerbsregelung verwandelt werden. In solchen Fällen handelt es sich um die Ablehnung des ursprünglichen Vorschlags und seine Ersetzung durch ein aliud[19]. Der bloße Wortsinn der „Änderung" ist allerdings nur ein erster Anhaltspunkt bei der Auslegung von Art. 149.

b) Achtung der vertraglichen Kompetenzverteilung

Daneben sprechen vor allem materielle Gesichtspunkte für eine Begrenzung der Änderungsbefugnisse: die grundlegende Kompetenzverteilung des Vortrages ist auch bei der Anwendung von Art. 149 zu respektieren. Vorschlagsänderungen sollen die gegebenen Befugnisse nur ausbalancieren[20] und dadurch einen Verfahrensabschluß erleichtern. Sie sind nicht gedacht als ein Hebel zur Umwälzung der Kräfteverhältnisse zwischen den Institutionen. Die Beeinträchtigung von Organkompetenzen unter Berufung auf Art. 149 wäre daher ein Mißbrauch dieser Vorschrift.

aa) Gefährdet sind — wie die bisherige Praxis zeigt — vor allem die *Anhörungs- und Kontrollbefugnisse des Parlaments.*

Die Anhörung im Rechtsetzungsverfahren soll den Volksvertretern eine Stellungnahme zum Inhalt der anstehenden Entscheidung ermög-

---

[19] In diesem Sinne auch Kom.-Präs. *Hallstein*, EP-Verh. v. 17. 10. 1962, S. 122.

[20] Besonders deutlich *Catalano*, Manuel, S. 51: „Le système prévu à l'art. 149 équilibre — dans le cadre de leurs compétences respectives — les pouvoirs de la Commission, du Conseil et de l'Assemblée."

lichen. Das Parlament wird aber faktisch ausgeschaltet, wenn sich Rat und Kommission bei ihren gemeinsamen Bemühungen um Kompromisse oder Alternativlösungen vom Gegenstand der vorangegangenen Konsultation weitgehend entfernen, ohne die Abgeordneten auch zu den neuen Elementen zu befragen. Derartige Umgestaltungen berühren den Kern des Anhörungsrechts und lassen sich deshalb nicht mehr mit Art. 149 rechtfertigen[21].

Ebenso muß die individuelle Verantwortung der Kommission trotz der in Art. 149 — und allgemeiner in Art. 162 — gebotenen Zusammenarbeit mit dem Rat so deutlich bleiben, daß die Abgeordneten ihre Kontrollrechte tatsächlich wahrnehmen können.

bb) Auch das *Vorschlagsrecht der Kommission* könnte untergraben werden, wenn der Rat seine Änderungsbefugnisse gem. Art. 149 Abs. 1 mißbraucht.

Der Kommissionsvorschlag soll gewährleisten, daß die Probleme des jeweiligen Rechtsetzungsvorhabens unparteiisch analysiert und im Rat auf einer Grundlage erörtert werden, die dem Gemeinschaftsinteresse Rechnung trägt[22]. Da ein Änderungsbeschluß des Rates der Einstimmigkeit bedarf, sind beträchtliche Abweichungen vom Vorschlag der Kommission zwar erheblich erschwert[23]. Dennoch wäre es vorstellbar, daß sich die Ratsmitglieder gegen den Willen der Kommission auf eine totale Umgestaltung des ursprünglichen Vorschlags einigen oder von vornherein über einen eigenen, ganz anderen „Gegenvorschlag" verhandeln. In beiden Fällen würde der Rat das Vorschlagsrecht der Kommission — zugleich übrigens auch das Anhörungsrecht des Parlaments — in seinem Wesensgehalt antasten[24]. Die Grenze der Änderungsbefugnisse gem. Art. 149 Abs. 1 wäre damit überschritten.

Die Trennungslinie zwischen der erlaubten „Änderung" des Rates und dem „aliud", das erst auf neuen Vorschlag der Kommission — und nach erneuter Konsultation — beschlossen werden kann, ist für die institutionelle Stellung der Kommission von entscheidender Bedeutung. In dieser Arbeit wird zwar nur dem Wiederaufleben der Anhörungspflicht weiter nachgegangen. Die dabei entwickelten Grundsätze gelten

---

[21] Ebenso *Jozeau-Marigné*-Bericht, EP-Dok 110/67—68, Ziff. 14.

[22] Vgl. *Mégret*, Novelles, Nr. 610.

[23] *Daig*, Groeben-Boeckh, Vorbem. zu Art. 155 ff., I 3 b, überschätzt aber wohl die Bedeutung dieses Erfordernisses.

[24] Ähnlich *Bruns*, Entwicklungstendenzen, S. 120 f.; *Noel*, EuR 1967, S. 47 f.; *Lassalle*, Cah. dr. eur. 1968, S. 401; *van Miert*, Chron. pol. etr. 1969, S. 211; dagegen meint *Ortmann*, KSE 7, S. 41, der Rat sei „letztlich in keiner Weise an den Vorschlag der Kommission gebunden"; bedenklich auch die Abgrenzung bei *Merkel*, S. 48.

jedoch entsprechend auch für das Parallelproblem, wann nämlich ein neuer Kommissionsvorschlag notwendig wird[25].

3. Auswirkung auf den Umfang der obligatorischen Parlamentsanhörung

Die Analyse der Änderungsbefugnisse gem. Art. 149 gestattet im Hinblick auf den Umfang der obligatorischen Parlamentsmitwirkung gewisse Folgerungen.

a) Keine Erweiterung

Zunächst gibt es keinen Anhaltspunkt, daß die an anderer Stelle des Vertrages begründeten Anhörungspflichten in Art. 149 erweitert werden sollen. Änderungen innerhalb der Grenzen von Art. 149 zwingen also nicht zu zusätzlichen Konsultationen[26]. Dies entspricht durchaus dem Sinn der Parlamentsanhörung. Erfolgen nämlich Änderungen auf ausdrücklichen Wunsch der Abgeordneten, so ist der Zweck der Konsultation erreicht[27]. Für Abweichungen im Bereich von Art. 149, die der parlamentarischen Stellungnahme deutlich widersprechen, gilt nichts anderes: auch in diesen Fällen hatten die Abgeordneten Gelegenheit, ihren Standpunkt vorzutragen, ohne allerdings damit durchzudringen.

Schließlich würde die Rechtsetzung der Gemeinschaft unerhört erschwert, wenn das Parlament zu jeder nicht von ihm selbst empfohlenen Vorschlagsänderung eine weitere — wiederum unverbindliche — Stellungnahme abgeben müßte, obwohl seine Haltung schon aus der ersten Entschließung deutlich hervorgeht.

b) Keine Einschränkung

Andererseits werden die vertraglichen Mitwirkungsrechte des Parlaments durch Art. 149 weder aufgehoben noch in ihrem Wesensgehalt eingeschränkt. Die Beteiligung der Volksvertreter an der Rechtsetzung, ihre Einwirkungsmöglichkeit auf die Willensbildung der beiden anderen Organe und die daraus resultierende Rolle im institutionellen Kräftespiel müssen gewahrt bleiben — notfalls durch eine neue Anhörung. Der Umfang der Konsultationspflicht ergibt sich also letztlich aus dem Sinn der Parlamentsanhörung[28].

---

[25] Im gleichen Sinne der *Jozeau-Marigné*-Bericht, EP-Dok 110/67—68, Ziff. 15.

[26] Ebenso *Bertram*, Verwaltungsausschußverfahren, S. 16 f.; *Jozeau-Marigné-Bericht*, EP-Dok 110/67—68, Ziff. 11.

[27] Ähnlich *Kronenburg*, S. 132 f.

[28] Ebenso *Jozeau-Marigné*-Bericht, EP-Dok 110/67—68, Ziff. 14; auch der Rat scheint diesen Ausgangspunkt anzuerkennen, vgl. MR-Präs. *Medici*, EP-Verh. v. 26. 11. 1968, S. 20, der auf das „Ziel der Anhörung" abstellt.

IV. Pflicht zur erneuten Parlamentsanhörung

Geht man vom Sinn der Parlamentsanhörung aus, so ist das Wiederaufleben einer Konsultationspflicht an zwei Voraussetzungen geknüpft.

1. Grundlegende Abweichung vom ursprünglichen Konsultationsgegenstand

Zunächst muß eine grundlegende — nicht bloß spürbare und bedeutsame — Abweichung vom Gegenstand der ersten Konsultation vorliegen[29]. Ist nämlich der ursprüngliche Vorschlag in den Grundzügen unverändert, so hatte das Parlament bereits Gelegenheit zur beratenden Mitwirkung: sein Anhörungsrecht ist „verbraucht".

Die Feststellung einer grundlegenden Abweichung erfolgt durch Vergleich der neuen mit der alten Fassung[30]. Dabei ist zu prüfen, ob zwischen beiden trotz gewisser Änderungen noch ein genügend enger Zusammenhang besteht oder ob die Identität des ursprünglichen Aktes durch Eingriffe in dessen Substanz vernichtet, also ein *anderer* Vorschlag vorgelegt wurde.

a) Vergleichsobjekte

Objekte des erforderlichen Vergleichs sind die neue Fassung des Rechtsetzungsvorhabens und der Gegenstand der früheren Konsultation.

Ist die neue Fassung noch als Vorschlag beim Rat anhängig, so kommt eine erneute Anhörung des Parlaments in Betracht. Dagegen bleibt nur die Feststellung einer Vertragsverletzung wegen Umgehung der Anhörungspflicht, wenn der Rat den neuen Vorschlag schon zum Rechtsakt erhoben hat.

Gegenstand der ursprünglichen Konsultation und damit zweiter Bezugspunkt des Vergleichs ist jeweils der konkrete, dem Parlament vorgelegte Kommissionsvorschlag[31], nicht nur allgemein die betreffende Angelegenheit, aber auch nicht sämtliche, mit dem Vorschlag entfernt zusammenhängende Probleme oder mögliche Alternativlösungen.

---

[29] Vgl. auch EuGH XI, S. 919 (Rs. 111/63), zu Art. 53 b EGKSV (Schaffung finanzieller Einrichtungen durch die Hohe Behörde mit Zustimmung des Rates), wo es allerdings um die nachträgliche Änderung einer bereits *erlassenen* Regelung geht. Der Gerichtshof hält die Zustimmung des Rates nur dann für erforderlich, „wenn die Einführung von Habenzinsen die *Grundlagen* der Ausgleichseinrichtung ... berührt oder verändert haben sollte". GA *Roemer* stellt in seinen Schlußanträgen auf die Änderung von „wesentlichen Details" ab, a.a.O., S. 980.

[30] Vgl. auch GA *Lagrange*, EuGH I, S. 125.

[31] Dies ergibt sich deutlich aus dem Wortlaut von Art. 149 Abs. 2, letzter Halbsatz; ebenso *Houben*, S. 109.

Zweifel können sich ergeben, wenn das Parlament zu einem politisch verknüpften Bündel von Vorschlägen gleichzeitig gehört wurde. Die Kommission faßt nämlich nicht selten Vorschläge zu verschiedenen Rechtsetzungsprojekten in einem „Paket" zusammen[32]. Die gleichzeitige Behandlung mehrerer Vorschläge, an deren Verabschiedung die einzelnen Mitgliedstaaten jeweils ein unterschiedliches Interesse haben, soll im Rat einen umfassenden Interessenausgleich ermöglichen und die Blockierung besonders umstrittener Vorhaben verhindern. Das politische Band zwischen den Vorschlägen berührt jedoch nicht deren rechtliche Selbständigkeit. Vorschlag im Sinne des Vertrages und damit Gegenstand der Konsultation ist der einzelne Entwurf der Kommission, dessen Vorlage die Eröffnung eines Rechtsetzungsverfahrens kennzeichnet. Die bloße „Aufschnürung" eines Pakets von Vorschlägen durch den Rat oder die Kommission ist daher weder als Änderung gem. Art. 149 noch als Unterbreitung neuer Vorschläge zu werten[33]. Es handelt sich um einen politischen Vorgang, der die Frage einer erneuten Anhörung nicht unter dem hier erörterten Gesichtspunkt aufwirft[34].

Der Vergleich zwischen neuer und alter Fassung wird sich zunächst auf die geänderten Einzelvorschriften konzentrieren. Schon dabei können sich Unterschiede von größter Tragweite ergeben.

Fällt die grundlegend abweichende Einzelregelung gegenüber den übrigen, unveränderten Teilen des Vorschlags weniger stark ins Gewicht, so ist ein Aufleben der Anhörungspflicht deshalb nicht ausgeschlossen[35]. Das Ergebnis einer solchen Gegenüberstellung wird nämlich entscheidend beeinflußt vom Gesamtumfang des Vorschlags, der im Ermessen der Kommission liegt: diese kann mehrere, einander ergänzende Teilvorschläge präsentieren[36], sie kann aber auch die Regelung eines Sachbereichs in *einem* Text zusammenfassen. Im zweiten Fall reicht die parlamentarische Mitwirkungsbefugnis nicht weniger weit als bei einem Vorschlag, der nur einen Artikel enthält.

---

[32] Besonders bekannt geworden ist das sog. „Krisenpaket" vom Frühjahr 1965, vgl. Sonderbeilage zum EWG-Bulletin 5-1965, S. 3 ff. — Oft wird ein politisches Paket erst im Verlauf der abschließenden Ratsverhandlungen geschnürt, also *nach* Anhörung des Parlaments zu den betreffenden Vorschlägen.

[33] Vgl. auch *van Miert*, Chron. pol. etr. 1969, S. 221 f.

[34] Die Änderung der politischen Voraussetzungen, unter denen ein Rechtsakt verabschiedet werden soll, kann allerdings — je nach der Bedeutung im Einzelfall — eine neue Parlamentsanhörung unter dem Gesichtspunkt grundlegender Tatsachenänderung erforderlich machen, dazu bereits in diesem Abschnitt unter A I—II.

[35] Anders wohl *Buerstedde*, JöR 1965 (NF 14), S. 162.

[36] Vgl. etwa die ersten beiden Mehrwertsteuer-Richtlinien v. 11. 4. 1967 (Abl. 1967, S. 1301 ff.), die man ohne weiteres als einen einzigen Rechtsakt hätte erlassen können.

Ein Vergleich beider Fassungen in ihrer Gesamtheit ist jedoch keineswegs überflüssig. Etwas qualitativ Neues kann nämlich auch dann vorliegen, wenn Änderungen von an sich begrenzter Bedeutung in großer Zahl zusammentreffen.

b) *Vergleichskriterien*

Klare Vergleichskriterien zur Kennzeichnung einer Abweichung als „grundlegend" wären eine äußerst wertvolle Hilfe.

Vereinzelt wird die im ursprünglichen Vorschlag „behandelte Materie" als einzige Grenze der Änderung gem. Art. 149 genannt[37]. Bei der Ermittlung der „behandelten Materie" im Einzelfall beginnen jedoch die Schwierigkeiten. Faßt man das Kriterium weit, unterscheidet man also nur zwischen den Hauptbereichen der Gemeinschaftstätigkeit wie Landwirtschaft, Verkehrspolitik, Sozialpolitik usw., so gäbe es für Vorschlagsänderungen nur eine theoretische Schranke, und das Parlament könnte nach Belieben ausgeschaltet werden. Eine Richtlinie zur Bekämpfung des Kartoffelkrebses fällt nämlich ebenso in den Sachbereich Landwirtschaft wie eine Getreide-Verordnung, die ihrerseits die Schaffung einer vollständigen Marktordnung oder eine Preisfestsetzung oder auch nur die Verlängerung des Wirtschaftsjahres bezwecken mag. Brauchbar erscheint daher nur ein enger Begriff der „behandelten Materie", der auf die jeweils speziell angeschnittenen Probleme abstellt. Der amtliche Titel einer Regelung und ihre Rechtsgrundlage können dabei nicht mehr als erste Anhaltspunkte sein.

Höchst unbefriedigende Ergebnisse sind aber auch dann nicht ausgeschlossen. So kann z. B. die institutionelle Konzeption eines Vorschlags, insbesondere die Kompetenzverteilung zwischen Gemeinschaft und Mitgliedstaaten, trotz Beibehaltung aller materiellen Bestimmungen so vollständig umgestaltet werden, daß eine erneute Befassung des Parlaments nach Sinn und Zweck der Anhörungspflicht unumgänglich erscheint[38].

Den vielfältigen Gestaltungsmöglichkeiten der Praxis wird daher die „behandelte Materie" als *ausschließliches* Vergleichskriterium nicht gerecht. Überhaupt läßt sich die „grundlegende Abweichung" nicht allgemeingültig definieren[39]. Erforderlich ist stets eine Einzelfallprüfung, bei der die verschiedenen Änderungen zu analysieren und hinsichtlich ihrer rechtlich-politischen Tragweite zu würdigen sind. Im Rahmen

---

[37] Vgl. *Wohlfarth/Schloh*, Novelles, Nr. 1146; ähnl. *Merkel*, S. 48, der „denselben Sachbereich" verlangt.

[38] Näher zu institutionellen Abweichungen in diesem Abschnitt unter B V 2 a bb.

[39] So auch *Kronenburg*, S. 132, und *Illerhaus*-Bericht, EP-Dok 118/66—67, Ziff. 19.

dieser Untersuchung kommt es allerdings entscheidend auch darauf an, ob die neue Fassung den gleichen Sachbereich behandelt oder ob dieser eingeschränkt oder erweitert wurde[40].

2. Fehlen einer einschlägigen Parlamentsäußerung

Weitere, ebenso wichtige Voraussetzung für das Wiederaufleben einer Anhörungspflicht ist das Fehlen einer Parlamentsäußerung zu der grundlegenden Abweichung.

a) Notwendigkeit der Äußerung

Die Notwendigkeit einer Stellungnahme des Parlaments zu grundlegenden Vorschlagsumgestaltungen ergibt sich ohne weiteres aus dem Sinn der Konsultation: die beratende Mitwirkung im Rechtsetzungsverfahren muß vollständig sein, somit alle wesentlichen Elemente der zur Verabschiedung anstehenden Lösung einschließen[41].

Grundsätzlich äußern sich die Volksvertreter im Rahmen einer Konsultation nur zu dem konkreten Vorschlag, den der Rat seinem Anhörungsersuchen beigefügt hat. Ein darüber hinausgehender Beitrag des Parlaments ist nicht erforderlich, da die Rechtsetzungsinitiative nach dem Vertrag bei der Kommission liegt. Auch wenn die Abgeordneten gänzlich andere Vorstellungen haben als die Kommission, so können sie sich mit der schlichten Ablehnung des Vorschlags begnügen. Der Verzicht auf die mögliche Darlegung eigener Gegenvorschläge führt nicht etwa zur „Verwirkung" des Anhörungsrechts, falls Kommission und Rat den ursprünglichen Vorschlag aufgeben und eine grundlegend andere Lösung beschließen wollen.

In der Regel präsentiert das Parlament allerdings Änderungswünsche, die sich im Einzelfall nach Umfang und Bedeutung erheblich unterscheiden. Meist bleiben sie noch in den Grenzen der von der Kommission erarbeiteten Konzeption. Gelegentlich wird aber die Aussprache über den Kommissionsvorschlag zum Anlaß genommen, die zugrunde liegenden Probleme sowie angrenzende Fragen in einem größeren Zusammenhang zu diskutieren. Führt dies zu Alternativvorstellungen, die den Grundzügen des Vorschlags völlig widersprechen, oder zu wesentlichen Ergänzungen, die in dem Vorschlag auch im Ansatz nicht vorhanden sind, so wird der Handlungsspielraum von Kommission und Rat entsprechend erweitert. Die von den Abgeordneten angeregten Neuorientierungen können auf Vorschlag der Kommission ohne erneute Anhörung in den Ratsbeschluß übernommen werden, da eine parlamentarische Stellungnahme bereits vorliegt[42].

---

[40] Näher dazu in diesem Abschnitt unter B V 2 a—c.

[41] Ebenso *Jozeau-Marigné*-Bericht, EP-Dok 110/67—68, Ziff. 14 u. 21.

[42] Ebenso *Kronenburg*, S. 132 f.

b) *Art der Äußerung*

Zu klären bleibt, welcher Art die notwendige Parlamentsäußerung sein muß, damit trotz grundlegender Umgestaltung des ursprünglichen Vorschlags von einer erneuten Konsultation abgesehen werden darf.

Auf Stellungnahmen des Parlaments, die in früheren, bereits abgeschlossenen Rechtsetzungsverfahren oder aus eigener Initiative abgegeben wurden, ließe sich selbst dann nicht zurückgreifen, wenn ein zwischenzeitlicher Meinungswandel der Abgeordneten mit Sicherheit ausgeschlossen werden könnte[43]. Die Anhörung soll nämlich nicht nur den allgemeinen Standpunkt des Parlaments erkennbar machen, sondern darüber hinaus eine effektive Mitwirkung beim Erlaß des einzelnen Rechtsaktes garantieren. Das Parlament muß also — soweit die Konsultation obligatorisch ist — in jedem Rechtsetzungsverfahren, das durch Vorlage eines Kommissionsvorschlags eingeleitet wird, vom Rat erneut beteiligt werden[44].

Auch Äußerungen im Verlauf des gerade anhängigen Verfahrens kommen nur dann in Betracht, wenn sie dem Parlament als solchem zugerechnet werden können. Wichtigster Anhaltspunkt ist zweifellos die von den Abgeordneten verabschiedete Entschließung. Maßgeblich ist aber auch der Bericht des federführenden Ausschusses, der nicht nur dem Plenum vorliegt, sondern auf dessen Beschluß offiziell an den Rat übermittelt wird. Ausführungen einzelner Abgeordneter während der Plenardebatte, die den Inhalt der Entschließung näher erläutern[45], sind ebenso beachtlich wie weitergehende Forderungen einer Parlamentsminderheit, deren Änderungsanträge von der Mehrheit abgelehnt wurden[46]. Sonstige Diskussionsbeiträge im Plenum, zu denen ein positiver oder negativer Beschluß des Parlaments fehlt, sind dagegen nicht verwertbar. Auch Ansichten, die nur im Ausschuß — wenn auch in Anwesenheit von Kommissionsvertretern — vorgetragen wurden, ohne jedoch in dem Bericht ans Plenum zu erscheinen, können nicht als Stellungnahme des Parlaments gelten. Im übrigen wäre eine Kontrolle

---

[43] So auch *Furler*-Bericht, EP-Dok 31/63—64, Ziff. 77; zum gleichen Ergebnis kommt *Auby*, AJDA 1956 I, S. 62, Nr. 2, für Anhörungspflichten im französischen Verwaltungsrecht.

[44] Allerdings kann es von sich aus auf frühere Entschließungen zur gleichen Materie verweisen; vgl. etwa EP-Entschließung v. 27. 6. 1966 (Abl. 1966, S. 2429).

[45] Der Rat hat vom Ablauf der Plenardebatte Kenntnis, da Beamte seines Sekretariats jeweils informatorische Aufzeichnungen anfertigen, die zusammen mit Entschließung und Ausschußbericht in das betreffende Dossier aufgenommen werden. Im übrigen werden die ausführlichen Sitzungsberichte veröffentlicht.

[46] In diesem Sinne wohl auch *Jozeau-Marigné*-Bericht, EP-Dok 110/67—68, Ziff. 20.

wegen der Vertraulichkeit der Ausschußsitzungen außerordentlich erschwert.

Streben Kommission und Rat eine grundlegende Abweichung vom ursprünglichen Vorschlag an, so muß die Tragweite der maßgeblichen Parlamentsäußerungen jeweils konkret geprüft werden. Keinesfalls kann man sich generell mit der Annahme zufrieden geben, die Beratungen des Parlaments seien stets so gründlich, daß in der Stellungnahme alle möglichen Lösungen berücksichtigt wurden[47].

3. Restriktive Gesamtwürdigung?

Ein endgültiges Urteil über das Wiederaufleben einer Konsultationspflicht ist erst möglich nach einer zusammenfassenden Würdigung aller Besonderheiten des Einzelfalles. Dabei muß eine Pflicht zu neuer Parlamentsanhörung nach Ansicht mancher Autoren im Zweifel verneint werden[48]. Ein solcher Auslegungsgrundsatz würde in Grenzfällen eine Lösung sicher wesentlich erleichtern. Er stößt jedoch auf schwerwiegende Bedenken.

a) Anhörung bloße Formvorschrift?

Zur Begründung wird einmal auf den angeblich „formellen" Charakter der Anhörung verwiesen. Die Frage der erneuten Konsultation betreffe ausschließlich das Verfahren, in dem ein Ratsbeschluß zustande komme, und die maßgeblichen Vertragsbestimmungen seien deshalb eng auszulegen[49].

In der Tat ist die obligatorische Konsultation *auch* eine wesentliche Formvoraussetzung, von der die Wirksamkeit der Ratsbeschlüsse abhängt. Die beratende Mitwirkung des Parlaments als ein demokratisches Element im Rechtsetzungsverfahren hat aber — ebenso wie das Erfordernis des Kommissionsvorschlags — primär einen materiellen Aspekt, der über die bloße Formfrage hinausgeht[50]. Aus dem Wesen

---

[47] Ebenso *Buerstedde*, JöR 1965 (NE 14), S. 162; anders dagegen Kom.-Präs. *Hallstein*, EP-Verh. v. 17. 10. 1962, S. 122: „Die Gründlichkeit der Parlamentsdebatten läßt wenig Raum für die Feststellung, daß ein bestimmter Lösungsgedanke überhaupt nicht bedacht und dazu daher nicht Stellung genommen ist".

[48] Vgl. *Ortmann*, KSE 7, S. 41 f.; *Renard-Payen*, Rev. trim. dr. eur. 1965, S. 543; *Louis*, Règlements, S. 12, unter Hinweis auf EuGH XI, S. 919; erstaunlicherweise auch *Jozeau-Marigné*-Bericht, EP-Dok 110/67—68, Ziff. 10.

[49] Vgl. *Jozeau-Marigné*-Bericht, EP-Dok 110/67—68, Ziff. 10. — Der Gerichtshof hat in der bereits erwähnten RS 111/63 ähnlich argumentiert, vgl. EuGH XI, S. 919; zur Rechtfertigung des Erlasses einer *Durchführungs*vorschrift allein durch die Hohe Behörde bedurfte es jedoch nicht des Hinweises auf den angeblich „formellen" Charakter der Ratszustimmung gem. Art. 53 b EGKSV; vgl. auch die nuancierten Schlußanträge von GA *Roemer*, a.a.O., S. 980 f.

[50] So mit Recht *Wohlfarth*, Kom., Art. 173, Anm. 7; ähnl. *Ortmann*, KSE 7, S. 49, Anm. 44.

der Anhörungspflichten läßt sich daher eine restriktive Auslegungsregel nicht herleiten.

b) Gefahr für die Funktionsfähigkeit der Gemeinschaft?

Eine enge Auslegung der Konsultationsgebote soll auch zur Abwehr ernster Gefahren für die Funktionsfähigkeit der Gemeinschaft erforderlich sein[51]. Das Tempo der Entscheidungen werde sonst beeinträchtigt[52], die Handlungsfreiheit der Kommission und die Entschlußfreudigkeit des Rates im Verlauf von Marathonverhandlungen könnten leiden, vor allem aber müßten mühsam erzielte Verhandlungsergebnisse wieder aufs Spiel gesetzt werden[53].

Gewiß bedeutet die erneute Beteiligung des Parlaments eine Verzögerung. Auch offensichtliche Dringlichkeit rechtfertigt aber in wirklich grundlegenden Punkten nicht den Verzicht auf eine parlamentarische Mitwirkung, die nach dem Vertrag obligatorisch ist[54].

Der Begriff der Dringlichkeit ist außerdem relativ. In der Vergangenheit wurden zahlreiche als dringlich bezeichnete Ratsbeschlüsse — manchmal unter Vermeidung möglicher Mehrheitsentscheidungen — monate- und jahrelang vertagt, obwohl rechtliche wie politische Fristen längst überschritten waren[55]. In solchen Fällen erscheint es besonders bedenklich, wenn der Rat eine neue Konsultation unter Hinweis auf die Dringlichkeit verweigert. Da Rat und Kommission wissen, in welchen Vertragsbereichen die beratende Mitwirkung des Parlaments obligatorisch ist, müssen sie ihre Arbeitsweise auch bei dringenden Angelegenheiten danach ausrichten. Außerdem kann die Verzögerung der Beschlußfassung durch Herbeiführung einer Sondersitzung in Grenzen gehalten werden[56].

Die politischen Risiken einer erneuten Konsultation dürften im übrigen überschätzt werden. Zwischen der rechtlich noch unverbindlichen

---

[51] *Renard-Payen*, Rev. trim. dr. eur. 1965, S. 543, befürchtet „des conséquences néfastes sur le functionnement de la Communauté".

[52] Dazu Kom.-Präs. *Rey*, EP-Verh. v. 17. 10. 1967, S. 31 f.

[53] Vgl. *Sattler*, S. 125; *Ortmann*, KSE 7, S. 42, sowie MR-Präs. *Medici*, EP-Verh. v. 28. 11. 1968, S. 20 f.

[54] Ebenso kann der Rat grundlegende Abweichungen vom ursprünglichen Vorschlag keinesfalls, auch nicht aus Dringlichkeitsgründen, ohne einen neuen Vorschlag der Kommission beschließen. — Fakultative Anhörungen können natürlich von der Eilbedürftigkeit einer Entscheidung abhängig gemacht werden. Nur in diesem Sinne ist Kom.-Präs. *Rey*, EP-Verh. v. 17. 10. 1967, S. 31 f., zuzustimmen.

[55] Dazu auch *Kaiser*, EuR 1966, S. 12.

[56] Rat und Kommission haben von ihrem Antragsrecht bisher keinen Gebrauch gemacht.

Übereinkunft im Rat und der Verabschiedung einer Vorschrift in den vier Amtssprachen der Gemeinschaft vergehen oft Wochen[57], ohne daß je ein Ratsmitglied seine Zustimmung nachträglich zurückgezogen hätte. Die bisherigen Erfahrungen lassen viel eher befürchten, daß eine erneute Stellungnahme des Parlaments nach mühsam ausgehandelter Umgestaltung der ursprünglichen Konzeption beim Rat noch weniger Gewicht haben könnte als die frühere Intervention. Jedenfalls gibt gerade die Möglichkeit politischen Widerstandes der Volksvertreter und die daraus resultierende Gewaltenhemmung der Anhörung ihren Sinn: das Risiko, das vermieden werden soll, ist also vom Vertrag ausdrücklich gewollt.

Eine restriktive Auslegung der Konsultationsgebote erscheint daher auch nicht durch „Bedürfnisse der Praxis" geboten. Vielmehr dürfte es im Interesse der Rechtssicherheit — insbesondere um der Gefahr einer späteren Aufhebung durch den Gerichtshof vorzubeugen — zweckmäßig sein, in Zweifelsfällen das Parlament erneut zu befassen[58].

V. Leitlinien für Einzelfälle

Da über die Notwendigkeit einer erneuten Parlamentsanhörung und insbesondere über das Vorliegen einer grundlegenden Abweichung vom ursprünglichen Kommissionsvorschlag nicht generell entschieden werden kann, empfiehlt sich die Suche nach besonderen Leitlinien zur Lösung von Einzelfällen.

In welch unterschiedlicher Weise Rat und Kommission von der zunächst erörterten Fassung abweichen können, zeigt eine Analyse von Beispielen aus der Gemeinschaftspraxis. Die systematische Gegenüberstellung der vielfältigen Gestaltungsmöglichkeiten ergibt zwar für die einzelnen Fallgruppen keine allgemeingültigen Grundsätze; sie verdeutlicht aber die jeweils besondere Problematik und gestattet erste Folgerungen, die bei künftigen Einzelfallwürdigungen nützlich sein können.

1. „Formale" Abweichungen

Manche Abweichungen scheinen — jedenfalls auf den ersten Blick — nur „formale" Aspekte zu betreffen. Diese Qualifizierung allein schließt aber das Wiederaufleben einer Anhörungspflicht noch nicht aus.

---

[57] So endete das erste „Agrarmarathon" in den Morgenstunden des 14. 1. 1962, während die zahlreichen Beschlüsse erst am 4. 4. 1962 förmlich erlassen wurden (vgl. Abl. 1962, S. 933 ff.).

[58] So hätte man z. B. die fortdauernden Zweifel an der Rechtsgültigkeit der grundlegenden VO Nr. 25 über die Agrarfinanzierung vermieden; näher dazu in diesem Abschnitt unter B V 3 a.

a) Änderung der Rechtsgrundlage

Die Änderung der im Kommissionsvorschlag erwähnten Rechtsgrundlage kann verschiedene Ursachen haben.

Manchmal ist sie allein auf eine gewandelte Rechtsauffassung des Rates oder der Kommission, nicht auf inhaltliche Umgestaltungen zurückzuführen[59]. Dann wird man in der Regel von einer erneuten Anhörung des Parlaments absehen können[60].

Zweifelsfälle sind vorstellbar, wenn die nunmehr als zutreffend angesehene Rechtsgrundlage statt einer qualifizierten Mehrheit der Ratsmitglieder die Einstimmigkeit erfordert oder umgekehrt[61]. Bei der bisherigen Neigung des Rates, mögliche Mehrheitsbeschlüsse zu vermeiden, haben solche Besonderheiten jedoch nur geringe praktische Bedeutung.

Aufgrund der gewandelten Haltung zur Rechtsgrundlage mag auch die zunächst als fakultativ beantragte Stellungnahme des Parlaments obligatorisch sein[62]. Da aber die Willensbildung des Parlaments bei fakultativen wie obligatorischen Anhörungen in gleicher Weise vor sich geht, kann sich der Rat weiterhin auf die bereits vorliegende Entschließung stützen[63].

In den allermeisten Fällen ist die Änderung der Rechtsgrundlage eines Vorschlags nur eine Folge inhaltlicher Umgestaltung[64]. Ob das Parlament erneut gehört werden muß, hängt dann entscheidend ab von Art und Tragweite der inhaltlichen Veränderungen.

b) Änderung der Rechtsform

Auch die Rechtsform einer dem Parlament zur Stellungnahme vorgelegten Regelung kann nachträglich geändert werden, da einzelne Kompetenznormen mehrere Rechtsetzungsinstrumente zur Wahl stellen[65] und daneben das Ausweichen auf eine andere Vertragsermächtigung in Betracht kommt.

---

[59] So etwa die nachträgliche Aufnahme der Art. 113 u. 235 in den Bezugsvermerk der Warenursprungs-VO Nr. 802/68 (Abl. 1968, Nr. L 148/1); vgl. die vom Parlament erörterte Fassung im *Bading*-Bericht, EP-Dok 49/66—67, S. 9.

[60] Ebenso *Jozeau-Marigné*-Bericht, EP-Dok 110/67—68, Ziff. 18.

[61] Vgl. *Jozeau-Marigné*-Bericht, a.a.O.

[62] Vgl. das in Anm. 59 genannte Beispiel (Art. 235!).

[63] Anders wohl Kom.-Mitglied *von der Groeben*, EP-Verh. v. 19. 11. 1962, S. 28.

[64] Das gilt z. B. für den Hinweis auf die Art. 199—209 in der Agrarfinanzierungs-VO Nr. 25 (Abl. 1962, S. 991); vgl. die ursprünglichen Marktordnungsvorschläge der Kommission im *Charpentier*-Bericht, EP-Dok 72/61—62. — Auch die Erwähnung von Art. 227 in der Warenursprungs-VO Nr. 802/68 (Abl. 1968, Nr. L 148/1) ist darauf zurückzuführen, daß eine dem Art. 16 der VO entsprechende Regelung im ursprünglichen Kommissionsvorschlag noch nicht enthalten war.

[65] Vgl. etwa Art. 43, 75, 87 und 235.

Wie sich schon aus den Begriffsbestimmungen des Art. 189 ergibt, besteht zwischen der Rechtsform eines Gemeinschaftsaktes und seinem Gegenstand und Inhalt ein enger Zusammenhang[66]. Daher ist bei Änderungen der Rechtsform näher zu unterscheiden: wird eine andere Rechtsform nur deshalb gewählt, weil sie dem sachlichen Gehalt der ursprünglichen Regelung besser entspricht oder aus rechtlichen Gründen sogar als allein zutreffend erscheint, so kann von einer erneuten Konsultation abgesehen werden[67]; ist dagegen die Änderung der Rechtsform nur notwendige Folge inhaltlicher Umgestaltungen oder hat sie jedenfalls starke sachliche Rückwirkungen, so ist — je nach deren Tragweite — ein Wiederaufleben der Anhörungspflicht nicht auszuschließen[68].

c) Teilung des Vorschlags

Ein dem Parlament unterbreiteter Vorschlag kann nachträglich aufgeteilt werden.

Darin liegt sicher keine grundlegende Abweichung, wenn die verselbständigten Bestandteile im übrigen unverändert bleiben und vom Rat gleichzeitig oder nur mit kurzem zeitlichem Abstand verabschiedet werden[69].

Anders kann es sich verhalten, wenn zunächst nur ein Teil des ursprünglichen Vorschlags angenommen wird, während die restlichen Bestimmungen beim Rat zwar anhängig bleiben, aber völlig ungewiß ist, ob, wann und in welcher Fassung schließlich auch sie zum Rechtsakt erhoben werden[70]. Dann ist die Tragweite des vorweg verabschiedeten

---

[66] Vgl. EuGH V, S. 183 (Rs. 20/58) sowie VIII, S. 1020 (Rs. 19—22/62).

[67] In diesem Sinne auch die Antwort der Kommission auf die schriftl. Anfrage *Vredeling* Nr. 61/69 (Abl. 1969, Nr. C 81/11); ähnl. *Jozeau-Marigné*-Bericht, EP-Dok 110/67—68, Ziff. 19. — Daher ist die *Form* der Richtlinien Nr. 68/161 betr. Erhebungen über die Schweineerzeugung (Abl. 1968, Nr. L 76/13 unbedenklich: der Richtlinieninhalt geht zurück auf Bestimmungen, die zwar ursprünglich in einem dem Parlament unterbreiteten Verordnungsvorschlag enthalten, aber allein an die Mitgliedstaaten gerichtet waren. Nach *Maas-Patijn*, CMLR 1969, S. 247, ist die Richtlinie ohne die erforderliche Anhörung des Parlaments erlassen worden, da sie vom ursprünglichen Vorschlag der Komm. nach Form und Inhalt grundlegend abweiche.

[68] Ebenso *Jozeau-Marigné*-Bericht, a.a.O.

[69] Der ursprüngliche Kommissionsvorschlag betr. Erhebungen über den Schweinebestand (vgl. *Richarts*-Bericht, EP Dok 100/64—65) wurde nicht nur in die Richtlinie Nr. 68/161 (Abl. 1968, Nr. L 76/13) und die gleichzeitig erlassene VO Nr. 350/68 (Abl. 1968, Nr. L 76/4) aufgeteilt, sondern auch inhaltlich spürbar umgestaltet.

[70] So war die Lage beim Erlaß der bloßen Verlängerungs-VO Nr. 165/65 (Abl. 1965, S. 3141), die zurückgeht auf Art. 1 Abs. 2 des Kom.-Vorschlags über die Anwendung von Wettbewerbsregeln auf dem Gebiet des Eisenbahn-, Straßen- und Binnenschiffsverkehrs; der Rat hielt die zum Gesamtvorschlag ergangene EP-Stellungnahme v. 27. 11. 1964 (Abl. 1964, S. 3505) für ausreichend.

Vorschlagsteils im Vergleich mit dem Gegenstand der früheren Anhörung selbständig zu würdigen und zu prüfen, ob nicht durch die Abtrennung ein aliud entstanden ist. Dabei ergeben sich ähnliche Probleme wie bei der *Streichung* von Bestandteilen der im Parlament erörterten Regelung[71]. Faktisch läuft nämlich die Vorschlagsteilung auf eine teilweise Streichung hinaus, wenn der zunächst noch anhängige Vorschlagsrest später endgültig abgelehnt oder von der Kommission zurückgezogen wird[72].

d) Zusammenfassung von Vorschlägen bzw. Vorschlagsteilen

Primär formaler Natur ist auch die Zusammenfassung mehrerer Vorschlagsteile oder ganzer Vorschläge zu einem neuen Gesamttext.

Hier ist zu fragen, ob es ausreicht, wenn das Parlament im Rahmen früherer Konsultationen zu den Einzelteilen der Neufassung getrennt Stellung genommen hat[73]. Eine solche „Puzzle-Theorie" gilt nur mit Einschränkungen. Werden Vorschriften, die sich auf denselben Gegenstand beziehen und über mehrere Vorschläge verstreut sind, allein deshalb zusammengefaßt, weil man Wiederholungen vermeiden und größere Klarheit erreichen will, so ist eine erneute Einschaltung des Parlaments wenig sinnvoll[74]. Die Zusammenfassung von Elementen früherer Vorschläge bringt aber möglicherweise etwas qualitativ Neues hervor, vor allem, wenn gleichzeitig inhaltliche Änderungen oder Ergänzungen

---

[71] Dazu in diesem Abschnitt unter B V 2 b.

[72] Vgl. dazu die Entstehung der Sozialfonds-Änderungs-VO Nr. 37/67 (Abl. 1967, S. 526). Die materiellen Bestimmungen der VO (Art. 1—3) waren fast wörtlich enthalten in weitergehenden Kommissionsvorschlägen vom Januar 1965 und vom April 1965 (dort allerdings nur als vorübergehende Regelung zugunsten entlassener Arbeitnehmer des ital. Schwefelbergbaus). Das Parlament wurde vom Rat zu beiden Vorschlägen gehört, und es billigte die später abgetrennten Regelungen jeweils ohne Änderungswünsche (vgl. EP-Entschließungen v. 16. 6. 1965, Abl. 1965, S. 2006 und v. 18. 10. 1965, Abl. 1965, S. 2864, 2868). Der in die VO neu aufgenommene Art. 4 betrifft allein das Inkrafttreten (dazu in diesem Abschnitt unter B V 1 e aa). Allerdings wurden die restlichen Bestimmungen der ursprünglichen Vorschläge, die beim Rat weiter anhängig blieben, nie verabschiedet. — Das Verfahren beim Erlaß der VO Nr. 37/67 stieß im Parlament auf heftige — rechtlich jedoch unbegründete — Kritik und führte zu Protestschreiben an die Präsidenten des Rates und der Kommission.

[73] Früher eingeholte Stellungnahmen sind natürlich nur beachtlich, wenn sie noch nicht durch Erlaß der vorgesehenen Bestimmungen „verbraucht" und die damaligen Rechtsetzungsverfahren noch anhängig sind; dazu bereits in diesem Abschnitt unter B IV 2 b.

[74] Ebenso *Ortmann*, KSE 7, S. 42. — Die im *Seuffert*-Bericht, EP-Dok 1/66—67, S. 10, erwähnten verfahrensrechtlichen Bedenken der Kommission gegen eine Zusammenfassung der beiden Richtlinienvorschläge zur Harmonisierung der Umsatzsteuer erscheinen daher nicht sehr überzeugend.

vorgenommen werden. Dann ist der Anhörungspflicht mit den früheren Konsultationen nicht Genüge getan[75].

e) Änderung des zeitlichen Geltungsbereichs

Schließlich kann der zeitliche Geltungsbereich eines Vorschlags geändert werden.

aa) Der Zeitpunkt des *Inkrafttretens* bedarf wegen der subsidiär eingreifenden Vertragsbestimmungen des Art. 191 Abs. 1 Satz 2 und Abs. 2 keiner ausdrücklichen Festlegung. Nennt aber der Vorschlag einen Termin für das Inkrafttreten des Rechtsaktes oder die Anwendung seiner Vorschriften und wird dieser nachträglich geändert, so handelt es sich um eine Abweichung, die in aller Regel im Rahmen des gemäß Art. 149 Zulässigen bleibt. Eine erneute Konsultation ist also nicht erforderlich. Das gleiche gilt, wenn eine Bestimmung über das Inkrafttreten erstmals nach der Anhörung des Parlaments eingefügt wird.

bb) Der Zeitpunkt des *Außerkrafttretens* kann in verschiedener Weise geändert werden. Die bloße Kürzung der Geltungsdauer und die Umwandlung einer endgültigen in eine vorläufige Regelung[76] erscheinen ohne erneute Konsultation weniger bedenklich, da gegenüber der früheren Fassung meist nur ein minus, nicht ein aliud verbleiben dürfte. Dagegen wird in den jeweils umgekehrten Fällen — Verlängerung der Geltungsdauer bzw. Umwandlung in eine endgültige Regelung — der zeitliche Geltungsbereich ausgedehnt. Eine grundlegende Abweichung vom ursprünglichen Konsultationsgegenstand ist daher schon eher vorstellbar[77].

2. Inhaltliche Abweichungen

Bei Abweichungen, die unmittelbar den Inhalt des früheren Vorschlags berühren, ist zunächst von Bedeutung, ob der behandelte Sach-

---

[75] Bedenklich daher das Verfahren beim Erlaß von VO Nr. 25 (Abl. 1962, S. 991) und VO Nr. 141 (Abl. 1962, S. 2751). Zum ersten Fall in diesem Abschnitt unter B V 3 a. Im zweiten Fall wurden ursprünglich getrennte Kommissionsvorschläge zur Aussetzung von Wettbewerbsregeln im Bereich des Eisenbahn-, Straßen- und Binnenschiffsverkehrs sowie im Bereich der Seeschiffahrt und der Luftfahrt — vgl. die beiden EP-Stellungnahmen v. 19. 11. 1962 (Abl. 1962, S. 2849 u. 2850) — nachträglich in stark veränderter Form zusammengefaßt. Sehr kritisch dazu *Merkel*, S. 62 ff.

[76] z. B. treten die VO Nr. 1018/68 (Abl. 1968, Nr. L 715/13) und die VO Nr. 1174/68 (Abl. 1968, Nr. L 194/1) spätestens Ende 1972 außer Kraft, während die im Parlament erörterten Kommissionsvorschläge eine Befristung der Geltungsdauer nicht enthalten hatten, vgl. die Berichte von *Bech* und *de Gryse*, EP-Dok 43/64—65 und 115/65—66.

[77] So könnte der Rat kaum eine endgültige Regelung der Agrarfinanzierung verabschieden, wenn das Parlament nur zum Vorschlag für eine Übergangsphase konsultiert wurde.

bereich der gleiche geblieben ist, ob er eingeschränkt oder ausgedehnt wurde. Um zu einer sinnvollen Unterscheidung zu kommen, wird dabei von einem engen Begriff des behandelten Sachbereich ausgegangen[78].

a) Abweichungen innerhalb des ursprünglichen Sachbereichs

Abweichungen *innerhalb* des ursprünglichen Sachbereichs führen nur dann zu einem Wiederaufleben der Anhörungspflicht, wenn neuartige Lösungselemente von erheblicher Bedeutung eingeführt wurden, die der erste Vorschlag nicht zur Diskussion gestellt und die auch das Parlament nicht aus eigener Initiative empfohlen oder erörtert hatte[79]. Dabei kann es um materielle wie institutionelle Aspekte des Rechtsetzungsvorhabens gehen.

aa) *Materielle* Veränderungen innerhalb des ursprünglichen Sachbereichs sind in der Praxis besonders häufig, oft allerdings von begrenzter Tragweite[80]. Immerhin erscheint es zweifelhaft, ob etwa in einem Vorschlag zur allgemeinen Wettbewerbsordnung — gestützt auf Art. 87 — das Verbotsprinzip ohne besondere Stellungnahme des Parlaments durch das Mißbrauchsprinzip ersetzt werden könnte.

Besonders aufschlußreich ist die erste Phase des Verfahrens, das später zum Erlaß der Margentarif-Verordnung Nr. 1174/68[81] geführt hat. Die Kommission, deren ursprünglicher Vorschlag vom Mai 1963 stammte[82], unterbreitete dem Rat im Oktober 1965 eine zweite Fassung[83]. Diese enthielt zu zahlreichen materiell-rechtlichen Frage so wichtige neue Elemente[84], daß eine grundlegende Umgestaltung kaum verneint werden konnte. Die erste Stellungnahme des Parlaments und der zu Grunde liegende Bericht seines Verkehrsausschusses hatten sich aber bereits ausführlich zu den Problemen geäußert, die Gegenstand der

---

[78] Näher dazu bereits in diesem Abschnitt unter B IV 1 b.

[79] Ähnlich *Jozeau-Marigné*-Bericht, EP-Dok 110/67—68, Ziff. 20, und *Furler*-Bericht, EP-Dok 31/63—64, Ziff. 67; vgl. auch EP-Entschließung v. 18. 10. 1962, Ziff. 15 (Abl. 1962, S. 2672).

[80] z. B. werden die Kosten von Erhebungen der Mitgliedstaaten über den Schweinebestand gemäß VO Nr. 350/68 (Abl. 1968, Nr. L 76/4) vom Europäischen Ausrichtungs- und Garantiefonds für die Landwirtschaft übernommen, während sie im ursprünglichen Vorschlag allgemein dem Haushalt der Gemeinschaft angelastet wurden (vgl. *Richarts*-Bericht, EP-Dok 100/64—65, S. 5).

[81] Abl. 1968, Nr. L 194/1. — Zur zweiten Phase des Verfahrens vgl. Anm. 107.

[82] Sonderbeilage zum EWG-Bulletin 6-1963, S. 8 ff.

[83] Dok KOM (65) 415 rev. v. 27. 10. 1965; ohne die ausführlichen Erläuterungen wiedergegeben im *de Gryse*-Bericht, EP-Dok 115/65—66.

[84] Vgl. insbesondere die Erläuterungen zum Dok KOM (65) 415 rev., Ziff. 6 bis 9, sowie die *de Gryse*-Berichte, EP-Dok 115/65—66, Ziff. 16, u. 78/66—67, Ziff. 9—11.

späteren Änderungen von 1965 wurden[85]. Man war nämlich nicht nur auf den Text des damaligen Kommissionsvorschlags eingegangen, sondern hatte zugleich eine eigene Doktrin zur Tarifpolitik entwickelt und allgemeine Erwägungen über die Organisation eines funktionsfähigen Preisbildungssystems angestellt. Aus rechtlichen Gründen war daher eine erneute Anhörung des Parlaments nicht erforderlich. Diese Ansicht vertrat auch die Kommission; sie räumte allerdings ein, daß man sich „vielleicht an der äußersten Grenze des Erlaubten" bewege und hielt eine neue Konsultation aus politischen Gründen für wünschenswert[86]. Das Parlament bestand dagegen auf der *rechtlichen* Notwendigkeit seiner erneuten Befassung[87]. Nachdem es eine zweite Stellungnahme zunächst aus eigener Initiative abgegeben hatte[88], beschloß der Rat nach schwierigen Verhandlungen der Ständigen Vertreter und allein aus Zweckmäßigkeitsgründen[89] eine nochmalige offizielle Anhörung des Parlaments.

bb) *Institutionelle* Veränderungen innerhalb des ursprünglichen Sachbereichs haben ebenfalls eine große praktische Rolle gespielt.

Vorstellbar ist, daß dem Rat oder der Kommission nachträglich eine ganz neue Kompetenz verliehen wird. Wenn sicher auch der Inhalt einer solchen Befugnis zu berücksichtigen ist, so dürfte die Einräumung neuer Kompetenzen an Organe der Gemeinschaft doch in der Regel ohne parlamentarische Stellungnahme unzulässig sein[90].

Meist ging es allerdings um die nähere Ausgestaltung von Befugnissen zur Rechtsetzung zweiten Grades und ganz besonders um die Kompetenzaufteilung zwischen Rat und Kommission. Die Vielfalt der Gestaltungsmöglichkeiten läßt sich hier nur andeuten: statt bestimmte Aufgaben von der Kommission allein oder nach Anhörung der Mitgliedstaaten durchführen zu lassen, kann ein Ausschußverfahren in

---

[85] Vgl. EP-Entschließung v. 18. 6. 1964 (Abl. 1964, S. 1687) und *Posthumus*-Bericht, EP-Dok 36/64—65. — So konnte der Verkehrsausschuß zu der Fassung von 1965 „mit Genugtuung" feststellen, „daß sich ... das in den neuen Vorschlägen der EWG-Kommission vorgesehene Preissystem ... wieder den Vorschlägen angenähert hat, die der Verkehrsausschuß ursprünglich ... ausgearbeitet hatte", so *de Gryse*-Bericht, EP-Dok 115/65—66, Ziff. 17.

[86] Vgl. Kom.-Mitglied *Schaus*, EP-Verh. v. 19. 1. 1966, S. 61.

[87] *de Gryse*-Bericht, EP-Dok 115/65—66, Ziff. 18—22.

[88] EP-Entschließung v. 19. 1. 1966 (Abl. 1966, S. 361).

[89] Dies geht auch aus dem Anhörungsersuchen v. 23. 3. 1966 hervor: „Le Conseil ayant reconnu l'*opportunité* d'une nouvelle consultation dans ce *cas particulier* ..." (vgl. EP-Dok 40/66—67).

[90] Ebenso *Deringer*-Bericht, EP-Dok 74/62—63, Ziff. 143. — Bedenklich daher Art. 12 VO Nr. 17 (Abl. 1962, S. 204): das Enquêterecht der Kommission war im ursprünglichen Vorschlag nicht vorgesehen und die nachträgliche Information des zuständigen Parlamentsausschusses durch die Kommission konnte die obligatorische Konsultation durch den Rat nicht ersetzen.

verschiedenen Varianten vorgesehen werden[91]; ein zunächst vorgeschlagenes Ausschußverfahren kann nachträglich wieder geändert werden[92]; Durchführungskompetenzen können von der Kommission auf den Rat oder umgekehrt verlagert werden; die Mehrheitserfordernisse im Rat können geändert, Anhörungspflichten gestrichen oder neu eingeführt werden.

Eine grundlegende Abweichung wird man kaum bei jeder Änderung der ursprünglich vorgesehenen Aufgabenverteilung bejahen können[93]. Entscheidend sind auch hier Ausmaß und Bedeutung der Abweichung im Einzelfall, wobei der Einfluß auf die institutionellen Kräfteverhältnisse in der Gemeinschaft gründlich geprüft werden muß.

Die Problematik institutioneller Veränderungen wird besonders deutlich am Beispiel der Agrarmarktordnungen von 1962, die erstmals das Verfahren der landwirtschaftlichen Verwaltungsausschüsse einführten[94]. Die dem Parlament unterbreiteten Vorschläge[95] hatten weder die Schaffung besonderer Hilfsorgane noch das neuartige Verfahren vorgesehen. Trotzdem unterblieb eine erneute Konsultation, was von den Abgeordneten schon vor Abschluß des Rechtsetzungsverfahrens[96], aber auch später immer wieder heftig kritisiert wurde[97].

Bei rein rechtlicher Betrachtung erscheint es jedoch durchaus zweifelhaft, ob der Rat verpflichtet war, etwa vor Erlaß der Getreide-Ver-

---

[91] So war die Mitwirkung des Beratenden Ausschusses für Kartell- und Monopolfragen gem. Art. 10 Abs. 3—6 VO Nr. 17 (Abl. 1962, S. 204) im ursprünglichen Kommissionsvorschlag noch nicht vorgesehen; vgl. aber *Deringer*-Bericht, EP-Dok 57/61—62, Ziff. 144. — Nach dem ersten Vorschlag einer Futtermittel-Richtlinie vom Oktober 1965 sollte die Kommision *allein* gemeinschaftliche Analysenmethoden festlegen (vgl. *Baas*-Bericht, EP-Dok 121/64—65), während die geänderte Fassung vom Mai 1967 (Abl. 1967, Nr. 249/10) ein Ausschußverfahren vorsieht, das vom Muster der Verwaltungsausschüsse wesentlich abweicht. Das Parlament wurde vom Rat nicht erneut gehört, äußerte sich aber aus eigener Initiative, vgl. EP-Entschließung v. 19. 10. 1967 (Abl. 1967, Nr. 268/20). Die Richtlinie war vom Rat bis zum Frühjahr 1970 noch nicht verabschiedet.

[92] Vgl. Art. 14 der Warenursprungs-VO Nr. 802/68 (Abl. 1968, Nr. L 148/1) mit den Art. 9 ff. des ersten Kommissionsvorschlags (wiedergegeben in *Bading*-Bericht, EP-Dok 49/66—67) sowie Art. 17 der Zollrechts-VO Nr. 803/68 (Abl. 1968, Nr. L 148/6) mit Art. 15 des Vorschlags (Abl. 1968, Nr. C 44/10).

[93] Anders wohl *Kronenburg*, S. 132.

[94] Vgl. etwa Art. 25 ff. der Getreide-VO Nr. 19 (Abl. 1962, S. 933).

[95] Wiedergegeben in *Charpentier*-Bericht, EP-Dok 72/61—62.

[96] Vgl. die Ausführungen der Abg. *Strobel*, EP-Verh. v. 20. 12. 1961, S. 132, u. die EP-Entschließung vom gleichen Tage (Abl. 1962, S. 72), die sich nicht auf einen Vorschlag der Kommission, sondern nur auf „offiziöse Informationen" bezog.

[97] Vgl. die Berichte der Abg. *Deringer*, EP-Dok 74/62—63, Ziff. 141, *Furler*, EP-Dok 31/63—64, Ziff. 67, und *Jozeau-Marigné*, EP-Dok 110/67—68, Ziff. 20, Anm. 1.

ordnung Nr. 19 nochmals eine parlamentarische Stellungnahme einzuholen.

Das Problem der Aufgabenteilung zwischen Kommission, Rat und Mitgliedstaaten, das dem Ausschußverfahren zu Grunde liegt, war bereits im ursprünglichen Vorschlag der Kommission angeschnitten, dort allerdings anders gelöst worden[98]. Das neue Verfahren erfüllte einen doppelten Zweck: die Zusammenarbeit zwischen Kommission und Mitgliedstaaten wurde institutionalisiert, und der Rat erhielt gegenüber der Kommission ein beschränktes Änderungsrecht. Schon der ursprüngliche Vorschlag verpflichtete aber die Kommission in zahlreichen Fällen zur Anhörung der Mitgliedstaaten, und er enthielt auch gewisse Möglichkeiten der Überprüfung von Kommissionsbeschlüssen durch den Rat[99]. Schließlich war nach der Ausgestaltung des Verwaltungsausschußverfahrens höchst selten mit einer Befassung des Rates zu rechnen[100]. Deshalb durfte man im wesentlichen die gleichen Ergebnisse erwarten wie bei der ursprünglichen Zuständigkeitsregelung. Wichtige Gesichtspunkte sprechen also schon gegen die Annahme einer grundlegenden Abweichung.

Darüber hinaus hatten die Parlamentarier während des Anhörungsverfahrens — trotz der begrenzten Vorbereitungszeit und der Fülle materieller Probleme — zu der Kompetenzverteilung zwischen Kommission, Rat und Mitgliedstaaten deutlich Stellung bezogen und dabei eine Stärkung der Kommission befürwortet[101].

Wegen der großen Bedeutung des nachträglich ausgehandelten Verwaltungsausschußverfahrens wäre die erneute Befassung des Parlaments gewiß politisch sinnvoll und wünschenswert gewesen; ein Aufleben der *Rechts*pflicht zur Anhörung muß aber wohl verneint werden[102].

b) Einschränkung des ursprünglichen Sachbereichs

Der im ursprünglichen Vorschlag behandelte Sachbereich kann durch die Streichung einzelner Regelungen nachträglich eingeschränkt wer-

---

[98] Soweit der Vorschlag entsprechende Regelungen enthielt, war meist ein Tätigwerden der Kommission nach Anhörung der Mitgliedstaaten vorgesehen.

[99] Vgl. Art. 8 Abs. 1 u. 2 sowie Art. 21 Abs. 1.

[100] Diese Erwartung wird durch die Praxis bestätigt; vgl. die Antworten der Kommission auf die schriftl. Anfragen *Vredeling* Nr. 156/66—67 (Abl. 1967, S. 1634), Nr. 71/68 (Abl. 1968, Nr. C 66/56) u. Nr. 148/69 (Abl. 1969, Nr. C 124/2).

[101] Vgl. die institutionellen Änderungsvorschläge zu den Art. 4—7, 10, 14, 15 u. 21 in der EP-Entschließung v. 18. 10. 1961 (Abl. 1961, S. 1303); außerdem *Charpentier*-Bericht, EP-Dok 72/61—62, S. 4 u. 8, sowie die Diskussionsbeiträge der Abg. *Vredeling, Dupont* und *Charpentier*, EP-Verh. v. 17./18. 10. 1961, S. 59 u. 114.

[102] Ebenso *Bertram*, Verwaltungsausschußverfahren, S. 16 f.; vgl. auch *Buerstedde*, JöR 1965 (NF 14), S. 162.

den[103]. In der Praxis kommt es dazu vor allem, wenn wegen erheblicher Meinungsverschiedenheiten im Rat ein einzelnes Problem vorerst ausgeklammert[104] bzw. nur eine Teillösung verabschiedet werden soll[105].

Da sich das Parlament zu den verbleibenden Bestimmungen bereits geäußert hat, ist eine erneute Anhörung in der Regel nicht erforderlich. Die Gefahr einer Überschreitung der Änderungsbefugnisse gemäß Art. 149 erscheint zumindest nicht größer als bei Umgestaltungen innerhalb des ursprünglichen Sachbereichs[106]. Eine Anhörungspflicht lebt nur dann wieder auf, wenn die Streichungen nicht ein bloßes minus, sondern etwas qualitativ anderes ergeben. Dies läßt sich wiederum nur im Einzelfall entscheiden[107].

c) *Ausdehnung des ursprünglichen Sachbereichs*

Schließlich kann der Sachbereich des ursprünglichen Vorschlags nach der Konsultation des Parlaments ausgedehnt werden.

Darin liegt in aller Regel eine grundlegende Abweichung, die ein Wiederaufleben der Anhörungspflicht bewirkt[108]. Das Parlament muß jedoch nicht noch einmal befaßt werden, wenn es schon bei der vorangegangenen Konsultation die nunmehr beabsichtigte Ausdehnung des

---

[103] Allerdings führt nicht jede Streichung von Vorschriften zur Einschränkung des Sachbereichs: schlägt die Kommission die Erreichung eines Zieles in mehreren Stufen vor, von denen eine nach der Anhörung des Parlaments gestrichen wird, so handelt es sich um eine Abweichung im ursprünglichen Sachbereich; aufschlußreich *de Winter*-Bericht, EP-Dok 15/69—70, Ziff. 78 f., und dazu Kom.-Mitglied *Sassen*, EP-Verh. v. 3. 7. 1969, S. 196 f.

[104] So wurde Art. 18 des Zollwert-Vorschlags (Abl. 1969, Nr. C 44/10), der die Beseitigung von Verkehrs- und Einnahmeverlagerungen berührt, später gestrichen, was auch parlamentarischen Wünschen entsprach, vgl. *Bading*-Bericht, EP-Dok 34/68—69, Ziff. 17, 24.

[105] So geht die VO Nr. 1018/68 über die Bildung eines Gemeinschaftskontingents für den Güterkraftverkehr (Abl. 1968, Nr. L 175/13) längst nicht so weit wie der 4 Jahre zuvor vom Parlament erörterte Kommissionsvorschlag (enthalten in *Bech*-Bericht, EP-Dok 43/64—65); dazu auch *Wägenbaur*, AWD 1968, S. 326. — Zur Entstehung der Sozialfonds-Änderungs-VO Nr. 37/67 vgl. oben Anm. 72.

[106] Abweichend *Ortmann*, KSE 7, S. 40.

[107] z. B. gilt die Margentarif-VO Nr. 1174/68 (Abl. 1968, Nr. L 194/1) allein für den zwischenstaatlichen Güterkraftverkehr. Der ursprüngliche Vorschlag von 1963 (Sonderbeilage zum EWG-Bulletin 6-1963, S. 8) und die geänderte Fassung von 1965 (vgl. *de Gryse*-Bericht, EP-Dok 115/65—66) hatten dagegen sämtliche Güterbeförderungen auf der Straße und darüber hinaus im Eisenbahn- und Binnenschiffsverkehr erfaßt. Es wurde also nur ein Ausschnitt des ursprünglichen Sachbereichs vorab geregelt. Dabei ergaben sich jedoch — wie eine nähere Analyse zeigt — keine grundlegend neuen Gesichtspunkte. Die unterbliebene dritte Anhörung des Parlaments (zur zweiten bereits in diesem Abschnitt unter B V 2 a aa) ist daher rechtlich nicht zu beanstanden.

[108] Strebt der *Rat* die Erweiterung des Sachbereichs an, so ist außerdem ein neuer Kommissionsvorschlag erforderlich.

Sachbereichs selbst verlangt oder zu dieser Möglichkeit aus eigener Initiative ablehnend Stellung genommen hatte[109].

Die Entscheidung, ob es wirklich um die Einbeziehung neuer Sachgebiete oder nur um eine Umgestaltung oder Ergänzung im Rahmen der bisher behandelten Materie geht, kann allerdings im Einzelfall schwerfallen.

Welche Fragen schon Gegenstand des ursprünglichen Vorschlags waren, also nicht mehr neu einbezogen werden können, läßt sich nur durch eine gründliche Analyse der einzelnen Bestimmungen ermitteln. Der Begriff des behandelten Sachbereichs ist dabei eng auszulegen: er erfaßt allein die unmittelbar angeschnittenen Einzelprobleme[110]. Bei Zweifeln über die Notwendigkeit einer neuen Konsultation ist auch hier der Sinn der Parlamentsanhörung das letztlich entscheidende Kriterium[111].

Hat die Kommission vorgeschlagen, *bereits geltendes* Recht nur in einem bestimmten Punkt zu ändern, und ergibt sich erst nach Abschluß des Konsultationsverfahrens der Wunsch, auch noch Änderungen in weiteren Punkten vorzunehmen, so ist die Lage klar: es wird eine Ausdehnung des ursprünglichen Sachbereichs angestrebt, zu der sich das Parlament äußern muß.

Zum Beispiel gäbe eine Anhörung der Abgeordneten zur Befreiung weiterer Forschungsvereinbarungen von der kartellrechtlichen Anmeldepflicht — Änderung von Art. 4 Abs. 2 Ziff. 3 b der Wettbewerbs-Verordnung Nr. 17[112] — dem Rat nicht das Recht, ohne entsprechenden Vorschlag der Kommission und eine neue Stellungnahme des Parlaments die Anmeldepflicht überhaupt zu beseitigen. Ebenso konnte der Rat den Kommissionsvorschlag von März 1969 zur Änderung bestimm-

---

[109] Dieser Grundsatz wird auch im Parlament vertreten, vgl. die Berichte von *Jozeau-Marigné*, EP-Dok 110/67—68, Ziff. 20, und *Deringer*, EP-Dok 74/62—63, Ziff. 143; ähnl. die Literatur, wobei jedoch die Vorstellungen über den „behandelten Sachbereich" nicht immer übereinstimmen, vgl. *Wohlfarth*, Kom., Art. 149, Anm. 2; *Wohlfarth/Schloh*, Novelles Nr. 1146; *Merkel*, S. 48; *Ortmann*, KSE 7, S. 41; *Kronenburg*, S. 132; *Bertram*, Verwaltungsausschußverfahren, S. 17, Anm. 25.

[110] Näher dazu bereits in diesem Abschnitt unter B IV 1 b.

[111] So erweiterte die zweite Fassung des Vorschlags einer Futtermittel-Richtlinie von Mai 1967 (vgl. *Lulling*-Bericht, EP-Dok 129/67—68) zwar den Sachbereich des Vorschlags von Oktober 1964, da nunmehr auch die Einführung gemeinschaftlicher Probenahmeverfahren vorgesehen wurde. Die Einbeziehung dieser weiteren Materie erfolgte jedoch auf ausdrücklichen Wunsch des Parlaments (vgl. *Baas*-Bericht, EP-Dok 121/64—65, S. 2), machte also eine neue Konsultation nicht erforderlich. — Zur Erweiterung des Sachbereichs beim Erlaß der VO Nr. 25 in diesem Abschnitt unter B V 3 a.

[112] Abl. 1962, S. 204.

ter Vorschriften des geltenden Beamtenstatuts[113] nicht dazu benutzen, ohne die vertraglich vorgeschriebene Mitwirkung von Kommission und Parlament zugleich eine Sonderregelung für die Einstellung von Beamten der Mitgliedstaaten zu erlassen.

Erwähnung verdient auch die Vorgeschichte der Verordnung Nr. 1393/69[114] zur Änderung der Zuckermarktordnung. Zwischen dem Änderungsvorschlag der Kommission von Oktober 1968[115] und seiner im Dezember 1968 vorgelegten Ergänzung, die eine ganz andere Regelung der Grundverordnung betraf, fehlte jeder unmittelbare Zusammenhang. Es handelte sich um einen neuen Vorschlag, den die Kommission zu Unrecht als „Änderung gemäß Art. 149 Abs. 2“ bezeichnet hatte[116]. Der Rat war daher gezwungen, das Parlament nochmals zu konsultieren[117], und er ließ in seinem Anhörungsersuchen auch deutlich erkennen, daß er den zweiten Vorschlag nicht als bloße Änderung des ersten betrachtete[118].

Schwere Bedenken weckt dagegen das Verhalten des Rates beim Erlaß der Agrarfinanzierungsverordnung Nr. 130/66[119]. Deren Art. 4, 5, 12 und 13 sehen — unter Abweichung von der Verordnung Nr. 17/64[120] — Zahlungen an Italien und Belgien vor, mit denen die Verzögerung bei der Einführung gemeinsamer Marktorganisationen mit finanzieller Verantwortung der Gemeinschaft für Fette, Obst und Gemüse, Zucker sowie Tabak ausgeglichen werden sollte. Im ursprünglichen Vorschlag der Kommission war eine derartige Sonderregelung auch nicht andeutungsweise enthalten[121]. Trotz dieser Ausdehnung des Sachbereichs — und zahlreicher weiterer Änderungen — unterblieb eine neue Konsultation des Parlaments. Zur Rechtfertigung ließe sich allenfalls auf einige sehr allgemeine Formulierungen in der parlamentarischen Stellungnahme an den Rat vom 12. 5. 1965 verweisen[122]. Dort hält es

---

[113] Abl. 1969, Nr. C 83/4; dazu EP-Entschließung v. 30. 6. 1969 (Abl. 1969, Nr. C 97/10).

[114] Abl. 1969, Nr. L 179/1.

[115] Vgl. *Klinker*-Bericht, EP-Dok 161/68—69.

[116] Vgl. Titel und Begründung des Vorschlags (Anlage zu EP-Dok 179/68 — 69).

[117] Dies wollte die Kommission aus Dringlichkeitsgründen wohl gerade vermeiden; vgl. auch *Vredeling*, EP-Verh. v. 23. 1. 1969, S. 92 f.

[118] Vgl. den Wortlaut in EP-Dok 179/68—69. — Die neue Anhörung des Parlaments zu bestimmten Preisvorschlägen für Milcherzeugnisse (vgl. EP-Dok 74/68—69) ist ebenfalls auf eine Erweiterung des Sachbereichs (um zwei Käseprodukte) zurückzuführen; dies wird in der EP-Entschließung v. 19. 6. 1968 (Abl. 1968, Nr. C 66/44) nicht deutlich.

[119] Abl. 1966, S. 2965.

[120] Abl. 1964, S. 586.

[121] Vgl. Sonderbeilage zum EWG-Bulletin 5-1965, S. 7 ff.

[122] Abl. 1965, S. 1660, vgl. insbes. Ziff. 4 und 5.

das Parlament für notwendig, „Beschlüsse zu fassen, die geeignet sind, das Stadium des einheitlichen Marktes mit der damit zusammenhängenden gemeinsamen Finanzierung zu sichern“, und es befürwortet die Bestrebungen der Kommission, „die Solidarität der Mitgliedstaaten hinsichtlich der uneingeschränkten gemeinsamen Finanzierung auf dem Sektor der Agrarerzeugnisse zu gewährleisten“[123].

3. Zusammentreffen verschiedenartiger Abweichungen

Von den geschilderten Änderungsmöglichkeiten „formaler“ und inhaltlicher Natur wird keineswegs immer nur einzeln Gebrauch gemacht. Häufig treffen Abweichungen ganz verschiedener Art zusammen. Das gilt zum Beispiel für die anschließend erörterten Fälle, in denen sich die Frage nach der Notwendigkeit einer neuen Anhörung besonders deutlich stellte.

a) Verordnung Nr. 25

Die Verordnung Nr. 25 über die Finanzierung der gemeinsamen Agrarpolitik vom 4. 4. 1962[124] unterscheidet sich in zahlreichen Punkten von den vier Kommissionsvorschlägen über die Einführung von Abschöpfungsregelungen und die schrittweise Errichtung gemeinsamer Marktordnungen für Getreide, Schweinefleisch, Geflügelfleisch und Eier, die dem Parlament gemäß Art. 43 des Vertrages zur Stellungnahme unterbreitet worden waren[125].

In „formaler“ Hinsicht ergeben sich vor allem zwei Abweichungen:

— Aus den vier Marktordnungsvorschlägen wurden die Finanzierungsvorschriften herausgenommen und in einer besonderen Verordnung zusammengefaßt.

— Im Bezugsvermerk der neuen Verordnung erscheinen als Rechtsgrundlage neben agrarrechtlichen Bestimmungen des Vertrages auch die Finanzvorschriften der Art. 199 bis 209.

Diese Änderungen zwingen für sich genommen nicht zu einer neuen Konsultation.

Wichtiger sind schon gewisse inhaltliche Abweichungen im Rahmen des ursprünglichen Sachbereichs:

— Statt der vorgesehenen selbständigen Fonds für Getreide, Schweinefleisch sowie Eier und Geflügel wurde ein einheitlicher Ausrichtungs-

---

[123] Vgl. aber die Kritik der Abg. *Vredeling* und *Strobel*, EP-Verh. v. 11./12. 5. 1966, S. 118 u. 140, sowie *Illerhaus*-Bericht, EP-Dok 118/66—67, Ziff. 19.

[124] Abl. 1962, S. 991.

[125] Wiedergegeben in *Charpentier*-Bericht, EP-Dok 72/61—62, S. 10, 34, 53 u. 66. — Vgl. auch die EP-Entschließungen v. 18. 10. 1961 (Abl. 1961, S. 1303 ff.).

und Garantiefonds gebildet und in den allgemeinen Haushalt der Gemeinschaft einbezogen. Schon nach den Kommissionsvorschlägen sollten allerdings Mittel des Getreidefonds im Bedarfsfall den anderen Fonds zugute kommen[126]. Außerdem hatte das Parlament selbst schon in seiner Entschließung vom 20. 1. 1961[127] die Schaffung eines gemeinsamen Fonds verlangt; auf diese frühere Meinungsäußerung wurde zwar nicht in der eigentlichen Stellungnahme, wohl aber in dem zugrunde liegenden Charpentier-Bericht[128] verwiesen.

— Die Beteiligung der Mitgliedstaaten an der Agrarfinanzierung ist in anderer Weise geregelt. Nach den Vorschlägen sollten den drei Fonds fortschreitend die Abschöpfungen auf Einfuhren aus Drittländern zufließen[129]. Dagegen sieht die Verordnung Nr. 25 für die ersten Jahre nationale Finanzbeiträge vor, die fast ausschließlich nach dem vertraglichen Aufbringungsschlüssel des Art. 200 Abs. 1 berechnet werden; die Einfuhr der Mitgliedstaaten aus Drittländern ist nur noch in geringem Maße berücksichtigt[130]. Erst in der Endphase sollen die Abschöpfungen an die Gemeinschaft abgeführt werden, und zwar an den allgemeinen Haushalt, also ohne besondere Zweckbindung[131]. Die abweichende Regelung der Fondseinnahmen während der Übergangszeit stützt sich allerdings nicht auf Art. 43 des Vertrages, sondern auf Art. 200 Abs. 3, der eine Mitwirkung des Parlaments nicht vorschreibt[132]. Das Problem eines Auflebens der Anhörungspflicht stellt sich also nicht für diese Änderungen.

Weiter wurden einzelne dem Parlament unterbreitete Vorschriften nachträglich *gestrichen:*

— Eine Beteiligung des Fonds an Zuschüssen der Mitgliedstaaten zur Hartweizenproduktion ist nicht mehr vorgesehen[133].

— Innergemeinschaftliche Getreideabschöpfungen gehen nicht mehr an den Fonds, der sich dementsprechend auch nicht an Erstattungen bei Getreideausfuhren innerhalb der Gemeinschaft beteiligt[134].

---

[126] Art. 10 Abs. 3 Satz 3 der Vorschläge für Schweinefleisch, Geflügelfleisch und Eier.

[127] Abl. 1961, S. 366.

[128] EP-Dok 72/61—62, S. 1; dieser wurde ebenfalls dem Rat übermittelt.

[129] Art. 17 Abs. 2 Getreide-Vorschlag; Art. 10 Abs. 2 der übrigen Vorschläge.

[130] Art. 7 Abs. 1 VO Nr. 25.

[131] Art. 2 Abs. 1 VO Nr. 25.

[132] Vgl. auch die Regelung in Art. 7 Abs. 2 VO Nr. 25.

[133] Vgl. aber Art. 10 Abs. 3 Getreide-Vorschlag.

[134] Vgl. aber Art. 17 Abs. 1 und 20 Abs. 2 i. Verb. m. 19 Abs. 2 Getreide-Vorschlag.

Diese Einschränkungen des ursprünglichen Sachbereichs betreffen nebensächliche Ausgaben- und Einnahmenkategorien des Fonds, und sie verändern — isoliert betrachtet — nicht den Charakter der früheren Regelung.

Schließlich wurde der ursprünglich behandelte Sachbereich in mehrfacher Hinsicht *erweitert:*

— Während die im Parlament erörterten Vorschläge eine Finanzierung von Interventionen auf dem Binnenmarkt nur bei Getreide vorsahen[135], wurde diese Möglichkeit in der Verordnung Nr. 25 auf die drei anderen Produkte ausgedehnt[136].

— Völlig neu ist auch die Zuständigkeit des Fonds für Maßnahmen der Strukturpolitik[137]. Allerdings hatte das Parlament die Einbeziehung dieser Aufgabe schon in der bereits erwähnten Entschließung vom 20. 1. 1961 verlangt, und diese Forderung wurde während der Aussprache über die Kommissionsvorschläge von mehreren Rednern wiederholt[138].

— Außerdem wurde die finanzielle Verantwortung des Fonds auf Milcherzeugnisse ausgedehnt[139]. Während der Plenarberatung hatten sich mehrere Abgeordnete in diesem Sinne ausgesprochen[140] und eine entsprechende Zusage der Kommission erhalten[141]. Eine förmliche Stellungnahme des Parlaments zu diesem Punkt fehlte jedoch.

Von den genannten Abweichungen, zu denen zahlreiche Änderungen und Ergänzungen geringerer Bedeutung hinzu kommen, hätten möglicherweise die Erweiterungen des ursprünglichen Sachbereichs allein eine neue Konsultation des Parlaments notwendig gemacht. Die Gesamtwürdigung aller Unterschiede ergibt darüber hinaus, daß während der Verhandlungen im Rat die Grundidee einer gemeinsamen Finanzierung der Marktorganisationen zwar beibehalten, der Schwerpunkt der ursprünglich vorgesehenen Regelungen aber vollkommen verlagert wurde. Durch die Ausgliederung der nicht sehr zahlreichen Finanzvorschriften aus den einzelnen Marktordnungen, durch die vielfältigen inhaltlichen Änderungen, die wichtigen Ergänzungen sowie einzelne Streichungen entstand ein grundverschiedener Rechtsakt, der in seiner Tragweite

---

[135] Art. 6 Abs. 4 Getreide-Vorschlag.

[136] Art. 3 Abs. 1 b und c VO Nr. 25.

[137] Art. 3 Abs. 1 d VO Nr. 25.

[138] Vgl. *Vredeling* im Namen der sozialistischen Fraktion und *Carboni*, EP-Verh. v. 17. 10. 1961, S. 61 u. 70; *van Campen*, EP-Verh. v. 18. 10. 1961, S. 82.

[139] Art. 8 VO Nr. 25.

[140] *Dupont* sowie *Vredeling* im Namen der sozialistischen Fraktion, EP-Verh. v. 17. 10. 1961, S. 67 u. 62; *van Campen*, EP-Verh. v. 18. 10. 1961, S. 82 f.

[141] Vgl. Vizepräs. *Mansholt*, EP-Verh. v. 18. 10. 1961, S. 97.

über die ursprünglichen Vorschläge der Kommission erheblich hinausgeht und dessen große politische Bedeutung für die weitere Entwicklung der Gemeinschaft allgemein anerkannt wird. Mag es sich auch angesichts der vorliegenden Parlamentsäußerungen zu einzelnen Abweichungen um einen Grenzfall handeln[142], so muß ein Wiederaufleben der Anhörungspflicht im Ergebnis doch bejaht werden[143].

Neben der vertragswidrigen Ausschaltung des Parlaments wäre zusätzlich das Initiativrecht der Kommission verletzt worden, wenn letztere nicht im Laufe der Marathonberatungen nach dem Konsultationsverfahren ihre ursprünglichen Vorschläge immer wieder geändert und dem Verhandlungsergebnis schließlich zugestimmt hätte[144].

Im Parlament selbst wurde die Nichtanhörung durch den Rat zwar mehrfach heftig kritisiert[145]; aus politischen Erwägungen, nämlich um die Grundlage der gemeinsamen Agrarpolitik nicht zu gefährden, fand man sich jedoch mit der Existenz der Verordnung Nr. 25 ab[146].

b) Verordnung Nr. 1017/68

Die Verordnung Nr. 1017/68 über die Anwendung von Wettbewerbsregeln auf dem Gebiet des Eisenbahn-, Straßen- und Binnenschiffsverkehrs vom 19. 7. 1968[147] nimmt Bezug auf eine Stellungnahme des Parlaments vom 27. 11. 1964[148]. Dieser lag ein erster Vorschlag der Kommission vom Juni 1964 zugrunde[149].

Vergleicht man den vom Rat schließlich verabschiedeten Rechtsakt mit der im Parlament erörterten Fassung, so findet man schon in der äußeren Darstellung kaum noch Gemeinsames: der Vorschlag von 1964

---

142 Nach *Louis*, Règlements, S. 40, Anm. 54 „sans aucun doute le cas le plus douteux".

143 Ebenso *Maas*, SEW 1962, S. 303 f.; auch *Buerstedde*, JöR 1965 (NF 14), S. 162, hält „bei entscheidender Schwerpunktverlagerung" eine neue Anhörung für notwendig; a. A.: *Ortmann*, KSE 7, S. 42 ff., dessen enge Auslegung von Art. 3 Abs. 1 d (a.a.O., S. 48) jedoch nicht zu halten ist; sie wird auch durch das spätere Verhalten von Rat und Kommission widerlegt, vgl. etwa die im EWG-Bulletin 9/10-1963, S. 33 f., wiedergegebene Aufforderung des Rates an die Kommission sowie die Art. 11 ff. der auch auf die VO Nr. 25 gestützten VO Nr. 17/64 (Abl. 1964, S. 586).

144 Die Kommission hielt auch die Anhörung des Parlaments für ordnungsgemäß, vgl. ihre Antwort auf die schriftl. Anfrage *Vredeling* Nr. 131/62—63 (Abl. 1963, S. 389).

145 Vgl. etwa *Lücker*-Bericht, EP-Dok 100-III/62—63, Ziff. 13; *Richarts*, EP-Verh. v. 17. 10. 1963, S. 154; *Vals*-Bericht, EP-Dok 28/64—65, Ziff. 19.

146 Besonders deutlich *Vredeling*-Bericht, EP-Dok 81/63—64, Ziff. 10, sowie *Starke*, EP-Verh. v. 18. 10. 1963, S. 168.

147 Abl. 1968, Nr. L 175/1.

148 Abl. 1964, S. 3505.

149 Wiedergegeben in *Ferretti*-Bericht, EP-Dok 101/64—65.

wurde während der jahrelangen Verhandlungen in den Ratsgremien von 10 auf 31 Artikel erweitert und vollständig neugefaßt[150].

Diesen ersten Eindruck bestätigt eine Analyse der einzelnen Verordnungsbestimmungen.

Der sachliche Geltungsbereich wurde ausgedehnt und schließt nunmehr auch die Tätigkeiten des Verkehrshilfsgewerbes ein[151].

Das materielle Wettbewerbsrecht unterscheidet sich von der ursprünglichen Fassung insbesondere in den folgenden wichtigen Punkten:

— Der Katalog der Legalausnahmen vom grundsätzlichen Verbot der Wettbewerbsbeschränkungen wurde für „technische Vereinbarungen" so erweitert, daß jetzt auch Absprachen von erheblicher wirtschaftlicher Bedeutung unter die Freistellung fallen[152].

— Äußerst großzügige Legalausnahmen für Gemeinschaften „kleiner und mittlerer" Verkehrsunternehmen wurden ganz neu eingeführt[153].

— Die beiden positiven Voraussetzungen für eine Freistellung vom Kartellverbot wurden wesentlich erleichtert, und die Befreiung sogar mit rückwirkender Kraft zugelassen[154].

— Völlig neu ist auch die Möglichkeit, „Krisenkartelle" zur Verringerung strukturbedingter Störungen auf dem Verkehrsmarkt zu genehmigen[155].

Zumindest ebenso bedeutsam sind einzelne der Abweichungen im Verfahrensrecht und im institutionellen Bereich:

— Die im allgemeinen Wettbewerbsrecht vorgesehene Möglichkeit der Beteiligten, bei der Kommission ein Negativattest zu beantragen, ist weggefallen; die Kommission kann jedoch unbegründete Beschwerden Dritter durch Entscheidung zurückweisen[156].

— Im Freistellungsverfahren wurde die grundsätzliche Anmeldefrist des allgemeinen Wettbewerbsrechts beseitigt; statt dessen ist nur noch ein fakultativer Freistellungsantrag vorgesehen[157].

---

[150] Vgl. auch *Watermann*, Zeitschrift f. Verkehrswissenschaft 1968, S. 144.

[151] Art. 1 Satz 2; dazu *Wägenbaur*, AWD 1968, S. 418.

[152] Vgl. insbesondere Art. 3 Abs. 1 b, c, f, g; dazu *Watermann*, a.a.O., S. 145 f., und *van Huffel*, Europ. Transportrecht 1969, S. 339 f.

[153] Art. 4; dazu *van Huffel*, a.a.O., S. 340.

[154] Vgl. Art. 5 VO Nr. 1017/68 mit Art. 85 Abs. 3 EWGV; dazu *Wägenbaur*, a.a.O., S. 420.

[155] Art. 6 VO Nr. 1017/68.

[156] Vgl. Art. 11 Abs. 3 VO Nr. 1017/68 mit Art. 2 VO Nr. 17; dazu *Wägenbaur*, a.a.O., S. 421.

[157] Vgl. Art. 12 VO Nr. 1017/68 mit Art. 4 VO Nr. 17.

— Zur Genehmigung von „Krisenkartellen" wurde ein besonderes Verfahren eingeführt[158].

— Die Befugnisse der Kommission zur Einzelfallentscheidung sind durch ein neuartiges Mitspracherecht des Rates in „Grundsatzfragen der gemeinsamen Verkehrspolitik" spürbar eingeschränkt[159].

Die Streichung von zwei wichtigen Regelungen des ursprünglichen Vorschlags verdient ebenfalls Beachtung:

— Der Auftrag an die Kommission, eine umfassende Untersuchung über die Wettbewerbsverhältnisse im Verkehr vorzunehmen, ist weggefallen[160].

— Dementsprechend fehlen auch die einschneidenden Mitteilungspflichten der Verkehrsunternehmen, die der Kommission die genannte Untersuchung ermöglichen sollten[161].

Eine Gesamtwürdigung aller dieser Unterschiede ergibt, daß die ursprüngliche Konzeption grundlegend geändert wurde. Nach dem Kommissionsvorschlag von 1964 sollten die allgemeinen Kartellvorschriften des EWG-Vertrages und der Verordnung Nr. 17 weitgehend übernommen werden. Stattdessen entstand ein eigenständiges Wettbewerbsrecht für den Verkehr, das von der Regelung für die übrigen Wirtschaftszweige in wesentlichen Punkten abweicht. Unter Berufung auf die „Besonderheiten des Verkehrs"[162] wurde nicht nur das materielle, sondern auch ein wichtiger Teil des Verfahrensrechts in großzügiger Weise abgeschwächt. Das formal beibehaltene Verbotsprinzip ist völlig ausgehöhlt, und man kann sich fragen, ob wenigstens die Mißbrauchsaufsicht befriedigend funktionieren wird[163]. Zugleich wurde ein gefährlicher Präzedenzfall geschaffen, der weitere Sonderregelungen für andere Bereiche der Wirtschaft zur Folge haben könnte[164].

Die Vorschriften der Verordnung Nr. 1017/68 gehen daher nicht auf eine bloße Änderung des ursprünglichen Kommissionsvorschlags im Rahmen von Art. 149 zurück. Es handelt sich um ein aliud, zu dem sich das Parlament in der vom Rat eingeholten Stellungnahme auch nicht

---

[158] Art. 14 VO Nr. 1017/68.

[159] Art. 12 VO Nr. 1017/68, der im Rat bis zuletzt heftig umstritten war.

[160] Vgl. Art. 4 des Vorschlags 1964; dazu *Watermann*, a.a.O., S. 135.

[161] Art. 5 ff. des Vorschlags 1964.

[162] Vgl. Art. 75 Abs. 1 EWGV und den 4. Erwägungsgrund der VO Nr. 1017/68.

[163] Dazu *Wägenbaur*, a.a.O., S. 424, und *Watermann*, a.a.O., S. 145.

[164] So *Wägenbaur*, a.a.O., S. 424.

andeutungsweise geäußert hatte[165]. Eine neue Anhörung durch den Rat wäre umso mehr geboten gewesen, als zwischen der parlamentarischen Entschließung vom November 1964 und der Verabschiedung der Verordnung im Juli 1968 fast vier Jahre liegen, in denen eine weitgehende Neuorientierung der gemeinsamen Verkehrspolitik stattgefunden hatte[166].

Erstaunlicherweise hat das Parlament im Frühjahr 1968 eine nochmalige Anhörung nicht verlangt, obwohl seinen zuständigen Ausschüssen die Neufassung des Verordnungsvorschlags durch die Kommission[167] bekannt war[168]. Im Rat und bei der Kommission bestand jedoch — wie es scheint — durchaus Klarheit über die Risiken einer vertragswidrigen Ausschaltung des Parlaments; man fürchtete aber eine weitere Verzögerung und wollte die bis zum 30. 6. 1968 befristete Aussetzung der Verordnung Nr. 17 nicht ein drittes Mal verlängern[169].

---

165 Auch *Wägenbaur* stellt die Frage, ob der Rat wegen der schwerwiegenden Abweichungen das Parlament nicht hätte erneut anhören müssen, a.a.O., S. 417, Anm. 27.

166 Dazu auch *van Huffel*, a.a.O., S. 337 f.

167 Dok KOM (68) 142 endg. v. 13. 3. 1968.

168 Dagegen bat der Präsident des WSA in einem Schreiben an den Ratspräsidenten v. 5. 4. 1968 um die Möglichkeit einer neuen Stellungnahme, „da dieser geänderte Vorschlag sehr wichtig ist und sich grundlegend von dem ursprünglichen Vorschlag der Kommission unterscheidet". Unter Hinweis auf die Dringlichkeit der Regelung wurde dieses Verlangen abgelehnt.

169 Vgl. VO Nr. 141 (Abl. 1962, S. 2751), verlängert durch VO Nr. 165/65 (Abl. 1965, S. 3141) und VO Nr. 1002/67 (Abl. 1967, Nr. 306/1).

Sechster Abschnitt

Die Befassung des Gerichtshofs mit Fragen der Parlamentsanhörung

Angesichts der zahlreichen Rechtsprobleme im Zusammenhang mit der Parlamentsanhörung wäre eine Stellungnahme des Gerichtshofs der Gemeinschaften von besonderer Bedeutung. Zunächst ist zu untersuchen, ob dem Parlament selbst ein Klagerecht zur Durchsetzung seiner Mitwirkungsbefugnisse zusteht. Daneben käme eine Befassung des Gerichtshofs mit Fragen der Parlamentsanhörung im Rahmen der abstrakten oder konkreten Normenkontrolle in Betracht.

I. Durchsetzung der Parlamentsanhörung im Wege der Untätigkeitsklage (Art. 175)

1. Klagerecht des Parlaments

Das Recht des Parlaments zur Untätigkeitsklage ergibt sich aus dem Wortlaut von Art. 175 Abs. 1. Danach sind neben den Mitgliedstaaten die Organe der Gemeinschaft — gemäß Art. 4 Abs. 1 also auch das Parlament — zur Klage berechtigt. Trotz dieser klaren Regelung wird das Klagerecht des Parlaments vereinzelt in Zweifel gezogen[1]. Die vorgebrachten Argumente können jedoch nicht überzeugen.

Zwar ist das Parlament ein politische Organ, dem selbst gewisse Kontrollbefugnisse zustehen. Ein Klagerecht vor dem Gerichtshof ist deshalb jedoch weder ausgeschlossen noch überflüssig. Auch nach deutschem Verfassungsrecht kann der Bundestag trotz seiner politischen Funktion eine Organklage erheben und die abstrakte Normenkontrolle auslösen[2]. Im übrigen sind die politischen Möglichkeiten des Europäischen Parlaments sehr begrenzt und gegenüber dem anhörungspflichtigen Rat überhaupt nicht vorhanden.

Weiter wird aus der Tatsache, daß ein Klagerecht des Gerichtshofs — eines weiteren Organs der Gemeinschaft — offensichtlich ausscheidet,

---

[1] Vgl. *Mühlenhöver*, Groeben-Boeckh, Art. 175, Anm. 2; *Matthies*, 46. Juristentag, Bd. II, G 73; *Bebr*, Novelles Nr. 916 (anders noch in Judicial Control, S. 121); *Czasche*, Untätigkeitsklage, S. 104 f.

[2] Art. 93 Abs. 1 Ziff. 1 u. 2 GG.

auch im Hinblick auf das Parlament ein Redaktionsversehen der Vertragspartner gefolgert[3]. Angesichts der im Verfassungsrecht der Bundesrepublik durchaus bekannten Klagemöglichkeit des parlamentarischen Organs liegt diese Vermutung jedoch nicht sehr nahe. Dagegen sprechen auch die Amtlichen Erläuterungen der Bundesregierung zu Art. 175, in der das Klagerecht des Parlaments ausdrücklich hervorgehoben ist[4].

Mehr Gewicht hat schon der Hinweis auf den Ausschluß des Parlaments von der Anfechtungsklage gemäß Art. 173. Ein vernünftiger Grund für diese bedenkliche Regelung ist nicht ersichtlich[5]. Die engere Fassung von Art. 173 kann jedenfalls nicht dazu führen, dem Parlament auch das Recht zur Untätigkeitsklage zu versagen.

Ein eigenes Klagerecht des Parlaments erübrigt sich auch nicht angesichts der Art. 184 und 177, die bei mitwirkungsbedürftigen Rechtsakten eine inzidente Kontrolle zulassen. Diese Rechtsschutzmöglichkeiten sind nämlich begrenzt und weitgehend vom Zufall abhängig[6]. Im übrigen entspricht einem materiellen Recht normalerweise die Befugnis des Inhabers, sich gegen Eingriffe selbst und nicht nur durch Vermittlung Dritter im Klagewege zu verteidigen[7]. Auch dieser Grundsatz verbietet die einschränkende Auslegung von Art. 175.

Ein Recht des Parlaments zur Erhebung der Untätigkeitsklage ist also zu bejahen[8].

2. Unterlassung eines „Beschlusses"

Die Untätigkeitsklage eignet sich allerdings nur dann zur Durchsetzung von Anhörungsbefugnissen, wenn die vom Rat begehrte Handlung ein „Beschluß" ist.

Diese Zulässigkeitsvoraussetzung scheint keine besonderen Schwierigkeiten aufzuwerfen, da alle rechtlich erheblichen Handlungen von Kollegialorganen wie dem Rat einen förmlichen Beschluß erfordern.

---

[3] So *Mühlenhöver*, Groeben-Boeckh, a.a.O.

[4] BT-Drucksache 3440, 2. Wahlperiode, Anlage C.

[5] So auch *Wohlfarth*, Komm., Art. 175, Anm. 1; a. A. *Ehle*, Komm., Art. 175, Tz 7, der jedoch die praktischen Möglichkeiten der Normenkontrolle bei Rechtsbeeinträchtigungen des Parlaments überschätzt.

[6] Näher dazu unter III 1 und 2.

[7] So ausdrücklich EuGH VI, S. 1189 (Rs. 6/60).

[8] Ebenso *Wohlfarth*, Komm., Art. 175, Anm. 1; *Roemer*, SEW 1966, S. 8; *Daig*, AöR 1958 (Bd. 83), S. 178; *Ule*, Gutachten, S. 44, Anm. 152; *Ehle*, Komm., Art. 175, Tz 7; *Valentine*, Bd. I, S. 298; *Chevallier*, Diskussionsbeitrag, KSE 1, S. 390; *Melchior*, Diskussionsbeitrag, Fusion, S. 280; *Berié-Miller*, Art. 175, Anm. 1; *Schmutzer*, CMLR 1967/68, S. 80. — Auch das Parlament selbst scheint ein Recht zur Untätigkeitsklage in Anspruch zu nehmen, vgl. die Entschließungen v. 1. 12. 1966, Ziff. 11 (Abl. 1966, S. 3918), und v. 12. 3. 1969 (Abl 1969, Nr. C 41/42).

Auch der Anhörung des Parlaments liegt stets ein besonderer, im Ersuchen des Ratspräsidenten ausdrücklich erwähnter Beschluß zugrunde[9].

Allerdings könnte man daran denken, den Begriff des „Beschlusses" im Sinne von Art. 175 Abs. 1 auf die verbindlichen Rechtsakte des Art. 189 (Verordnungen, Richtlinien und Entscheidungen) zu beschränken. Dem widerspricht jedoch die Funktion der Unterlassungsklage, die eine objektive Kontrolle der Vertragsausführung durch Rat und Kommission ermöglichen soll[10].

Deshalb ist eine weite Auslegung geboten: sie muß zumindest alle rechtsverbindlichen und mit Rechtswirkungen ausgestatteten Maßnahmen einschließen, unabhängig davon, ob diese unter die Definition von Art. 189 fallen[11]. Dazu gehört auch der Beschluß des Rates, in Ausführung eines Vertragsgebotes die Stellungnahme des Parlaments einzuholen[12].

3. Vorverfahren

Die Untätigkeitsklage ist gemäß Art. 175 Abs. 2 erst nach Abschluß eines Vorverfahrens zulässig. Der Rat muß trotz verbindlicher Aufforderung zum Tätigwerden zwei Monate lang „nicht Stellung genommen" haben.

Die Aufforderung hat in einem Zeitpunkt zu erfolgen, in dem die Anhörungspflicht des Rates tatsächlich noch besteht. Sie kommt zu spät, wenn der Vorschlag der Kommission bereits verabschiedet bzw. endgültig abgelehnt wurde. Die Anhörungspflicht des Rates im Einzelfall erlischt nämlich, sobald eine Stellungnahme mangels eines abhängigen Kommissionsvorschlags gar nicht mehr eingeholt werden kann.

Diese Einschränkung hat erhebliche praktische Folgen, wenn ein Vorschlag, zu dem sich das Parlament ursprünglich geäußert hatte, im Laufe von Marathonverhandlungen im Rat grundlegend umgestaltet und sogleich verabschiedet wird: unter diesen Umständen ist eine erfolgreiche Untätigkeitsklage auf neue Konsultation nicht mehr möglich[13].

---

[9] Sie ist daher mehr als ein rein tatsächliches Verhalten; a. A.: *Wohlfarth*, Komm., Art. 175, Anm. 1.

[10] *Bebr*, Novelles, Nr. 898 und 914.

[11] In diesem Sinne *Roemer*, SEW 1966, S. 9; *Ehle*, Komm., Art. 175, Tz 8; *Bebr*, Novelles Nr. 914; *Steindorff*, AWD 1963, S. 355; *Czasche*, Untätigkeitsklage, S. 106 f.

[12] Ebenso *Jozeau-Marigné*-Bericht, EP-Dok 110/67—68, Ziff. 31; zweifelnd *Jacqué/Cubaynes*, Rev. trim dr. eur. 1968, S. 774; verneinend *Wohlfarth*, Komm., Art. 175, Anm. 1, u. Art. 137, Anm. 5; *Mühlenhöver/Thiesing*, Groeben-Boeckh, Art. 137, Anm. 3 f.

[13] Es kommt aber eine abstrakte oder konkrete Normenkontrolle in Betracht.

Der zweite Teil des Vorverfahrens ist unproblematisch, wenn der Rat eine positive Stellungnahme abgibt — die Anhörung also ankündigt bzw. beschließt — oder wenn er zwei Monate lang schweigt.

Zweifelhaft sind jedoch die Folgen einer fristgemäßen Anhörungsverweigerung des Rates, die ausdrücklich erfolgen kann, aber auch konkludent, nämlich durch Verabschiedung des Rechtsaktes innerhalb von zwei Monaten. Normalerweise hat der Betroffene in diesen Fällen die Möglichkeit der Nichtigkeitsklage[14]. Das Parlament ist jedoch in Art. 173 als Klageberechtigter nicht erwähnt, und es wird auch an der Erhebung der Untätigkeitsklage gehindert, wenn man die Weigerung des Rates als „Stellungnahme" im Sinne von Art. 175 Abs. 2 ansieht. Dieses bedenkliche Ergebnis ist nur zu vermeiden durch eine enge Auslegung von Art. 175 Abs. 2: bei Rechtsbeeinträchtigungen des Parlaments müßte für den klaglosen Abschluß des Untätigkeitsvorverfahrens eine positive Stellungnahme des Rates verlangt werden. Der Ausschluß des Parlaments von der Nichtigkeitsklage würde damit allerdings praktisch umgangen.

Eine befriedigende Lösung ist wohl nur von einer Änderung der derzeitigen, nicht sehr glücklichen Regelung des Vertrages zu erwarten[15]. Dabei müßte dem Parlament zumindest gegen Eingriffe in seine Organbefugnisse eine uneingeschränkte Rechtsverteidigung gewährleistet werden.

4. Inhalt und Folgen des Urteils

Gelingt es dem Parlament trotz der Klippen des Vorverfahrens, eine Untätigkeitsklage gegen den Rat erfolgreich durchzufechten, so erhält es ein Urteil, in dem gemäß Art. 175 Abs. 1 die Vertragswidrigkeit der unterlassenen Anhörung festgestellt wird. Der Rat ist gemäß Art. 176 verpflichtet, die sich aus dem Urteil des Gerichtshofes ergebenden Maßnahmen zu ergreifen. Dabei ist zu unterscheiden, ob das streitige Rechtsetzungsverfahren noch anhängig ist oder mit einem Beschluß über den Kommissionsvorschlag bereits beendet wurde. Im ersten Fall hat der Rat die Anhörung des Parlaments nunmehr vorzunehmen. Im zweiten Fall kommt nur noch eine Heilung des Anhörungsmangels durch Neuvornahme der Rechtsetzung in Betracht[16]. Es muß ein ganz neues Verfahren eingeleitet werden, wozu der Rat eines

---

[14] Zum Verhältnis zwischen Untätigkeits- und Nichtigkeitsklage vgl. *Roemer*, SEW 1966, S. 4, sowie *Ehle*, Komm., Art. 175, Tz 3 und 14.

[15] In diesem Sinne auch *Wohlfarth*, Komm., Art. 137, Anm. 5.

[16] Bemerkenswert die VO Nr. 345/67 (Abl. 1967, Nr. 170/3), die eine frühere, ohne die erforderliche Anhörung des Verwaltungsausschusses erlassene VO der Kommission bestätigt.

Vorschlags der Kommission bedarf. Falls die Kommission nicht schon aufgrund des Urteils von ihrem Initiativrecht Gebrauch macht, kann der Rat gemäß Art. 152 eine entsprechende Aufforderung aussprechen.

II. Abstrakte Kontrolle mitwirkungsbedürftiger Rechtsakte im Wege der Nichtigkeitsklage (Art. 173)

1. Klagerecht

Das Recht zur Nichtigkeitsklage gegen Ratsbeschlüsse, die möglicherweise unter Verstoß gegen vertragliche Anhörungsgebote ergangen sind, steht gemäß Art. 173 Abs. 1 der Kommission sowie den Mitgliedstaaten zu.

Die Kommission ist zwar „Hüterin des Vertrages"[17], und als solche setzt sie sich während des Rechtsetzungsverfahrens für die Achtung der parlamentarischen Anhörungsbefugnisse ein. Hat aber der Rat unter Mitwirkung der Kommission einen Beschluß gefaßt, so ist eine anschließende Nichtigkeitsklage der Kommission nicht sehr wahrscheinlich[18].

Etwas anderes dürfte gelten, wenn Rechte der Kommission und des Parlaments gleichzeitig auf dem Spiel stehen. So würde die Kommission kaum einen Ratsbeschluß hinnehmen, der sich von ihrem obligatorischen Vorschlag so grundlegend entfernt, daß eine Umgehung ihres Initiativrechts — und zusätzlich eine Ausschaltung des ursprünglich konsultierten Parlaments — vorzuliegen scheint. Die Rechtsetzungsbeschlüsse des Rates ergehen jedoch meist im Einvernehmen mit der Kommission, die sich nur selten weigert, den Verhandlungsergebnissen im Rat bei der endgültigen Gestaltung ihres Vorschlags Rechnung zu tragen.

Allerdings könnte die Kommission vom Parlament, das selbst von der Nichtigkeitsklage ausgeschlossen ist, zur Klageerhebung aufgefordert werden. Es erscheint jedoch zweifelhaft, ob sie einem solchen Verlangen nachzukommen hätte[19]. Hält die Kommission eine Beeinträchtigung von Parlamentsbefugnissen für nicht gegeben, so ist ihr eine Klage im Widerspruch zur eigenen Rechtsauffassung kaum zuzumuten. Im übrigen obliegt dem Parlament zwar die politische Kontrolle der Kommission. Mit dem Mißtrauensvotum gemäß Art. 144 besitzt es jedoch keine sehr praktikable Sanktionsmöglichkeit.

---

[17] Vgl. insbesondere Art. 155 UAbs. 1 sowie Art. 169.

[18] So auch *Steindorff*, Rechtsschutz, S. 61 und *Renard-Payen*, Rev. trim. dr. eur. 1965, S. 544.

[19] Bejahend *Furler*-Bericht, EP-Dok 31/63—64, Ziff. 67.

Auch von Seiten der Mitgliedstaaten ist kaum eine Nichtigkeitsklage zur Wahrung parlamentarischer Anhörungsrechte zu erwarten. Dies um so weniger, als sich die Vertreter der Mitgliedstaaten im Rat in aller Regel um Einstimmigkeit bemühen[20]. Entschließt sich aber ein im Rat überstimmter Mitgliedstaat zur Nichtigkeitsklage vor dem Gerichtshof[21], so wird er neben inhaltlichen Mängeln des verabschiedeten Rechtsaktes möglicherweise auch institutionelle Vertragsverletzungen rügen, um vielleicht auf diesem Wege durchzudringen.

Natürliche und juristische Personen haben nicht die Möglichkeit, mit der Nichtigkeitsklage eine abstrakte Normenkontrolle auszulösen, da sie gemäß Art. 173 Abs. 2 nicht nur unmittelbar, sondern auch individuell betroffen sein müssen. Dies hat der Gerichtshof regelmäßig verneint[22].

2. Klagegrund

Rügt die Kommission oder ein Mitgliedstaat die unterbliebene bzw. fehlerhafte Anhörung des Parlaments, so fragt sich, welcher der vier Klagegründe des Art. 173 Abs. 1 vorliegt.

Die Zugehörigkeit der obligatorischen Konsultation zum Rechtsetzungs*verfahren* läßt an die Verletzung einer wesentlichen Formvorschrift denken[23]. Die parlamentarische Mitwirkung betrifft jedoch die grundsätzliche Kompetenzverteilung zwischen den Gemeinschaftsorganen[24], und in ihrer Bedeutung reicht sie über den Rang einer Formfrage hinaus[25]. Es geht also eher um den Vorwurf einer Vertragsverletzung[26].

Praktisch bedeutsam ist diese Unterscheidung nicht, da alle vier Klagegründe des Art. 173 die gleichen Rechtsfolgen haben.

---

[20] Die Zustimmung im Rat schließt allerdings eine spätere Nichtigkeitsklage nicht aus, vgl. *Catalano*, Manuel, S. 513 f. und *Merkel*, S. 39; a. A.: *Münch*, Wehberg-Festschrift, S. 316.

[21] Vgl. etwa die Klage Italiens gegen die kartellrechtliche Gruppenausnahmen-Verordnung, EuGH XII, S. 457 (Rs. 32/65).

[22] So. z. B. EuGH VIII, S. 961 ff. (Rs. 16, 17/62) und S. 1003 ff. (Rs. 19—22/62) sowie XI, S. 284 f. (Rs. 38/64).

[23] In diesem Sinne *Bebr*, Judicial Control, S. 82, 84; *Mühlenhöver*, Groeben-Boeckh, Art 173, Anm. 6; *Rabe*, S. 24; *Furler*-Bericht, EP-Dok 31/63—64, Ziff. 67; vgl. auch EuGH XI, S. 919 (Rs. 111/63).

[24] Vgl. auch GA *Roemer*, Schlußanträge in der Rs 37/64, EuGH XI, S. 981; in der französischen Verwaltungsrechtsprechung wird der Anhörungsmangel als Form der Unzuständigkeit angesehen, dazu *Auby-Drago*, Bd. II, Nr. 1108.

[25] Dazu bereits im 5. Abschnitt unter B IV 3 a.

[26] Ebenso *Wohlfarth*, Komm., Art. 173, Anm. 7; *Ortmann*, KSE 7, S. 49, Anm. 44; *Petzold*, S. 219. — *Louis*, Reglements, S. 12 nimmt eine Verletzung des Vertrages *und* wesentlicher Formvorschriften an.

3. Prüfung der Parlamentsanhörung von Amts wegen

Im Rahmen der Nichtigkeitsklage berücksichtigt der Gerichtshof regelmäßig nur solche Gründe, die der Kläger substantiiert und rechtzeitig — d. h. schon in der Klageschrift — vorgebracht hat[27].

Ausnahmsweise erfolgt jedoch eine Prüfung von Amts wegen, nämlich dann, wenn es um besonders schwerwiegende Rechtsfehler geht, deren Beachtung im öffentlichen Interesse liegt. So erörtert der Gerichtshof in mehreren Urteilen zum EGKG-Vertrag die Verletzung von Mitwirkungsrechten des Rates und auch des Beratenden Ausschusses, obwohl eine entsprechende Rüge verspätet oder gar nicht vorgetragen war[28]. Auch die vertragswidrige Nichtanhörung des Parlaments berührt den „ordre public", da sie der Kompetenzverteilung zwischen den Gemeinschaftsorganen widerspricht und das institutionelle Kräfteverhältnis beeinträchtigt[29]. Der Gerichtshof kann daher von Amts wegen prüfen, ob vor Erlaß eines angefochtenen Rechtsaktes das Parlament gehört werden mußte und ob diese Anhörung ordnungsgemäß stattgefunden hat[30]. Eine nähere Untersuchung ist auch dann nicht ausgeschlossen, wenn im Beschluß des Rates auf eine parlamentarische Stellungnahme Bezug genommen wird[31].

Diese weiten Prüfungsmöglichkeiten des Gerichtshofs können durchaus praktische Bedeutung erlangen, etwa dann, wenn Mitgliedstaaten oder die Kommission mit der Nichtigkeitsklage andere Ziele als gerade die Wahrung von Parlamentsbefugnissen verfolgen.

4. Inhalt und Folgen des Urteils

Ist die Klage wegen Verletzung der Anhörungspflicht begründet, so erklärt der Gerichtshof den angefochtenen Rechtsakt gemäß Art. 174 Abs. 1 für nichtig. Das Urteil wirkt grundsätzlich ex tunc, d. h. der Rechtsakt gilt als überhaupt nicht ergangen[32].

Nur bei Verordnungen hat der Gerichtshof gem. Art. 174 Abs. 2 eine wichtige Gestaltungsbefugnis. Im Interesse der Rechtssicherheit und des

---

[27] Vgl. Art 38, 40—42 Verfahrensordnung; dazu *Börner*, Entscheidungen, S. 146 f.

[28] EuGH I, S. 33 (Rs. 1/54), S. 107 f. (Rs. 2/54) und S. 233 (RS 6/54); ebenso GA *Roemer*, Schlußanträge in der RS 6/54, a.a.O., S. 272 f.; ablehnend *Korsch*, KSE 1, S. 128.

[29] Vgl. auch EuGH IV, S. 44 u. 82 (Rs. 9 u. 10/56); dazu *Börner*, Entscheidungen, S. 148 f.

[30] Ebenso *Bebr*, KSE 1, S. 85; *Buerstedde*, JöR 1965 (NF 14), S. 162; *Alting von Geussau*, Cah. dr. eur. 1966, S. 246; *Louis*, Reglements, S. 12.

[31] So ausdrücklich EuGH I, S. 233 (Rs. 6/54).

[32] *Ehle*, Komm., Art. 174, Tz 8 m. w. Nachw.

Vertrauensschutzes kann er — auch im Hinblick auf zwischenzeitlich ergangene Verwaltungsakte — Ausnahmen von der vollen Rückwirkung zulassen[33].

Eine teilweise Nichtigerklärung kommt in Betracht, wenn der Anhörungsmangel nur einzelne Bestimmungen erfaßt und der übrige Teil des Rechtsaktes sinnvollerweise fortbestehen kann. Dieser allgemeine Rechtsgedanke gilt nicht nur für Verordnungen, sondern auch für andere Ratsbeschlüsse, zu denen das Parlament konsultiert werden muß[34]. Ein Fall der Teilnichtigkeit ist insbesondere vorstellbar, wenn erst nach Anhörung des Parlaments in den Kommissionsvorschlag ganz neue Sachgebiete einbezogen wurden, die jedoch ohne weiteres abtrennbar sind.

Ist eine Klage allein wegen mangelhafter bzw. unterbliebener Anhörung des Parlaments erfolgreich, so wird der Rat wahrscheinlich eine Neuvornahme des Aktes in dem vertraglich vorgeschriebenen Verfahren anstreben.

III. Konkrete Kontrolle mitwirkungsbedürftiger Rechtsakte

Eine Stellungnahme des Gerichtshofs zu Fragen der Parlamentsanhörung kann schließlich bei der inzidenten Prüfung von Rechtsakten des Rates erfolgen. Diesem Weg kommt praktich wohl die größte Bedeutung zu. Er steht nämlich auch natürlichen und juristischen Personen offen, von denen politische Rücksichten nicht zu erwarten sind und die aus ganz anderen als institutionellen Gründen ein Interesse haben könnten, Ratsbeschlüsse auf ihre Rechtmäßigkeit prüfen zu lassen.

Die konkrete Normenkontrolle kann in einem Rechtsstreit vor dem Gerichtshof der Gemeinschaften, aber auch vor nationalen Gerichten ausgelöst werden.

1. Einrede der Rechtswidrigkeit im Verfahren vor dem Gerichtshof

Im Rahmen eines Verfahrens, das vor dem Gerichtshof anhängig ist, hat jede Partei gemäß Art. 184 die Möglichkeit, aus den Klagegründen des Art. 173 Abs. 1[35] die Unanwendbarkeit einer Verordnung geltend zu machen.

Voraussetzung ist allerdings, daß es für den Ausgang des Rechtsstreits auf die Geltung der Verordnung ankommt[36]. Dieses den Be-

---

[33] Vgl. die ähnliche Regelung in § 79 Abs. 2 BVerfGG.

[34] *Ehle*, Komm., Art. 174, Tz 12; *Matthies*, Hallstein-Festschrift, S. 312, Anm. 18; *Kronenburg*, S. 134; a. A.: *Wohlfarth*, Komm., Art. 174, Anm. 1; *Mühlenhöver*, Groeben-Boeckh, Art. 174, Anm. 1 und 2.

[35] Dazu bereits unter II 2.

[36] Dazu EuGH XI, S. 259 (Rs. 21/64) und XII, S. 487 (Rs. 32/65.

dürfnissen des Individualrechtsschutzes entsprechende Erfordernis schränkt die praktische Tragweite von Art. 184 im Hinblick auf eine Wahrung der Parlamentsbefugnisse erheblich ein. Immerhin könnte ein Verkehrsunternehmer gegen einen auf Art. 22 der Wettbewerbsverordnung Nr. 1017/68[37] gestützten Bußgeldbescheid der Kommission mit der Behauptung klagen, der Rat habe beim Erlaß der zugrunde liegenden Verordnung das Parlament nicht ordnungsgemäß gehört und damit Art. 75 und 87 des Vertrages verletzt. Die Einrede der Rechtswidrigkeit einer Verordnung soll vor allem den Ausschluß direkter Anfechtungsmöglichkeiten ausgleichen, und sie kann auch noch nach Ablauf der Klagefrist des Art. 173 Abs. 3 erhoben werden.

a) Gegenstand der Einrede

Gegenstand einer Rechtswidrigkeitseinrede können nach dem klaren Wortlaut von Art. 184 allein Verordnungen sein, weil nur diese allgemein verbindliche und unmittelbare Rechtswirkungen erzeugen[38]. Andere Maßnahmen des Rates, bei denen ebenfalls eine obligatorische Konsultation des Parlaments in Betracht kommt — insbesondere Richtlinien und Entscheidungen an die Adresse der Mitgliedstaaten —, sind einer inzidenten Rechtsmäßigkeitskontrolle zumindest nicht über Art. 184 ausgesetzt. Das Risiko vertragswidriger Ausschaltung des Parlaments ist also bei diesen Handlungsformen geringer als bei Verordnungen.

b) Prüfung der Parlamentsanhörung von Amts wegen

Auch wenn bei der Anfechtung eines Individualaktes die Einrede der Rechtswidrigkeit nicht erhoben wurde, kann der Gerichtshof die zugrunde liegende Norm von Amts wegen auf ihre Vertragsmäßigkeit überprüfen[39]. Der Erlaß einer Verordung begründet zwar die Vermutung ihrer Rechtmäßigkeit[40]. Liegen aber — etwa im Hinblick auf eine obligatorische Mitwirkung des Parlaments — offensichtliche Rechtsmängel vor oder bestehen insofern doch ernsthafte Zweifel, so kann der Gerichtshof als Wahrer des Rechts bei der Auslegung und Anwendung des Vertrages schwerlich darüber hinweggehen.

c) Rechtswirkungen der Unanwendbarkeit

Umstritten sind die Rechtswirkungen eines Urteils, in dem gemäß Art. 184 die „Unanwendbarkeit" einer Verordnung festgestellt wird.

---

[37] Abl. 1968, Nr. L 175/1.

[38] *Wohlfahrt*, Komm., Art. 184, Anm. 3; *Bebr* CMLR 1966, S. 13 ff.; a. A.: *Daig*, AöR 1958, (Bd. 83), S. 177; dazu *Ehle*, MDR 1964, S. 721.

[39] EuGH V, S. 492 f. (Rs. 14/59); ebenso *Daig*, AöR 1958 (Bd. 83), S. 176 f. und *Ehle*, Komm., Art. 184, Tz 4.

[40] Vgl. auch EuGH III, S. 126.

Nach dem Wortlaut der Vorschrift, der sich offenbar an die Rechtsprechung des Gerichtshofs zum EGKS-Vertrag anlehnt[41], scheint eine solche Entscheidung — im Gegensatz zur Nichtigerklärung gemäß Art. 174 — den rechtlichen Bestand der Verordnung nicht in Frage zu stellen[42]. Diese Lösung wird zu Recht als unbefriedigend empfunden[43]. Mit Legalitätsvorstellungen ist es kaum vereinbar, daß ein vom Gerichtshof ausdrücklich als rechtswidrig erkannter Organbeschluß zwar nicht für die Parteien, wohl aber für alle anderen Rechtsunterworfenen verbindlich sein soll. Es widerspräche auch dem Gedanken der Prozeßökonomie, in immer neuen Verfahren die Feststellung der Unanwendbarkeit einer Verordnung wiederholen zu lassen.

Folgt man dennoch der Rechtsprechung des Gerichtshofs, so besteht im Falle einer Unanwendbarerklärung zumindest die Pflicht des Verordnungsgebers, die vertragswidrige Vorschrift aufzuheben bzw. neu zu erlassen[44]. Praktisch führt dies zu ähnlichen Ergebnissen wie eine gerichtliche Nichtigerklärung, deren ex tunc-Wirkung allerdings entfällt.

2. Vorabentscheidung nach Vorlage durch nationale Gerichte

Auch im Verfahren vor Gerichten der Mitgliedstaaten kann die Rechtswidrigkeit von Handlungen der Gemeinschaftsorgane geltend gemacht werden, z. B. unter Hinweis auf eine angeblich vertragswidrige Ausschaltung des Europäischen Parlaments.

Allerdings stützt sich diese Einrede nicht auf Art. 184[45]; sie setzt vielmehr entsprechende Grundsätze über die Zulassung der Inzidentkontrolle im jeweiligen nationalen Recht voraus[46].

Hält das befaßte Gericht den betreffenden Ratsbeschluß für entscheidungserheblich, so kann es gemäß Art. 177 Abs. 1 b und Abs. 2 den Gerichtshof der Gemeinschaften zur Vorabentscheidung über dessen „Gültigkeit" veranlassen. Dabei meint Art. 177 mit „Gültigkeit" nicht

---

[41] Vgl. EuGH IV, S. 27 (Rs. 9/56), S. 67 (Rs. 10/56) und S. 191 (Rs. 15/57).

[42] So auch EuGH VIII, S. 1042 (Rs. 31, 32/62) zu Art. 184; zust. *Bebr*, CMLR 1966, S. 27 f.; *Tomuschat*, S. 177 f.

[43] *Wohlfarth*, Komm., Art. 184, Anm. 5 bejaht daher für Art. 184 die gleichen Folgen wie bei Art. 174; vgl. auch *Ehle*, MDR 1964, S. 719 f.; *Matthies*, Hallstein-Festschrift, S. 318; *Tomuschat*, S. 179, Anm. 627.

[44] So ausdrücklich GA *Lagrange*, Schlußanträge in der Rs. 14/60, EuGH VII, S. 377 f.; GA *Roemer* spricht von einem „mittelbaren Zwang zur Aufhebung", Schlußanträge in den Rs. 9 u. 12/60„ EuGH VII, S. 492; vgl. auch *Daig*, AöR 1958 (Bd. 83), S. 177; *Bebr*, CMLR 1966, S. 28 f.; *Ehle*, Komm., Art. 184, Tz 16.

[45] Dessen Anwendungsbereich ist beschränkt auf Verfahren, die vor dem Gerichtshof anhängig sind, vgl. EuGH VIII, S. 1042 (Rs. 31, 32/62).

[46] *Ehle*, Komm., Art. 184, Tz 5.

allein die formelle Rechtsbeständigkeit, sondern auch die materielle Rechtmäßigkeit[47].

Eine Vorlage*pflicht* besteht gemäß Art. 177 Abs. 3 nur für solche innerstaatliche Gerichte, deren Entscheidungen mit Rechtsmitteln nicht mehr angreifbar sind. Die übrigen Gerichte können — nach der Fassung von Art. 177 — die Rechtmäßigkeit von Gemeinschaftsakten ohne Vorlage selbst beurteilen[48]. Dagegen bestehen keinerlei Bedenken, soweit die Gültigkeitsfrage bejaht wird. Verstößt aber eine Gemeinschaftsnorm nach der Überzeugung des nationalen Instanzgerichts gegen den Vertrag, so erscheint ein Verzicht auf die Einschaltung des Gerichtshofs wenig sinnvoll[49]. Das negative Urteil in einem einzelnen Mitgliedstaat müßte — zumindest bei Ratsvorschriften von großer Tragweite für die Gemeinschaft — zu erheblicher Rechtsunsicherheit führen. In diesen Fällen ist daher eine Ermessensschrumpfung des nationalen Richters im Sinne einer Vorlagepflicht zu bejahen[50].

a) Gegenstand der Gültigkeitsfrage

Gegenstand einer Gültigkeitsfrage können gemäß Art. 177 Abs. 1 b alle „Handlungen" der Gemeinschaftsorgane sein. Unter diesen Begriff fallen nicht nur Verordnungen, sondern insbesondere auch Richtlinien und an die Mitgliedstaaten gerichtete Entscheidungen des Rates[51], zu denen das Parlament nicht selten gehört werden muß. Die Vorlage im Rahmen eines innerstaatlichen Verfahrens bietet demnach größere Möglichkeiten inzidenter Normenkontrolle als die Rechtswidrigkeitseinrede gemäß Art. 184.

Allerdings kommt eine Vorabentscheidung über die Gültigkeit mitwirkungsbedürftiger Richtlinien und Entscheidungen des Rates nur dann in Betracht, wenn die Wirksamkeit oder die Auslegung streitiger Durchführungsakte eines Mitgliedstaates davon irgendwie beeinflußt wird. Ob Fälle dieser Art sehr zahlreich sein werden, erscheint zweifelhaft[52]. Die praktischen Auswirkungen der weiteren Fassung von Art. 177 dürfen deshalb im Hinblick auf einen Schutz der Parlamentsbefugnisse nicht überschätzt werden.

---

[47] GA *Roemer*, Schlußanträge in den verb. Rs. 73 u. 74/63, EuGH X, S. 41 ff.; *Ehle*, Komm., Art. 177, Tz 26.

[48] So auch *Tomuschat*, S. 59; *Steindorff*, Rechtsschutz, S. 67.

[49] Vgl. aber VG Frankfurt, AWD 1967, S. 68 ff., das die Rechtswidrigkeit einer Kommissionsverordnung von sich aus feststellt.

[50] In diesem Sinne *Ehle*, Komm., Art. 177, Tz 42.

[51] EuGH, S. 27 ff. (Rs. 73, 74/63) u. XI, S. 1164 ff. (Rs. 16/65); dazu die Schlußanträge von GA *Roemer*. a.a.aO., S. 44 ff. u. von GA *Gand*, a.a.O., S. 1173; ebenso *Wohlfarth*, Komm., Art. 177, Anm. 1; *Münch*, Semaine de Bruges, S. 187; *Ehle*, Komm., Art. 177, Tz 24.

[52] Vgl. auch *Steindorff*, Rechtsschutz, S. 94 f.

b) *Prüfung der Parlamentsanhörung von Amts wegen*

Bei seiner Legalitätskontrolle im Vorabentscheidungsverfahren ist der Gerichtshof nicht gebunden, allein die Bedenken des innerstaatlichen Richters zu würdigen. Der Vorlagebeschluß bestimmt zwar, *welcher* Rechtsakt überprüft werden soll. Ein darüber hinausgehender Einfluß wäre jedoch mit dem objektiven Charakter des Verfahrens nach Art. 177 unvereinbar. Auch um Rechtssicherheit zu schaffen, hat der Gerichtshof die Gültigkeit schlechthin zu prüfen. Etwaige weitere Ungültigkeitsgründe, die den Klagegründen des Art. 173 entsprechen[53], sind von Amts wegen zu berücksichtigen[54]. Mängel der parlamentarischen Mitwirkung im Rechtsetzungsverfahren können also — ähnlich wie bei der Nichtigkeitsklage gemäß Art. 173 und der Rechtswidrigkeitseinrede gemäß Art. 184 — auch dann aufgegriffen werden, wenn das vorlegende Gericht insofern keine Bedenken geäußert hatte.

c) *Rechtswirkungen der Ungültigerklärung*

Die Rechtswirkungen einer im Vorlageverfahren festgestellten „Ungültigkeit sind ebenso heftig umstritten wie die Bedeutung der „Unanwendbarkeit" im Sinne von Art. 184.

Nach Ansicht zahlreicher Autoren wirkt die Vorabentscheidung allein zwischen den streitenden Parteien, ohne daß eine Anwendung des vertragswidrigen Rechtsaktes in künftigen Fällen ausgeschlossen wäre[55]. Zur Begründung wird vor allem der enge Zusammenhang mit dem anhängigen Rechtsstreit vor dem nationalen Richter betont und auf die Besonderheiten des Vorlageverfahrens gegenüber der Nichtigkeitsklage verwiesen.

Der Gerichtshof hat zu dieser Streitfrage noch nicht ausdrücklich Stellung genommen; er scheint aber ebenfalls zwischen einer Nichtigerklärung und der Entscheidung über die Gültigkeit zu unterscheiden[56].

Eine Beschränkung der Urteilswirkungen im Rahmen von Art. 177 weckt die gleichen rechtsstaatlichen und prozeßökonomischen Bedenken,

---

[53] *Tomuschat*, S. 163 f. mit ausführlichen Nachweisen.

[54] *Tomuschat*, S. 162; *Rietz*, S. 160; *Ehle*, Komm., Art. 177, Tz 74; auch der Gerichtshof hat anerkannt, daß es „von Amts wegen zu berücksichtigende Mängel" gibt, EuGH X, S. 29 (Rs. 73, 74/63); ablehnend dagegen die Schlußanträge von GA *Roemer*, a.a.O., S. 55, 58 f.

[55] Vgl. etwa *Wohlfarth*, Komm., Art. 177, Anm. 5; *Arendt*, SEW 1965, S. 417 f.; *Dumont*, Novelles Nr. 1001; *Rietz*, S. 172 ff.; ebenso die Schlußanträge von GA *Lagrange*, EuGH IX, S. 88 ff. und GA *Gand*, EuGH XI, S. 1182. — Ablehnend dagegen *Tomuschat*, S. 174 ff.; *Matthies*, Hallstein-Festschrift, S. 321; *Ehle*, MDR 1964, S. 720.

[56] EuGH XI, S. 1165 (Rs. 16/65).

die schon bei Art. 184 erwähnt wurden[57]. Sinnvoll kann nur eine Lösung sein, die in allen Fällen inzidenter Normenkontrolle durch den Gerichtshof — gleichgültig, ob vor ihm selbst oder in nationalen Bereich ausgelöst — zu übereinstimmenden Ergebnissen kommt[58]. Daher muß eine Vorabentscheidung des Gerichtshofs, auch wenn sie keine förmliche Nichtigerklärung enthält, doch in dem Sinne allgemeinverbindlich sein, daß der als vertragswidrig erkannte Akt nicht mehr anzuwenden und von den Gemeinschaftsorganen entsprechend zu ändern bzw. neu zu erlassen ist.

---

[57] Oben unter III 1 c.

[58] Vgl. auch *Matthies*, Hallstein-Festschrift, S. 318 sowie *Rietz*, S. 175, die jedoch zu gegensätzlichen Lösungen kommen.

Literaturverzeichnis

I. Bücher und Aufsätze

Achterberg, N.: Besprechung von „Petzold: Die Gewaltenteilung in den Europäischen Gemeinschaften", in: EuR 1968, S. 240 ff.

Alder, C.: Koordination und Integration als Rechtsprinzipien, Brügge 1969

Alting von Geusau, F. A. M.: European Organizations and Foreign Relations of States — A comparative Analysis of decision making, Leiden 1962

— Problèmes institutionnels des Communautés européennes, in: Cah. dr. eur. 1966, S. 227 ff.

Arendt, E.: La Procédure selon Particle 177 du Traité instituant la Communauté Economique Européenne, in: SEW 1965, S. 385 ff.

Auby, J. M.: Le régime juridique des avis dans la procédure administrative, in: AJDA 1956, I (Doctrine), S. 53 ff.

Auby, J. M. und R. *Drago*: Traité de Contentieux Administratif, Bd. II u. III, Paris 1962

Badura, P.: Bewahrung und Veränderung demokratischer und rechtsstaatlicher Verfassungsstruktur in den internationalen Gemeinschaften, in: VVDStL 23, S. 34 ff.

Bebr. G.: Acts of representatives of the governments of the member states, in: SEW 1966, S. 529 ff.

— Judical Control of the European Communities, London 1962

— Judical Remedy of Private Parties against Normative Acts of the European Communities: The Role of Exception of Illegality, in: CMLR 1966, S. 7 ff.

Berié, H. und R. *Miller*: Gemeinsamer Markt und Euratom, 2. Aufl., Herne-Berlin 1959

Bertram, C.: Decision-Making in the EEC: the Management Committee Procedure, in: CMLR 1967/68, S. 246 ff.

— Das Verwaltungsausschußverfahren. Ein neuartiges Rechtsetzungsverfahren der Europäischen Wirtschaftsgemeinschaft, Diss., Bonn 1967

Börner, B.: Die Entscheidungen der Hohen Behörde: Eine Studie zum supranationalen Verwaltungsprozeß, Tübingen 1965

Bruch, R.: Das Budgetrecht des Parlaments, in: Europäische Gemeinschaft 5—1968, S. 25 f.

Bruns, H.: Entwicklungstendenzen im Rechtsetzungsverfahren der Europäischen Wirtschaftsgemeinschaft, in: Staat und Wirtschaft, S. 116 ff.

Bülow, E.: Bericht über die Entwicklung des Gemeinschaftsrechts, in: EuR 1967, S. 252 ff. und EuR 1969, S. 172 ff.

— Das Verhältnis des Rechts der europäischen Gemeinschaften zum nationalen Recht, in: Aktuelle Fragen des europäischen Gemeinschaftsrechts, Stuttgart 1965, S. 28 ff.

Buerstedde, S.: Der Ministerrat im Aufbau und Wirken der Europäischen Gemeinschaften, in: JöR 1965 NF (14), S. 87 ff.

Carstens, K.: Die kleine Revision des Vertrages über die Europäische Gemeinschaft für Kohle und Stahl, in: ZaöRV 1961, S. 1 ff.

Catalano, N.: Manuel de droit des Communautés Européennes, 2. Aufl., Paris 1965

Costonis, J.: The Treaty-Making Power of the European Economic Community: The Perspectives of a Decade, in CMLR 1967—68, S. 421 ff.

Czasche, H.: Die Untätigkeitsklage vor dem Europäischen Gerichtshof, Göttingen 1969

Däubler, W.: Die Delegation von Rechtsetzungsbefugnissen im Recht der Europäischen Wirtschaftsgemeinschaft, in: DVBl 1966, S. 660 ff.

Dahm, G.: Völkerrecht, Band II, Stuttgart 1961

Daig, H. W.: Die Gerichtsbarkeit in der Europäischen Wirtschaftsgemeinschaft und der Europäischen Atomgemeinschaft, in: AöR 1958 (Bd. 83), S. 132 ff.

Dehousse, J. M.: Les pouvoirs budgétaires du Parlement européen, in Gothot-Festschrift, Liège 1962, S. 155 ff.

Druker, I. E.: Strengthening Democracy in the EEC: the Parliament and the Budget, in: CMLR 1964—65, S. 168 ff.

Dubouis, L.: Les institutions communautaires depuis la „fusion des exécutifs"

— 1er juillet 1967-31 décembre 1968, in: Rev. trim. dr. eur. 1969, S. 69 ff.

Ehle, D.: Inzidenter Rechtsschutz gegen Handlungen der Europäischen Gemeinschaftsorgane, in: MDR 1964, S. 719 ff.

— Klage- und Prozeßrecht des EWG-Vertrages mit Entscheidungssammlung. Loseblattsammlung (Stand: März 1968), Herne/Berlin (zit.: Kom.)

Ehlermann, C. D.: Grenzen der gemeinsamen Agrarpolitik, in: KSE 10, S. 57 ff.

Erdmenger, J.: Die Anwendung des EWG-Vertrages auf Seeschiffahrt und Luftfahrt, Hamburg 1962

Everling, U.: Besprechung von „Wagner: Grundbegriffe des Beschlußrechts der Eupäroischen Gemeinschaften", in AWD 1966, S. 460

— Zur Errichtung nachgeordneter Behörden der Kommission der Europäischen Wirtschaftsgemeinschaft, in: Ophüls-Festschrift 1965, S. 33 ff.

Fischer, F.: Die institutionalisierte Vertretung der Verbände in der Europäischen Wirtschaftsgemeinschaft, Hamburg 1965

Forsyth, M.: Das Parlament der Europäischen Gemeinschaften, Köln 1964

La Fusion des Communautés Européennes, Colloque organisé à Liège les 28, 29 et 30 avril 1965, Faculté de Droit de Liège, 1965

Ganshof von der Mersch, W. J. (Hrsg.): Droit des Communautés européennes, Brüssel 1969 (zit.: Novelles)

Gerbet, P. und D. *Pépy* (Hrsg.): La décision dans les Communautés européennes, Colloque de l'Association pour le développement de la Science politique européenne, organisé par l'Institut d'Etudes politiques de Lyon, Brüssel 1969

von der Groeben, H. und H. *v. Boeckh:* Handbuch für Europäische Wirtschaft, Loseblattausgabe in laufender Folge (Stand: Okt. 1969), Baden-Baden

Hallstein, W.: Die echten Probleme der europäischen Integration, Kieler Vorträge, NF 37, Kiel 1965

— The EEC Commission: A New Factor in International Life, in: Int. Comp. Law Quarterly 1965, S. 727 ff.

— Zu den Grundlagen und Verfassungsprinzipien der Europäischen Gemeinschaften, in: Ophüls-Festschrift, 1965, S. 1 ff.

Heidelberg, F. C.: Das Europäische Parlament, 2. Aufl.; Baden-Baden, Bonn, Frankfurt 1963

Hoffmann, W.: Zusammensetzung und Befugnisse des Parlaments der europäischen Gemeinschaften, Diss., Bonn 1961

Holch, G.: Der Deutsche Bundesrat zur Rechtsetzung der EWG, in: EuR 1967, S. 217 ff.

— Der Bundesrat zur Rechtsetzung der europäischen Gemeinschaften, in: EuR 1969, S. 213 ff.

Houben, P. — H. J. M.: Les Conseils de ministres des communautés européennes, Leiden 1964

van Huffel, L.: L'application des règles de concurrence en matière de transports, in: Europäisches Transportrecht 1969 (Bd. IV), S. 333 ff.

Jacqué, J. P. und B. *Cabaynes:* Parlement européen. Chronique du 30 juin 1966 au 1er juin 1967, in: Rev. trim. dr. eur. 1968, S. 763 ff.

Jaenicke, G.: Institutionelle Probleme des Agrarmarktes in der EWG, in: KSE 10, S. 119 ff.

Kaiser, J. H.: Bewahrung und Veränderung demokratischer und rechtsstaatlicher Verfassungsstruktur in den internationalen Gemeinschaften, in: VVDStRL 23, S. 1 ff.

— Die im Rat vereinigten Vertreter der Regierungen der Mitgliedstaaten, in: Ophüls-Festschrift 1965, S. 107 ff.

— Das Europarecht in der Krise der Gemeinschaften, in: EuR 1966, S. 4 ff.

— Zur Anwendung von Art. 85 Abs. 3 des EWG-Vertrages auf Gruppen von Kartellverträgen, Berlin, Bonn, München 1964

Kamarineas, P. P.: Die Auslegung und Anwendung des Art. 60 des Montanunionvertrages durch die Hohe Behörde und den Gerichtshof, Marburg 1961

Korsch, H.: Prozeßmaximen, 1. Korreferat, in: KSE 1, S. 122 ff.

Kraushaar, R.: Zur Kompetenz der Kommissionen der Europäischen Gemeinschaften zum Erlaß von Verordnungen, in: DÖV 1959, S. 726 ff.

Kriedemann, H.: Das ewige Dilemma des Straßburger Parlaments, in: Europäische Gemeinschaft 5-1968, S. 24 f.

Kronenburg, R.: Das Verhältnis der Staatenvertretung zur parlamentarischen Versammlung bei Europarat und den Europäischen Gemeinschaften, Diss., Köln 1966

Lagrange, M.: Le Pouvoir de Décision dans les Communautés Européennes: théorie et realité, in: Rev. trim. dr. eur. 1967, S. 1 ff.

Lambers, H. J.: Les clauses de révision des traités instituant les communautés européennes, in: AFDI 1961, S. 593 ff.

Lassalle, C.: Les comités et l'évolution institutionnelle de la CEE, in: Cah. dr. eur. 1968, S. 395 ff.

— Les rapports institutionnels entre le Parlement européen et les Conseils de ministres des Communautés, Heule 1964

de Laubadére, A.: Traité Elémentaire de Droit Administratif, Bd. I, 3. Aufl., Paris 1963

Legrand-Lane/Bubba, E.: Le pouvoir de consultation de l'Assemblée parlementaire européenne, in: RMC 1961, S. 313 ff.

Lindberg, L. N.: The Political Dynamics of European Economic Integration, Stanford University Press, Stanford 1963

Louis, J. V.: Les Réglements de la Communauté Economique Européenne, Brüssel 1969

Luchaire, F.: Le devoir d'information et ses limites, in: AO, Bd. IV, S. 195 ff.

Maas, H. H.: Enkele opmerkingen bij Verordening nr. 25, in: SEW 1962, S. 303 ff.

Maas, H. H. und S. *Patiyn*: Legislation Section, in: CMLR 1969, S. 239 ff.

Manzanarés, H.: Les Assemblées du Conseil de l'Europe et de l'Union de l'Europe occidentale, Diss., Saarbrücken 1966

— Le Parlement Européen, Paris 1964

Matthies, H.: Die Bindungswirkung von Urteilen des Gerichtshofs der Europäischen Gemeinschaften, in: Hallstein-Festschrift 1966, S. 304 ff.

— Empfiehlt es sich, die Bestimmungen des europäischen Gemeinschaftsrechts über den Rechtsschutz zu ändern oder zu ergänzen? Referat auf dem 46. Deutschen Juristentag, Essen 1966, Verh. Bd. II (Sitzungsberichte), G 53 ff.

v. Meibom, H. P.: Lückenfüllung bei den Europäischen Gemeinschaftsverträgen, in: NJW 1968, S. 2165 ff.

— Die Mitwirkung der Mitgliedstaaten bei der Rechtsetzung der EWG, in: Zu Stellung der Mitgliedstaaten im Europarecht. Schriftenreihe der Hochschule Speyer, Bd. 32, Berlin-München 1967, S. 148 ff.

— Die Rechtsetzung durch die Organe der Europäischen Gemeinschaften, in: BB 1959, S. 128 ff.

Meier, G.: Das Programm für die mittelfristige Wirtschaftspolitik der EWG (1966—1970), in: EuR 1967, S. 320 ff.

Melchior, M.: La procédure de conclusion des accords externes de la Communauté Economique Européenne, in: Rev. belge dr. int. 1966, S. 187 ff.

Merkel, J.: Rat und Kommission im Rechtsetzungsverfahren der Europäischen Wirtschaftgemeinschaft, Quakenbrück 1964

van Miert, K.: Les aspects politiques de la pratique du droit de proposition de la Commission des Communautés Européennes, in: Chron. pol. etr. 1969, S. 205 ff.

Misch, H.: Die Mitgliedschaft im Europäischen Parlament, in: DÖV 1969, S. 477 ff.

Mosler, H.: National- und Gemeinschaftsinteressen im Verfahren des EWG-Ministerrates, in: ZaöRV 1966, S. 1 ff.

Münch, F.: Compétence des juridictions nationales, leur tâche dans l'application du droit communautaire, in: Droit communautaire et droit national, Semaine de Bruges 1965, Bruges 1965, S. 173 ff.

— Internationale Organisationen mit Hoheitsrechten, in: Wehberg-Festschrift 1956, S. 301 ff.

Neunreither, K.: Das parlamentarische Element im Entscheidungsprozeß der Europäischen Gemeinschaften, in: EA 1966, S. 811 ff.

— Le rôle du Parlement européen, in: Gerbet-Pépy, S. 109 ff.

Nicolaysen, G.: Bericht über die aktuelle Entwicklung des Gemeinschaftsrechts, in: NJW 1964, S. 343 f.

N. N.: Die Bedeutung der Entscheidungsbefugnis des EWG-Ministerrats betreffend Seeschiffahrt und Luftfahrt, in: Europäisches Transportrecht 1966, S. 339 ff.

Noel, E.: Die Arbeitsweise der EWG-Organe, Sonderheft Nr. 5, Ausgabe März 1966, hrsg. v. Presse- u. Informationsdienst der Europäischen Gemeinschaften

— Der Ausschuß der Ständigen Vertreter, in: EuR 1967, S. 24 ff.

Noel, E. und H. *Etienne*: Quelques considérations sur la déconcentration et la délégation du pouvoir de décision dans la CEE, in: RMC 1967, S. 127 ff.

Olmi, G.: Common Organization of Agricultural Markets at the Stage of the Single Market, in: CMLR 1967—68, S. 359 ff.

— Les règlements du Conseil de la CEE en date du 4 avril 1962 étaiblissant une organisation commune des marchés agricoles, in: SEW 1962, S. 281 ff.

Ophüls, C. F.: Deutsches Zustimmungsgesetz zum EWG-Vertrag teilweise verfassungswidrig?, in: AWD 1964, S. 65

— Die Mehrheitsbeschlüsse der Räte in den Europäischen Gemeinschaften, in: EuR 1966, S. 193 ff.

— Über die Auslegung der europäischen Gemeinschaftsverträge, in: Müller-Armack-Festgabe 1961, S. 279 ff.

Ortmann, F. W.: Die Errichtung des Europäischen Ausrichtungs- und Garantiefonds für die Landwirtschaft, Kölner Schriften zum Europarecht, Bd. 7, Köln-Berlin-Bonn-München 1966

Pescatore, P.: Les aspects fonctionnels de la CEE, notamment les scources du droit, in: Les aspects juridiques du Marché Commun, Liège, 1958, S. 51 ff.

— Remarques sur la nature juridique des „Decisions des représentants des Etats Membres réunis au sein du Conseil", in: SEW 1966, S. 579 ff.

Petzold, H.: Die Gewaltenteilung in den Europäischen Gemeinschaften, Göttingen 1966

Prélot, M.: Le droit des Assemblées internationales, in: Rec. des cours, 1961, Bd. III, S. 475 ff.

Quadri, R., R. *Monaco* und A. *Trabucchi:* Trattato istitutivo della CEE, Commentario, Bd. 1—3, Mailand 1965 (zit.: Commentario)

Rabe, H. J.: Das Verordnungsrecht der Europäischen Wirtschaftsgemeinschaft, Hamburg 1964

Renard-Payen, O.: La fonction consultative du parlement européen dans le cadre du traité instituant la Communauté Economique Européenne, in: Rev. trim. dr. eur. 1965, S. 526 ff.

Reuter, P.: Aspects juridiques de la Communauté Economique Européenne, in: RMC 1958, S. 310 ff.

— Organisations Européennes, Paris 1965

Rietz, W.: Die Vorabentscheidung im Recht der Europäischen Gemeinschaften, Diss., Saarbrücken 1962

Roemer, K.: Die Untätigkeitsklage im Recht der Europäischen Gemeinschaften, in: SEW 1966, S. 1 ff.

Samkalden, I.: Parlementaire verantwoordelijkheid voor de inhoud van de eerste europese Kartelverordening, in: SEW 1962, S. 108 ff.

Sattler, A.: Das Prinzip der „funktionellen Integration" und die Einigung Europas, Göttingen 1967

Schermers, H. G.: Besluiten van de vertegenwoordigers der lid-Staten; Gemeenschapsrecht?, in: SEW 1966, S. 545 ff.

Scheuner, U.: Die Rechtsetzungsbefugnis internationaler Gemeinschaften, in: Verdross-Festschrift 1960, S. 229 ff.

Schmutzer, A. K. M.: Some legal aspects of the work of the European Parliament, in: CMLR 1967—68, S. 80 ff.

Seidel, M.: Harmonization of Laws Relating to Pharmaceuticals in the EEC, in: CMLR 1969, S. 309 ff.

Staat und Wirtschaft im nationalen und übernationalen Recht, Schriftenreihe der Hochschule Speyer, Bd. 22, Berlin 1964

Steindorff, E.: Das Antragsrecht im EWG-Kartellverfahren und seine prozessuale Durchsetzung, in: AWD 1963, S. 353 ff.

— Rechtsschutz und Verfahren im Recht der europäischen Gemeinschaften. Ausgewählte Probleme. Baden-Baden, 1964

Tomuschat, C.: Die gerichtliche Vorabentscheidung nach den Verträgen über die europäischen Gemeinschaften, Köln-Berlin 1964

Ule, C. H.: Empfiehlt es sich, die Bestimmungen des europäischen Gemeinschaftsrechts über den Rechtsschutz zu ändern und zu ergänzen? Gutachten für den 46. Deutschen Juristentag, Essen 1966, Verh. Bd. I, Teil 4, S. 1 ff.

Valentine, D. G.: The Court of Justice of the European Communities, Bd. I: Jurisdiction and Procedure, London 1965

Ventura, S.: Principes de droit agraire communautaire, Brüssel 1967

Vergès, J. R.: La participation du Parlement Européen à l'élaboration du droit communautaire dans le cadre des Traités de Rome, in: Houdebine-Vergès, le Parlement Européen dans la construction de l'Europe des Six, PUF, Paris 1966, S. 53 ff.

Vinci, E.: Parlamento Europeo, Milano 1968

Wägenbaur, R.: Die Verkehrspolitik der EWG kommt voran, in: AWD 1968, S. 325 ff.

— Wettbewerbsregeln für den Verkehr in der EWG, in: AWD 1968, S. 415 ff.

Wagner, H.: Grundbegriffe des Beschlußrechts der Europäischen Gemeinschaften. Kölner Schriften zum Europarecht, Bd. 5, Köln-Berlin-Bonn-München, 1965

Watermann, H. R.: Kartellregelung und gemeinsame Verkehrspolitik, in: Zeitschrift für Verkehrswissenschaft, Düsseldorf 1968, S. 131 ff.

Wirsing, E.: Aufgaben und Stellung der Kommission in der Verfassungsstruktur der Europäischen Wirtschaftsgemeinschaft, in: EA 1964, S. 77 ff.

Wohlfarth, E.: Von der Befugnis der Organe der Europäischen Wirtschaftsgemeinschaft zur Rechtsetzung, in: JIR Bd. IX (1959/60), S. 12 ff.

Wohlfarth, E., U. *Everling*, H. J. *Glaesner* und R. *Sprung*: Die Europäische Wirtschaftsgemeinschaft. Kommentar zum Vertrag, Berlin und Frankfurt 1960

Zellentin, G.: Der Wirtschafts- und Sozialausschuß der EWG und Euratom. Interessenrepräsentation auf übernationaler Ebene. Leiden 1962

Zuleeg, M.: Die Auslegung des europäischen Gemeinschaftsrechts, in: EuR 1969, S. 97 ff.

Zweigert, K.: Der Einfluß des europäischen Gemeinschaftsrechts auf die Rechtsordnungen der Mitgliedstaaten, in: RabelsZ 18 (1964), S. 601 ff.

II. Dokumente und amtliche Veröffentlichungen

Amtsblatt der Europäischen Gemeinschaften

Bulletin der Europäischen Wirtschaftsgemeinschaft (bis 1967)

Bulletin der Europäischen Gemeinschaften (ab 1968)

Gesamtberichte der Kommision der Europäischen Wirtschaftsgemeinschaft über die Tätigkeit der Gemeinschaft (bis 30. 6. 1967)

Gesamtberichte der Kommission über die Tätigkeit der Gemeinschaften (ab 1. 7. 1967)

Bulletin des Europäischen Parlaments

Informationen des Europäischen Parlaments (seit 1969)

Sitzungsdokumente des Europäischen Parlaments

Verhandlungen des Europäischen Parlaments

FSC
www.fsc.org
MIX
Papier | Fördert gute Waldnutzung
FSC® C083411

Kolibri 360 GmbH
Ferdinand-Jühlke-Straße 7
99095 Erfurt, Deutschland
produktsicherheit@kolibri360.de

Druck:
CPI Druckdienstleistungen GmbH
im Auftrag der
Kolibri 360 GmbH
Ferdinand-Jühlke-Str. 7
99095 Erfurt